U0512559

风险资本与企业并购研究

——行为特征及经济后果视角

VENTURE CAPITAL AND CORPORATE M&A:

Based on Perspectives of Behavioral Characteristics and Economic Consequences

曹雅丽◎著

中国财经出版传媒集团
经济科学出版社
Economic Science Press

图书在版编目（CIP）数据

风险资本与企业并购研究：行为特征及经济后果视角/曹雅丽著.—北京：经济科学出版社，2020.4

ISBN 978-7-5218-1524-5

Ⅰ.①风… Ⅱ.①曹… Ⅲ.①风险资本-关系-企业兼并-研究-中国 Ⅳ.①F279.21

中国版本图书馆CIP数据核字（2020）第068754号

责任编辑：张立莉
责任校对：王肖楠
责任印制：邱 天

风险资本与企业并购研究
——行为特征及经济后果视角
曹雅丽 著
经济科学出版社出版、发行 新华书店经销
社址：北京市海淀区阜成路甲28号 邮编：100142
总编部电话：010-88191217 发行部电话：010-88191522
网址：www.esp.com.cn
电子邮箱：esp@esp.com.cn
天猫网店：经济科学出版社旗舰店
网址：http://jjkxcbs.tmall.com
固安华明印业有限公司印装
710×1000 16开 17.75印张 300000字
2020年8月第1版 2020年8月第1次印刷
ISBN 978-7-5218-1524-5 定价：116.00元
（图书出现印装问题，本社负责调换。电话：010-88191510）
（版权所有 侵权必究 打击盗版 举报热线：010-88191661
QQ：2242791300 营销中心电话：010-88191537
电子邮箱：dbts@esp.com.cn）

前　言

改革开放四十年成就了中国经济的全面崛起，其中至关重要的一环是资本市场的建设与完善为经济发展提供了巨大的支撑力量，而作为资本市场与实体经济之间的关键角色，风险投资行业在资本市场建设和经济发展中起到了非常重要的作用。从萌芽之初致力于为高科技中小企业和创业企业服务，到如今全面支持国家发展政策，几乎实现了全行业覆盖、全生命周期渗透的规模，风险投资在促进企业创新、提升投资效率、完善治理机制和优化信息环境等方面都发挥了关键作用，为企业长久发展、产业转型升级以及经济的深度改革，贡献了绝无仅有的力量。从借鉴国外先进经验的“亦步亦趋”，到如今成长为引领行业变革的先行者，风险投资在坚持自我成长的同时，逐步成为中国经济转轨和产业转型的重要推动力量，成为中国未来经济发展的活力之源。

进入21世纪第二个十年以来，风险投资在企业并购市场中的重要性越来越突出，成为仅次于海外并购的活跃力量，而资本市场上的企业并购活动，在宏观层面是优化资源配置、推动中国经济转型发展的重要力量，在微观层面是企业发展战略能否成功实现的关键所在。但现有文献鲜少将两者结合起来考察，尤其对企业并购的考察局限于局部视角，无法形成系统的框架。全面探索风险投资对企业并购活动的影响，成为扣紧风险投资行业与企业并购市场发展趋势的新时代要求。此外，当前阶段正是中国风险投资行业的历史转折期，本土风险投资机构迅速崛起，外资机构的占比相对缩小，发展模式出现新的变化，新一代投资人成为行业规则的改写者，而经济一体化的深度发展使得企业并购的全球性和战略性要素逐渐凸显，也将战略价值的地位提升到了前所未有的高度，一系列转折性变化为学术研究提出了新的挑战。

基于上述考虑，本书选择2009～2014年沪深两市A股主板上市公司为样本，将风险投资与企业并购行为及绩效作为研究核心，进行了层层递进式考察。本书将并购活动划分为事前、事中及事后三个阶段，事前以并购可能性为主，考察风险投资对企业并购事前阶段的影响；事中以并购频率、并购规模、现金支付、控制权转移、聘请专业咨询机构、关联交易及并购溢价为主要行为特征，系统考察了风险投资对企业并购事中阶段的影响；事后以并购绩效为主，考察风险投资对企业并购事后阶段的直接影响以及通过并购行为特征变化形成的间接影响。同时，在此基础之上，进一步考察了风险投资特征的差异性影响、制度效率地区差异和企业产权性质差异是否会造成风险投资对企业并购行为及绩效的差异性影响。主要研究结论如下。

第一，在风险投资与企业并购可能性方面，本书的研究发现，风险投资能够显著促进企业的并购可能性，并且这一影响在制度效率较高的地区和民营企业样本中更加显著。此外，联合投资方式对企业并购可能性有显著正向影响，但区分外资和国有背景特征的检验则不具有显著性。

第二，在风险投资与企业并购行为特征方面，风险资本参与的企业有显著更高的现金支付、更可能寻求控制权的转移、更不可能进行关联方并购、更少聘请专业咨询机构。但在并购频率、并购规模和并购溢价方面，没有发现风险投资的显著影响。此外，联合投资对现金支付具有显著的正向影响，当风险资本的外资背景时，企业在并购中更不可能聘请专业咨询机构。在制度效率较低的地区，风险资本参与的企业更可能在并购中获取控制权、更不可能进行关联交易；而在制度效率较高的地区，风险资本参与的企业更可能采用现金支付，更不需要聘请专业咨询机构。在民营企业样本中，风险资本参与的企业更可能采用现金支付，也更可能寻求控制权转移，但更不可能进行关联方并购。

第三，在风险投资与企业并购绩效方面，在以EPS为基础衡量的并购绩效中，风险投资对企业并购后两年内的绩效变化存在显著的负向影响，并且，高比例的现金支付是风险投资间接导致并购绩效下降的重要因素。此外，国有背景的风险资本是造成并购绩效显著恶化的主要因素，风险资本对短期绩效的负向影响在制度效率较低的地区更为显著，而对长期绩效的负向影响在两类地区之间没有太大差异。风险资本对企业并购绩效的负

向影响主要体现在国有企业样本中。

综合本书研究结论可知，风险投资对企业并购活动的事前、事中及事后各个阶段均具有非常重要的影响。风险投资的“教练”和“参谋”角色发挥了重要作用，能够更积极地引导企业进行并购活动，使企业的眼光不再局限于有关联关系的目标范围，也有更强的实力采用现金支付，并将获得目标企业的控制权作为战略布局中的必要手段。同时，当风险资本的职业能力获得了市场和企业的充分认可时，可能会对专业咨询机构产生一定的替代效应。上述结论说明，风险投资对企业并购行为的影响具有差异性，更加关注于战略特征，但也证实了风险投资对企业乃至行业的发展都具有重要作用，在21世纪的全球化浪潮中，必将成为推动我国产业转型升级的重要力量。

最后，对于企业并购热潮应当有更加清醒的认识。本书对主板上市公司的考察中，现金支付、控制权转移、非关联方并购等方面在一定程度上体现了此次并购浪潮的战略特征。值得肯定的是，风险投资在其中发挥了较为积极的作用。但更值得思考的问题是，在具有更多不确定性的并购活动中，如何确保并购后的整合效果。例如，在业绩表现方面，并购的战略价值需要较长的时期才能逐渐转化为经济价值，成为未来值得期待的新话题。

曹雅丽

2019年10月

目　　录

第 1 章 导论

1.1 研究背景与研究意义

1.1.1 研究背景

世界范围内，从出现第一次并购浪潮至今，已有超过 120 年的发展历史。从最初受经济和行业发展的推动，到如今企业主动调整发展战略，并购活动已经成为企业实现长远发展的战略布局中不可或缺的组成部分。在中国，企业并购发展历程自 1984 年出现现代意义上的并购萌芽至今，亦有超过 30 年的历史。虽然这是一个年轻的市场，但在中国的经济发展和转型升级中却有着至关重要的作用。在此次全球化并购浪潮中，任何一个国家的并购市场都会受到全球市场流动性的影响。

联合国贸易和发展会议（UNCTAD）于 2017 年 6 月 7 日发布了《2017 年世界投资报告：投资和数字经济》，报告中的相关数据为我们描述了最直观的全球发展态势。报告数据显示，2016 年的全球外国直接投资（FDI），相比于 2015 年下降了 2%。相比之下，2016 年，中国对外投资规模增长 44%，达 1830 亿美元，首次成为全球第二大对外投资国。吸引外资方面，中国的全球 FDI 流入量达到 1340 亿美元，成为全球第三大外资流入国。中国已经成为推动世界经济发展的重要力量。

另一组值得关注的数据是，中国整体 FDI 流入量下降了 1%，但是，中国非金融服务行业的 FDI 流入量则持续增长，制造业外国直接投资则开始转向高端市场。资本的流向往往是对行业未来发展方向的真实反映，这也促使我们更加关注传统产业转型升级的问题，以及风险投资在成熟企业的转型之路上所发挥的重要作用。

该报告还提到，2015 年之后，跨国并购交易规模显著提高。仅 2017 年第一季度，跨国并购规模接近 6000 亿美元。然而，全球利率提高、美元强势等，将会使融资成为对公司利润影响较大的因素，也成为本书研究框架构建过程中需要考虑的重要因素，最终的研究结果证实了这一判断，现金支付和并购绩效成为本书考察内容中非常重要的一部分。2018 年 2 月 24 日，吉利以 90 亿美元入股戴姆勒，持股 9.69%，成为戴姆勒第一大股东，[①] 这无疑又是“一石激起千层浪”，又一次引发市场对企业并购活动的广泛关注。这或许可以作为中国民企海外并购的经典案例，也为本书的研究思路提供了最鲜活的案例。由此，企业并购过程中的控制权转移问题，成为本书的一个重要考察指标。

并购活动是一项庞大而复杂的系统工程，更是关乎企业发展战略能否成功实现的关键所在，任何一个微小失误都可能牵一发而动全身，最终导致整个计划失败。然而，并购失败的案例比比皆是，代理问题、经验缺失、信息不对称、制度障碍、文化差异、市场壁垒等，在企业并购活动发展的 120 年里，这些问题始终存在，却从未真正被解决。这也促使在学术研究中，关于企业并购的话题长盛不衰。对企业而言，一次重大并购事项可能就是决定命运的赌注，成功者自然额手称庆，失败者则只能黯然退场，并购的全过程无不体现着对企业综合能力的考验。进入 21 世纪以来，全球的经济一体化进入深度发展阶段，企业并购的全球性和战略性成为关键词。经历过六次并购潮流的推陈出新，并购企业所面临的问题也是在不断变化的，针对这些问题，企业所采取的对策也在不断调整。探索此次并购浪潮真正的特点和规律，是本书最基本的出发点。

中国风险投资行业起步与并购活动发展几乎同步，也有超过 30 年的发展史。在这 30 年里，经历过在外资机构身后蹒跚学步的辛苦，经历过独木

① 北晨聚焦：吉利入股戴姆勒 90 亿美元购得 9.69% 股权，https://www.sohu.com/a/224257226_390490.

难支的辛酸，但始终没有停止过发展的脚步。风险投资行业在30年的发展中，从萌芽之初致力于为高科技中小企业和创业企业服务，到如今全面支持国家发展政策，几乎实现了全行业覆盖、全生命周期渗透的规模，在促进企业创新、提升投资效率、完善治理机制和优化信息环境等方面都发挥了关键作用，为企业长久发展、产业转型升级以及经济的深度改革，贡献了绝无仅有的力量。

中国风险投资行业的发展历程中有过两次大发展时期，分别是2005～2010年的大发展时期和2013年至今的转型调整时期。这两个时期也是中国风险投资由传统走向现代的重要转折。在第一次大发展时期，私人资本开始脱离政府和外资主导的投资机构，寻求更加独立的发展。在第二次转折点，即2013年至今，新一代的投资人已然成为游戏规则的改写者，这一阶段或许将会成为风险投资行业发展史上最重要的一次转折。

从风险投资的全球发展趋势看，美国的行业规模仍然保持领先地位，但部分指标出现一定程度的下滑趋势，尤其交易金额在全球的占比下滑最为明显。从投资理念上看，美国风险投资行业逐渐注重对优质项目的持续投资，回归长期价值投资理念。在投资阶段方面，美国风险投资行业已经从集中于早期阶段的模式转为全阶段投资，并且逐渐关注天使/种子期和后期阶段的项目。同样，中国风险投资行业的迅速崛起也表现出了毫不逊色的实力。《中国创业投资行业发展报告2016》的统计数据显示，中资创投企业数量在2014年首次超过外资创投企业，逐渐占据优势，外资创投企业的资产规模从2013年开始出现下降趋势，且占比一直较低。相比之下，本土风险投资机构的资本总量在21世纪初已经初具规模，且增长速度十分惊人，最近十年基本上始终保持着较高的增长速度。在发展模式上，具有先见之明的机构，已经在构建“资本的全产业链和要素的大系统平台”，以中科招商为代表的风险投资机构立足于私募股权投资与风险投资（PE/VC）而成长发展，但已经不再局限于PE/VC，而是向早期天使投资和后期乃至二级市场全面延伸。

投资界（2017）在《中国创投简史》一书中提出，VC2.0时代已经悄然来临。且不论这个2.0时代的划分是否科学，单就发展趋势来讲，行业规则正在改写，新的发展模式正在快速形成，这将是至关重要的历史机遇和挑战。

由普华永道（2017）发布的《2016 年中国地区企业并购市场回顾与 2017 年展望》中的数据可以看出，国内并购市场正在逐步成熟，2016 年，中国并购市场交易数量和交易金额均大幅上升，而推动并购增长的主要力量来自财务投资者和海外投资的大幅增长。其中，中国大陆企业海外并购的投资金额增幅高达 246%，几乎是 2015 年的 3.5 倍；财务投资者主导的并购交易量增加 66%，交易金额增加 22%，达到 2229 亿美元①。风险投资者在并购市场中的活跃程度已经可见一斑，如表 1.1 所示。

表 1.1　　2012～2016 年中国并购市场交易总数量与总金额

	2012 年		2013 年		2014 年		2015 年		2016 年	
	数量（家）	金额（亿美元）	数量（家）	金额（亿美元）	数量（家）	金额（亿美元）	数量（家）	金额（亿美元）	数量（家）	金额（亿美元）
国内	2667	836	2704	1382	4180	2256	4821	4221	4804	3297
国外	286	86	275	141	354	222	316	136	337	105
战略投资者合计	2953	922	2979	1523	4534	2478	5137	4357	5141	3402
私募股权基金	359	354	392	336	593	678	1063	1821	1767	2229
风险投资基金	473	9	738	8	1334	13	2735	42	3492	59
财务投资者合计	832	363	1130	344	1927	690	3798	1863	5259	2288
国有企业	41	358	55	365	78	259	80	276	116	665
民营企业	124	101	118	106	145	136	207	210	612	1163
财务投资者*	26	96	25	10	49	133	95	153	195	381
内地企业海外并购合计	191	554	198	481	272	527	382	639	923	2209

① 资料来源：https：//www.pwccn.com/zh/services/deals-m-and-a/publications/ma-press-briefing-jan2017.html。

续表

	2012年		2013年		2014年		2015年		2016年	
	数量（家）	金额（亿美元）	数量（家）	金额（亿美元）	数量（家）	金额（亿美元）	数量（家）	金额（亿美元）	数量（家）	金额（亿美元）
香港地区企业海外并购	166	122	164	90	215	207	199	250	281	182
总计	4116	1865	4446	2427	6899	3770	9421	6955	11409	7701

注：（1）数据来自普华永道（2017）发布的《2016年中国地区企业并购市场回顾与2017年展望》，https：//www. pwccn. com/zh/services/deals-m-and-a/publications/ma-press-briefing-jan2017. html。

（2）*：一些由金融投资者支持的海外并购交易也被记录在私募股权交易中，但是它们在上述表格内的总交易数量和交易金额中并未被重复计算。

由上述数据看出，当前正逢风险投资行业与企业并购市场都发展到了一个历史的关键节点，风险投资在企业并购市场中的重要性越来越突出，这对学术研究也提出了新的要求。企业在并购中面临众多不确定风险的考验，而风险资本的能力储备和资源储备能够有效弥补企业所难以克服的短板。企业在重大项目决策中需要风险投资建言献策，同时，风险投资作为积极参与公司治理的投资者，基于其优秀的咨询服务能力、监督控制能力和信息获取能力等优势，能够为企业发展提供有价值的增值服务。因此，将两者融合到一个框架内考察，成为本书最初的研究框架。国内关于风险投资与企业并购活动的研究相对缺乏，无法对两者之间的关系进行全面系统的考察。尤其对企业并购的考察局限于局部视角，无法形成系统的框架。学术研究如果无法紧跟行业发展的脚步，也将失去重要价值。基于上述考虑，本书在理论与现实背景的基础上，将风险投资与企业并购活动纳入统一框架，进行深入系统的考察，以期对当前相关领域的学术研究与实务工作有所贡献。

1.1.2 研究意义

本书的研究意义具体表现在以下几个方面。

首先，风险投资行业从最初致力于为高科技中小企业和创业企业服务，到如今致力于为中国整个经济建设服务，几乎实现了全行业覆盖、全生命周期渗透的规模，已经逐渐成为中国经济创新发展中越来越重要的推动力量，他们在职业能力、经验储备等方面的先天优势，对激活行业发展潜力具有重要意义。本书的研究立足于风险投资的长期价值投资假说，将对风险投资与企业并购的考察扩展至以主板上市公司为代表的成熟企业，一方面，对风险投资的能力储备和经验储备等优势给予了充分肯定；另一方面，也从中发现尚有需要改进和提升的空间，展现出对新阶段发展趋势的展望。

其次，全球企业并购市场经历过六次高潮的洗礼，新的问题不断涌现，而旧的问题仍旧藏于“暗箱”之后，中国也不例外。尤其是在全球经济一体化的新阶段，全球性、战略性并购的盛行，为相关的学术研究提出了新的命题。企业并购是一项系统工程，唯有全方位地深入探索，才能抓住其核心本质。本书试图将企业并购的全过程纳入考察范围，并以层层递进的剖析方式，深入探索企业并购的基本特征和规律，最终回归对战略价值的本质的探讨，体现了历史的变化性和不变性的统一。将风险投资与企业并购纳入同一框架，为企业价值创造提供了更多的研究视角。

再次，中国经济发展的“新常态”正在形成，成熟企业应当如何在“创新创业”的浪潮下自处，如何调整适应外部环境，成为关乎企业命运的重大命题。在传统产业转型升级已经迫在眉睫的时刻，本书的相关研究结果，将充分体现出风险投资在企业可持续发展中的重要作用。同时，也促使我们深刻思考，风险投资如何更好地为企业战略转型贡献力量，帮助企业顺利度过转型期。

最后，本书将制度经济学、行为心理学和公司财务理论等融合到整体研究框架内，形成了多视角、多学科的研究方法，为公司财务与资本市场相关研究提供了可借鉴的视角和思路。

1.2 研究内容与研究设计

1.2.1 研究内容

当前，中国风险投资行业和企业并购市场的发展现状是本书的现实考虑，

同时，风险投资在企业并购市场中发挥越来越重要的作用，这促使本书将风险投资与企业并购行为及绩效纳入一个系统的框架内进行研究。本书的研究初衷有二：其一，希望能够为相关学术研究提供紧跟时代发展的研究视角；其二，希望能够为风险投资行业的发展提供相应的理论支撑和有益指导。

总体而言，本书在理论基础与现实背景相结合的基础上，提出了相应的研究预期，以2009～2014年沪深两市主板上市公司为样本，并以严谨的实证方法从并购可能性、并购行为特征和并购绩效等角度层层递进地考察了风险投资对企业并购活动事前、事中及事后各阶段的影响。同时，基于对风险资本的投资方式和背景特征的考虑，进一步考察了风险投资特征对企业并购活动各阶段的影响；基于对制度效率地区差异和企业产权性质差异的考虑，进一步考察了以上因素是否会造成风险投资对企业并购的影响效果的差异性。

具体而言，本书试图系统地回答以下四个基本问题。

其一，风险投资是否能够显著影响企业的并购可能性？

其二，如果风险投资能够显著影响企业并购可能性，那么对并购过程中，企业并购行为特征是否能够产生显著影响？对不同行为特征的影响是否存在差异？

其三，如果风险投资能够显著影响企业的并购可能性和行为特征，那么是否将最终导致并购绩效的显著变化？风险投资对并购绩效的显著影响是否有直接影响和间接影响之分？风险投资对并购绩效的间接影响是否能够通过企业并购行为特征的变化间接影响并购绩效的变化？

其四，基于对风险资本的投资方式和背景特征的考虑，风险投资特征对企业并购活动各阶段是否具有差异性影响？基于对制度效率地区差异和企业产权性质差异的考虑，以上因素是否会造成风险投资对企业并购的影响效果的差异性？

本书的章节内容以上述研究思路为基础进行安排。

第1章 导论。本章从现实背景出发，提出了研究话题的重要意义，并进一步详细介绍了本书的主要研究内容、分析框架及主要研究方法，最后总结了本书的研究创新之处。

第2章 发展现状与现实背景。该部分在回顾历史的基础之上，以大量的事实数据，详细描述了风险投资行业和企业并购的发展历程及发展现状，并与第1章的研究背景相呼应，介绍了当前风险投资行业和企业并购市场的发展方向。为本书的研究奠定了现实基础。

第3章　理论基础与文献述评。该部分首先对风险投资和企业并购的概念作了基本界定，在此基础之上，对效率理论、信息与信号理论、交易成本理论和委托代理理论等相关理论，进行了详细阐述，作为本书研究主题的重要理论基础。随后，对风险投资和企业并购的文献进行了总结回顾，最后，结合本书的研究主题和基本思路进行总结述评。

第4章　风险投资与企业并购可能性。该部分是本书研究内容的第一个层面，考察了风险投资是否能够显著影响企业的并购可能性。以并购可能性作为起点，在后续章节逐渐展开对并购活动各阶段的考察。在这一基本问题的基础之上，进一步考察了风险投资的投资方式和背景特征是否能够对企业并购可能性产生不同的影响；同时，考虑到制度效率地区差异和企业产权性质差异的不同作用，进一步考察了上述两方面因素是否会引起风险投资对企业并购可能性的不同影响。

第5章　风险投资与企业并购行为特征。该部分在第一层面并购可能性的基础之上，进一步考察了并购过程中，风险投资对企业并购行为特征是否能够产生显著影响，以及对不同行为特征的影响是否存在差异。同时，还进一步考察了风险投资的投资方式和背景特征是否能够对企业并购行为特征产生不同的影响，以及制度效率地区差异和企业产权性质差异是否会引起风险投资对企业并购行为特征的不同影响。

第6章　风险投资与企业并购绩效。该部分是本书研究内容的第三个层面，在前两个层面的基础之上，考察了风险投资是否将最终导致并购绩效的显著变化，风险投资对并购绩效的显著影响是否有直接影响和间接影响之分，风险投资对并购绩效的间接影响是否能够通过企业并购行为特征的变化间接影响并购绩效的变化。同时，对风险投资的投资方式和背景特征是否能够对企业并购绩效产生不同的影响，以及制度效率地区差异和企业产权性质差异是否会引起风险投资对企业并购绩效的不同影响，都做了进一步考察。

第7章　研究结论与未来展望。在整理全部研究内容的基础之上，对本书的主要研究结论进行了系统总结，并在此基础之上，获得相应的研究启示。最后，结合研究局限性所在，提出了未来的研究方向。

1.2.2 研究框架

根据上述研究思路和内容，本书设计研究框架如图1.1所示。

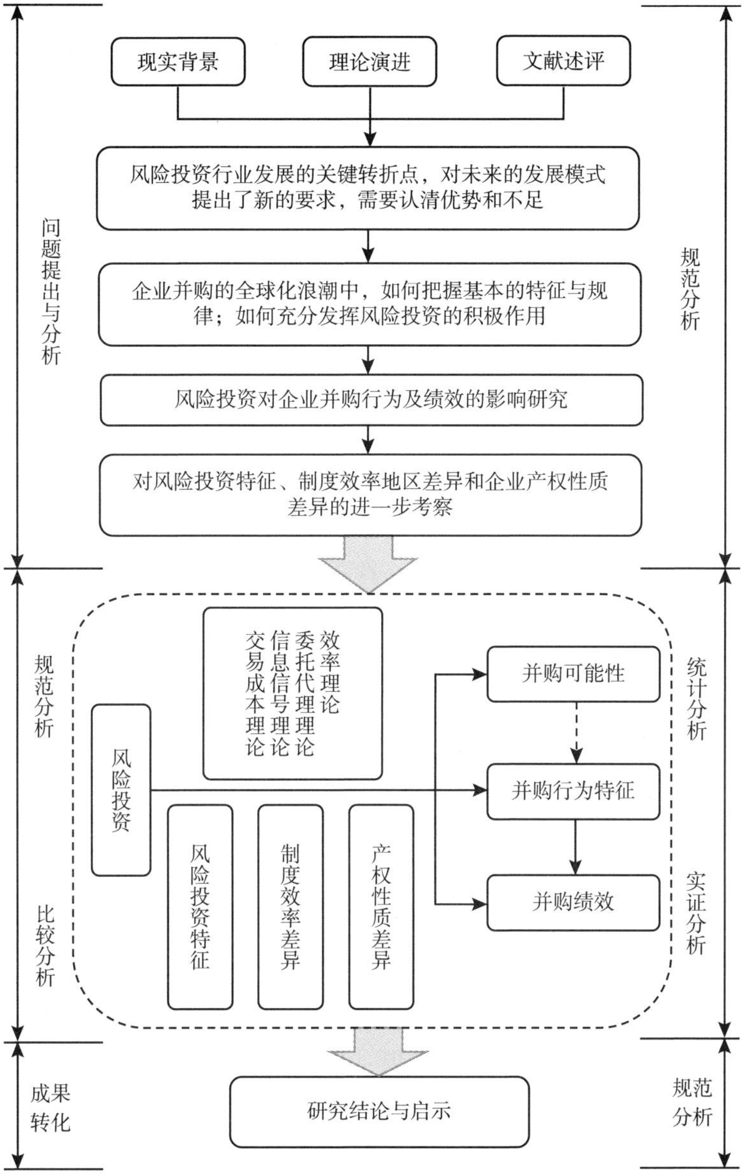

问题提出与分析

规范分析

现实背景

理论演进

文献述评

风险投资行业发展的关键转折点，对未来的发展模式提出了新的要求，需要认清优势和不足

企业并购的全球化浪潮中，如何把握基本的特征与规律；如何充分发挥风险投资的积极作用

风险投资对企业并购行为及绩效的影响研究

对风险投资特征、制度效率地区差异和企业产权性质差异的进一步考察

规范分析

比较分析

效率理论

委托代理理论

信息信号理论

交易成本理论

风险投资

风险投资特征

制度效率差异

产权性质差异

并购可能性

并购行为特征

并购绩效

统计分析

实证分析

成果转化

研究结论与启示

规范分析

图1.1 研究框架

1.2.3 研究方法

本书采用规范研究与实证研究、比较研究等相结合的方法，系统深入地考察了风险投资对企业行为及绩效的影响。

（1）理论研究。立足理论基础与现实背景，对现有研究进行总结回顾与深入探讨。在章节专题下，将公司财务理论、行为心理学、战略管理和制度经济学等相关理论，与风险投资对企业并购活动的研究主题相融合，形成具体的理论预期。

（2）实证研究。基于计量经济学思想，采用计量分析方法，分别构建并购可能性、并购行为特征和并购绩效三个相关专题的实证检验模型，利用大样本数据，分别对各个章节的理论预期进行实证检验分析。

（3）比较研究。本书主要构建了两个方向的比较分析：其一，在风险投资与企业并购行为特征专题下，对不同的并购行为特征之间的检验进行了横向比较分析；其二，在对同一并购变量的检验中，对于风险资本特征的差异化影响进行了纵向比较分析，同时，对制度效率地区差异和企业产权性质差异造成的风险投资对企业并购的差异化影响也进行了横向比较分析。并对差异产生的相关原因进行了深入分析。

1.2.4 研究创新

随着我国风险投资事业的迅速发展，风险投资的范围和发展模式已经发生转变，以往的研究主要集中在对中小板和创业板企业的考察，并且在时间选择上也集中在IPO前后的阶段，难以实现对风险投资的全面考察。而受限于IPO前后的短期退出动机的干扰，无法对风险投资的长期价值投资假说形成客观完整的认识。同时，关于企业并购的研究分散在并购的不同细节上，难以形成系统整体的认识，而并购活动作为关乎企业发展战略能否成功实现的关键所在，其全过程无不体现着对企业综合能力的考验。然而并购失败的案例比比皆是，这也促使在学术研究中，关于企业并购的话题长盛不衰。对企业而言，一次重大并购事项可能就是决定命运的赌注，

成功者自然额手称庆，失败者则只能黯然退场。在并购各阶段，均有可能存在经验缺失问题、代理问题和信息不对称等一系列问题。相应的，风险资本的能力储备和资源储备能够有效弥补企业所难以克服的短板。风险投资的长期价值投资假说认为，风险投资进入企业并非仅仅是“快进快出”的投机行为，而是追求企业的长期价值增长。因此，在企业并购战略中，风险投资的作用值得深入挖掘。事实上，风险投资在企业并购市场中的重要性越来越突出，这对我们的学术研究提出了新的要求。全面探索风险投资对企业并购活动的影响，成为扣紧风险投资行业与企业并购市场发展趋势的必然要求。因此，将两者融合到一个框架内考察，能够为相关研究提供有益的补充。

因此，本书从风险投资行业和企业并购活动的发展历程及现实背景出发，以理论基础为指导，层层递进地考察了风险投资在企业进行并购活动的事前、事中及事后各阶段的作用。并在理论与实际相结合的基础上提出了相应的研究预期，以严谨的实证方法和沪深两市主板上市公司为基础，从并购可能性、并购行为特征和并购绩效等角度层层递进地考察了风险投资对企业并购活动事前、事中及事后各阶段的影响。其中的研究贡献和创新之处具体表现在以下几个方面。

首先，本书对风险投资的研究不再局限于中小板和创业板企业，而是以沪深两市主板上市公司为样本，考察了风险投资对成熟企业并购活动的影响。本书的研究为风险投资的长期价值投资假说提供了新的证据，也为风险投资的相关研究提供了跟随行业发展的新视角，同时，为风险投资行业现阶段的发展模式提供了较好的理论支持。

其次，关于企业并购的研究大多孤立地关注某一个或几个变量的考察，很难对并购活动形成系统性认识。并购活动本来是一个复杂的系统，要素之间更存在交叉联系。因此，本书将并购活动事前、事中及事后的不同因素放在一个框架内考察，可以避免研究的片面性。并且，本书的研究思路在事前、事中和事后三个阶段并非彼此孤立，而是前后衔接的，充分体现了并购活动的系统性，也能够为相关研究提供更好的研究思路和框架。本书的研究成果对指导企业并购活动具有较强的现实意义。

最后，将风险投资与企业并购纳入统一的研究框架，能够以系统性的视角考察风险投资对企业战略布局的深度影响。风险投资对企业并购战略特征的显著影响，为风险投资的长期价值投资假说提供了立论依据。当前处于风险投资行业和企业并购活动发展的历史机遇期，众多事实数据也证实了风险投资在企业并购市场中的重要性。本书对两者的综合考察既反映了当前的时代主题，也弥补了相关研究缺乏的遗憾。

第 2 章

发展现状与现实背景

2.1　风险投资发展现状

世界上最古老的风险投资故事，应该追溯至纪录片《硅谷方程》中介绍的，15 世纪末，哥伦布向西班牙女王申请王室出资支持他的远洋航海探险活动。但当时的远洋探险活动，仅作为零星的风险投资活动而存在，一直到 20 世纪 50 年代左右，风险投资才在美国正式以一个行业的形态发展起来。因此，风险投资行业（私募股权行业）在最初的几十年里主要存在于美国。当然，在风险投资行业（私募股权行业）出现之前，快速成长的公司就已经出现融资活动，例如，在 19 世纪末 20 世纪初，富有的家族和银行家投资于钢铁、石油、铁路等事业。尤其是一些富有的家族，开始成立专门的资产管理机构进行投资活动，如洛克菲勒家族、范德比尔特家族、惠特尼家族等，他们投资的企业包括了美国电话电报公司的前身、美国东方航空和麦克唐纳公司等（乔希·勒纳等，2015）。

2.1.1　美国的风险投资发展现状

发达国家的风险投资行业发展历程中最具代表性的应当属于美国的风险投资行业的发展历程，并且，中国的风险投资行业在最初的起步阶段，也充分借鉴了美国的风险投资行业发展经验。

进入 21 世纪至今，是美国风险投资行业进入深度调整的时期。20 世纪中后期的50年里，美国的风险投资行业经历了一轮又一轮繁荣与衰退的浪潮，但最值得关注的是，在历经“大浪淘沙始见金”的历史轮回之后，风险投资行业一方面在消化90年代大发展之后的遗留问题，另一方面，较早觉醒的投资机构开始注意到如何实现差异化的问题。其中，最具代表性的是，2007年黑石集团宣布向公众发行股票。风险投资行业几经沉浮之后，真正开始沉淀下来，思考如何解决基金结构、提升运行效率等深层问题。在不断变化的竞争环境中，领先的投资机构开始意识到塑造“品牌”的重要性，努力想通过建立战略伙伴关系、提升增值服务等方式实现战略化转型。

从上述美国风险投资行业的发展现状可以看出，在短短五十年间历经三次繁荣和衰退的美国风险投资行业已经顺利度过了一个新兴行业的不稳定的发展初期，开始进入深度调整时期。或许短期内的行业整体规模会略有调整，但不可否认的是，或许经历过“刮骨疗伤”的阵痛之后，会迎来第二个春天。

来自《中国创业风险投资发展报告2017》（中国科学技术发展战略研究院，2017）的数据或许可以为我们更直观地展示出美国风险投资行业近年来的发展现状。由表2.1的数据可以看出，截至2016年底，现有的898家风险投资机构管理着1562只风险投资基金，管理资产总规模达到了3335亿美元。2016年当年有253支风险投资基金募集资金，募集资本总额达到416亿美元，创下十年来的新高（中国科学技术发展战略研究院，2017）。2016年，风险投资基金规模的中位值高达7500万美元，明显高于2010年的4530万美元和2004年的5000万美元。

表2.1　　美国创业风险投资（VC）行业发展情况统计

指标	2004年	2010年	2016年
现存VC机构数量（家）	872	898	898
现存VC基金数量（支）	1670	1294	1562
首次VC基金募集数量（支）	37	34	22
当年募集资金的VC基金数量（支）	158	153	253

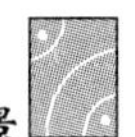

续表

指标	2004 年	2010 年	2016 年
VC 当年募集的资本额（亿美元）	176	196	416
VC 管理资本金额（亿美元）	1669	2515	3335
平均 VC 管理资本额（亿美元）	1.11	2.16	2.44
截至目前的 VC 基金平均规模（亿美元）	1.17	1.35	1.38
当年新增 VC 基金平均规模（亿美元）	1.17	1.38	1.71
VC 管理机构管理资金规模中位值（亿美元）	1.91	1.98	1.31
截至目前 VC 基金规模中位值（亿美元）	0.51	0.56	0.51
当年 VC 基金规模中位值（亿美元）	0.50	0.45	0.75
截至目前最大 VC 基金募集额（亿美元）	23.22	43.00	43.00

注：表 2.1 ~ 表 2.5 的数据来源于《中国创业风险投资发展报告 2017》；NVCA2017 年鉴，PitchBook 提供数据。

表 2.2 数据显示，美国风险投资额从 2004 年的 220 亿美元上升到 2008 年的 370 亿美元，披露交易数从 2004 年的 2593 笔上升到 2008 年的 4707 笔。2009 年明显下降，但随后又逐年上升，并在 2015 年达到最高峰。2016 年的投资情况略有回调，但整体规模仍然非常可观。

表 2.2　2004 ~ 2016 年美国风险投资活动变化情况（投资规模）

年份	投资额（亿美元）	披露交易数（笔）
2004	220	2593
2005	240	2928
2006	290	3301
2007	360	4292
2008	370	4707
2009	260	4458

续表

年份	投资额（亿美元）	披露交易数（笔）
2010	310	5411
2011	440	6771
2012	410	7987
2013	450	9326
2014	690	10550
2015	790	10468
2016	690	8136

表2.3数据显示，从投资阶段来看，天使/种子期的交易量在2004～2015年呈现逐年上升趋势，仅在2016年略有下降。早期阶段和后期阶段的项目数量在2008年达到一次高峰之后，2009年短暂回落后继续逐年增加，到2015年和2016年开始有所下降。值得注意的是，各阶段之间的比例分配的变化。2004～2010年，始终是早期阶段的项目数占多数，而从2011年开始，虽然各个阶段的交易量均在增加，但早期阶段的项目数始终低于天使/种子期的交易量，并且这一差距在逐年扩大。另外，从投资金额占比的情况来看，2016年，天使/种子期的投资金额占比为9.6%，早期阶段的投资金额占比为34.9%，后期阶段的投资金额占比为55.5%。这说明，在投资阶段的选择方面，美国风险投资行业已经从集中于早期阶段的模式转为全阶段投资，并且逐渐关注天使/种子期和后期阶段的项目，并且后期阶段的交易量占比最低，但交易金额占比最高，说明单笔交易的金额最高。

表2.3　　2004～2016年美国风险投资活动变化情况（投资阶段）

年份	天使/种子期（项）	早期（项）	后期（项）
2004	234	1452	907
2005	292	1660	976

续表

年份	天使/种子期（项）	早期（项）	后期（项）
2006	431	1812	1058
2007	744	2224	1324
2008	902	2322	1483
2009	1141	1941	1376
2010	1672	2223	1516
2011	2603	2519	1649
2012	3556	2707	1724
2013	4641	2873	1812
2014	5452	3147	1951
2015	5683	3013	1772
2016	4115	2496	1525

表 2.4 数据显示，从投资轮次来看，首轮投资和后续投资的交易量均呈现逐年上升趋势，仅在 2009 年出现短暂下降，到 2014 年、2015 年达到最高峰之后，在 2016 年有所回调。从交易金额来看，首轮投资的交易金额变化并不明显，仅在 2008 年、2009 年和 2016 年出现较为明显的下降。后续投资的交易金额的增长趋势非常明显，从 2004 年的 179 亿美元迅速增长到 2008 年的 314 亿美元，随后在 2009 年出现短暂下降后，基本上继续保持增长趋势，并在 2015 年达到最高 706 亿美元的交易规模。这说明美国风险投资行业逐渐注重对优质项目的持续投资，这与风险投资行业的长期价值投资理念也正好相符。

表 2.4　　2004～2016 年美国风险投资活动变化情况（投资轮次）

年份	交易量（项）		交易金额（亿美元）	
	首轮投资	后续投资	首轮投资	后续投资
2004	869	1598	38	179
2005	1045	1734	49	186

续表

年份	交易量（项）		交易金额（亿美元）	
	首轮投资	后续投资	首轮投资	后续投资
2006	1279	1885	58	233
2007	1678	2400	64	292
2008	1762	2697	58	314
2009	1674	2555	40	225
2010	2089	3015	47	265
2011	2830	3595	60	383
2012	3340	4282	67	339
2013	3596	5274	66	382
2014	3739	6194	81	607
2015	3353	6608	87	706
2016	2340	5512	66	625

表2.5显示，美国风险投资在全球行业内的占比情况在2004～2016年的统计期间内出现了一定的下降趋势。其中，募资金额和募资项目占比均在2011年下降到最低值，此后略有上升，到2014年又出现小幅度下降，但整体而言，美国的募资金额占比始终保持在50%以上，大多数年份能够保证在60%以上，说明美国仍然是吸引大量风险资本的主要国家。美国风险投资的交易金额和交易项目占比也呈现出明显的下降趋势，尤其是交易金额的占比情况，从2004年的85%下降到2016年的54%，下降趋势最严重。但美国风险投资的交易项目占比只是略有下降，说明单个项目的投资规模明显下降。相比之下，美国风险投资的退出金额和退出项目占比仅是波动中略有下降，说明美国风险投资行业的投资能力和成功率仍然保持领先。

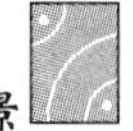

表2.5　2004~2016年美国风险投资在全球风险投资行业占比情况　单位：%

年份	募资金额	募资项目	交易金额	交易项目	退出金额	退出项目
2004	77	68	85	77	77	67
2005	74	60	81	73	63	63
2006	73	48	81	69	70	62
2007	64	46	78	68	69	60
2008	63	44	76	68	71	61
2009	53	37	75	67	65	64
2010	53	40	69	64	70	61
2011	52	34	70	62	69	61
2012	62	46	69	61	86	63
2013	66	57	69	59	58	60
2014	72	69	64	58	71	57
2015	64	65	56	58	63	55
2016	65	68	54	60	68	57

2.1.2　中国的风险投资发展现状

近几年，出现在人们视野中最多的词汇或热点是“中国的崛起”。全球经济逐渐从金融危机中复苏，中国经济保持了数十年的高速增长之后，逐渐由数量型增长转向质量型增长的轨道。在全球金融危机的冲击下，全世界各个国家都在努力摆脱负增长的阴影，中国经济逐渐展现出“一枝独秀”的风采，中国的风险投资行业也迎来了真正的“春天”。一个大国的崛起，往往意味着新的利益调整周期的开始（塞缪尔·亨廷顿，2010）。在21世纪的第二个十年里，我们已经看到，中国作为一个东方大国的崛起。在新的利益调整周期到来之际，中国经济转型，以及各行业的深度调整，将会成为一次独一无二的历史机遇。中国的风险投资行业正在积极进行自我调整，以顺应时代发展的需要。

从时间发展脉络上看，中国的风险投资事业的出现和演变有着其历史必然性。同时，不可否认的是，中国风险投资事业的发展历程一路追随着中国经济走势和资本市场的发展而发展。一方面，从计划经济向市场经济的伟大转型，需要一个完善的金融体系和多元化的资本市场；另一方面，国家社会都需要建立一个全新的融资渠道为科技创业企业提供支持。这是中国风险投资行业得以产生的历史必然条件。中国风险投资行业的顺利发展离不开国家层面的需求和供给因素，政府的坚定意志成为支持中国风险投资行业发展至今的先行力量。

此外，1992 年开始，海外的私募股权投资基金逐渐尝试进入中国，虽然遇到相关制度安排和投资退出渠道的不顺畅等问题，但外资机构仍然成为第一代本土机构的学习标杆，掀起了中国风险投资行业发展的第一次热潮。到 20 世纪 90 年代后期，相关政策文件的颁布实施为中国风险投资行业的发展提供了全新的保障。在 20 世纪即将结束的时刻，迎来了中国经济发展的黄金时期，以及中国风险投资行业蓬勃发展的曙光。

21 世纪初的十年，是世界经济较不平静的十年，中国风险投资行业在发展之初即进入调整沉淀时期，但这一时期的制度建设却从未停止，风险投资行业的发展也从未停止。促进中小企业发展的法律政策文件、促进资本市场逐步完善的法律政策文件，以及建立风险投资行业专属的法律文件体系相继出台，深刻地改变着中国的制度面貌。21 世纪的前十年，中国经济改革的大事件不断推进多元化资本市场架构渐趋完善，我国的金融改革步伐也始终坚定地向前走着。

首先，国家政策文件为风险投资行业的持续健康发展提供了制度层面的指导和规范，风险投资行业特有的法律规范体系正在进一步建立和完善。此外，逐渐放开全国社保基金和保险资金直投业务进入条件，为风险投资提供了更完善的制度保障，并带来了风险投资行业的第二次短暂的投资高潮，同时也出现了一批成功的投资案例。

其次，经过前十年的调整和沉淀之后，中国风险投资行业本身的特征也在悄然改变。一方面，风险投资的投资领域表现出全行业化特征。几乎与美国同步，中国新一轮风险投资潮开始关注传统项目，传统行业的连锁品牌效应更容易产生广泛影响，而且传统行业的转型升级具有广阔的市场前景，属于成长性和回报率兼顾的投资领域。另一方面，风险投资机构自

身的组织形式变得更加灵活，从最初的公司制，到 2007 年推出有限合伙制，到进入 21 世纪后个人资本和民间社会资本进入以及由此激发的机构运行效率问题，警醒较早的风险投资机构已经在及时调整自身的组织结构形式，以尽快适应行业和经济发展的新趋势。

虽然中国风险投资的规模已经在 2012 年超过欧洲，至今已成为仅次于美国的第二大风险投资市场。但我们始终要坚持和不断强调的一个理念就是，中国的风险投资行业乃至整个经济发展都要寻求高质量的发展模式。值得欣慰的是，中国的风险投资行业经过早期的不懈探索和沉淀之后，在新时期充分发挥了其厚积薄发的力量。同时，面对 21 世纪全球风险投资行业的转型，中国的风险投资行业及时抓住了这次机会，逐渐形成了具有中国特色的发展模式。

中国的风险投资行业发展至 2013 年左右，一批新生代的投资人开始引领风险投资行业的第二次“裂变”，VC2. 0 时代已经悄然来临（投资界网站，2017）。投资界网站在《中国创投简史》（2017）这本书中，作者简明而又深刻地分析道：“2005 年左右，中国 VC 行业曾经历一次裂变：沈南鹏、阎焱、徐新、张磊纷纷设立新的基金，催生了红杉资本中国、赛富亚洲、今日资本、高瓴资本……若干年后，群英扛鼎、洪湖再举，一批新生代投资人效仿着他们的前辈们，从老牌基金中出走，创立新基金……”这与笔者的观察结论完全一致，中国风险投资行业经历过 2005 年和 2013 年两次转折时期之后，新的发展方向已经逐渐清晰。

在 VC2. 0 时代，成长于外资机构的许多优秀的投资人纷纷出走，创立自己的基金，本土机构已然应声而起。与此同时，本土创投机构自身经过长久的积累发展，也已步入一个调整和更新的时期。

《中国创投简史》（投资界网站，2017）一书的落笔点是一段看似平常却非常值得大家深思的文字：“中科招商掌舵人单祥双向媒体披露了其对中科招商发展的终极构想：构建资本的全产业链和要素的大系统平台”。我们有理由相信，风险投资机构未来的发展方向将与平台化的发展模式全面对接，投资机构立足于 PE/VC，但不再局限于 PE/VC，将向早期天使投资和后期乃至二级市场全面拓展，“大型 VC 机构的全产业链模式正在形成”[①]。

① 详见 http：//pe. pedaily. cn/201507/20150720385871_2. shtml。

而我们的学术研究必然要紧跟时代发展的脚步。

国家和行业协会等单位的统计数据可以为我们更直观地展示出中国风险投资行业近年来的发展现状，也可以进一步说明上述分析的现实意义。

《中国创业投资行业发展报告2016》（国家发展和改革委员会财政金融司和中国投资协会股权和创业投资专业委员会，2016）的数据显示，截至2015年末，全国备案的创投企业共计1356家，且创投企业数量和资产规模均保持逐年增长趋势（见表2.6、表2.7）。根据《创业投资企业管理暂行办法》的规定，我国对创业投资企业实施备案管理制度，因此，该报告的统计数据基于已经备案的创业投资企业。

表2.6　　2006～2015年备案创投企业数量增长情况

年份	当年新增数（家）	当年退出数（家）	年末总数（家）	较上年增长率（%）
2006	112	0	112	—
2007	87	0	199	77.68
2008	139	2	336	68.84
2009	137	2	471	40.18
2010	206	17	660	40.13
2011	253	4	909	37.73
2012	227	41	1095	20.46
2013	175	35	1235	12.79
2014	97	39	1293	4.70
2015	80	17	1356	4.87

注：《中国创业投资行业发展报告（2016）》。

表2.7　　2006～2015年备案创投企业总资产规模增长情况

年份	当年新增（万元）	当年减少（万元）	年末总数（万元）	较上年增长率（%）
2006	2974876.85	0	2974876.85	—
2007	2093248.94	0	2093248.94	70.36

续表

年份	当年新增（万元）	当年减少（万元）	年末总数（万元）	较上年增长率（%）
2008	1786221.32	2000.00	6852347.11	35.20
2009	2877386.41	24154.01	9705579.51	41.64
2010	6511594.67	168754.91	16048419.27	65.35
2011	6994703.03	28905.83	23014216.47	43.40
2012	5932480.41	478451.11	28468245.77	23.70
2013	4873380.65	376321.93	32965304.49	15.80
2014	632168.66	904997.59	38381475.56	16.43
2015	9171317.22	499987.80	47052804.98	22.59

注：《中国创业投资行业发展报告（2016）》。

近年来，随着本土风险资本的崛起，外资背景风险资本的占比有所下降，但仍保持一定规模。本土风险资本逐渐引领中国风险投资行业的主流风向，并且不再像行业发展初期那样，主要依靠国家资本扶持，而是国有资本和非国有资本均在快速发展。来自《中国创业投资行业发展报告2016》的数据也显示，备案创投企业按中外资性质分类的数量分布和资产分布情况中，中资创投企业的数量和资产规模均占据绝对多数，外商独资创投企业的备案数量略有增加，但总资产规模和平均资产规模从2013年开始出现下降趋势，且外商独资创投企业的数量和总资产规模在全部备案创投企业中的占比一直较低。值得关注的一点是，外商独资创投企业的平均资产规模在2014年之前是高于中资创投企业和中外合资创投企业的，但这一优势在2014年出现逆转，中资创投企业逐渐占据了绝对优势（见表2.8、表2.9、表2.10）。

表2.8　　2006~2015年备案创投企业数量按中外资性质分布情况

年份	中资		中外合资		外商独资	
	年末数（家）	所占比率（%）	年末数（家）	所占比率（%）	年末数（家）	所占比率（%）
2006	109	97.32	3	2.68	0	0
2007	195	97.99	4	2.01	0	0

续表

年份	中资		中外合资		外商独资	
	年末数（家）	所占比率（%）	年末数（家）	所占比率（%）	年末数（家）	所占比率（%）
2008	326	96. 45	11	3. 25	1	0. 30
2009	459	96. 63	15	3. 16	1	0. 21
2010	658	96. 62	21	3. 09	2	0. 29
2011	903	96. 68	29	3. 11	2	0. 21
2012	1127	97. 07	32	2. 76	2	0. 17
2013	1301	97. 38	33	2. 47	2	0. 15
2014	1398	97. 56	33	2. 30	2	0. 14
2015	1477	97. 62	34	2. 25	2	0. 13

注:《中国创业投资行业发展报告（2016)》。

表 2.9　　2006 ~ 2015 年备案创投企业总资产规模按中外资性质分布情况

年份	中资		中外合资		外商独资	
	年末金额（万元）	所占比率（%）	年末金额（万元）	所占比率（%）	年末金额（万元）	所占比率（%）
2006	2930281. 46	98. 59	41921. 39	1. 41	0	0
2007	5014267. 40	99. 05	48184. 39	0. 95	0	0
2008	6567519. 82	95. 96	20. 7121. 29	3. 03	69032. 00	1. 01
2009	9236584. 39	95. 63	353289. 12	3. 66	69032. 00	0. 71
2010	14723075. 87	96. 33	492152. 93	3. 22	68732. 00	0. 45
2011	21172474. 57	96. 33	703712. 09	3. 21	101968. 39	0. 46
2012	25646628. 48	96. 50	748074. 78	2. 81	183063. 25	0. 69
2013	27677102. 45	97. 12	750970. 63	2. 64	67054. 00	0. 24
2014	30308721. 72	97. 97	566802. 85	1. 83	61818. 00	0. 20
2015	33777724. 84	98. 09	648742. 83	1. 88	10205. 83	0. 03

注:《中国创业投资行业发展报告（2016)》。

表 2.10　2006～2015 年备案创投企业平均资产规模按中外资性质分布情况

年份	中资		中外合资		外商独资	
	年末金额（万元）	增长率（%）	年末金额（万元）	增长率（%）	年末金额（万元）	增长率（%）
2006	27132.24	—	13973.80	—	0	—
2007	26252.71	-3.24	12046.10	-13.80	0	—
2008	20523.50	-21.82	17260.11	43.28	69032.00	—
2009	20434.92	-0.43	22080.57	27.93	69032.00	0.00
2010	24416.38	19.48	22370.59	1.31	68732.00	-0.43
2011	26010.41	6.53	27065.85	20.99	33989.46	-50.55
2012	25749.63	-1.00	27706.47	2.37	45765.81	34.65
2013	26949.47	4.60	27813.73	0.39	33527.00	-26.74
2014	31803.49	18.01	25763.77	-7.37	30909.00	-7.81
2015	39973.64	25.69	29488.31	14.46	10205.83	-66.98

注：《中国创业投资行业发展报告（2016）》。

从“实到资本”和“承诺资本”各自的数额可以进一步区分创投企业的资本实力。以《中国创业投资行业发展报告 2016》公布的 2006～2015 年的备案创业投资企业数据来看，截至 2015 年末，备案创投企业的实到资本总额已经达到 21932545.99 万元，承诺资本总额可以达到 23265939.19 万元。此外，2006～2015 年，备案创投企业的实到资本总额与承诺资本总额均保持持续增长，但这种增长趋势从 2014 年开始有所放缓（见表 2.11）。

表 2.11　2006～2015 年备案创投企业资本总额及增长情况

年份	实到资本总额（万元）	较上年变化率（%）	承诺资本总额（万元）	较上年增长率（%）
2006	1829555.24	—	1925296.90	—
2007	2990943.62	63.48	3324625.82	72.68

续表

年份	实到资本总额（万元）	较上年变化率（%）	承诺资本总额（万元）	较上年增长率（%）
2008	4379531.36	46.43	5189304.72	56.09
2009	5970816.49	36.33	7606472.17	46.58
2010	9392411.14	57.31	10195214.37	34.03
2011	13271508.69	41.30	14277604.57	40.04
2012	16947081.28	27.70	18529649.52	29.78
2013	19681926.15	16.14	21534790.12	16.22
2014	20854552.78	5.96	22351137.00	3.79
2015	21932545.99	5.17	23265939.19	4.09

注：《中国创业投资行业发展报告（2016）》。

在风险投资的研究中，资金背景来源是一个非常重要的特征变量，进一步区分投资人属性的数据则更详细地展示了不同资金背景的创投企业的资本实力情况。因此，本书将以《中国创业投资行业发展报告2016》公布的资金背景数据为基础，探讨风险资本行业发展现状更为深入的分解研究。

由表2.12的数据可以看出，在实到资本来源结构中，财政预算保持在15%以上的占比，国有机构保持在40%以上的占比，国家背景的资金来源占据了绝对多数，但从历年变化趋势来看，2015年财政预算占比15.54%，国有机构占比40.03%，相比于2006年的财政预算占比33%和国有机构占比48.80%，近年来，国家背景的资本来源所占比例略有下降。相比之下，民间资本所占比重的上升趋势非常明显，非国有机构所占比例由2006年的12.74%上升到2015年的29.74%，个人资本所占比例由2006年的4.27%上升到2015年的13.57%。外资背景的资本来源所占比例在2008年达到最高的2.91%之后，逐渐下降到2015年的1.12%（见表2.12）。

表 2.12 2006～2015 年按投资人属性分类的实到资本来源结构

年份	指标类型	财政预算	国有机构	非国有机构	个人	外资
2006	金额（万元）	603752.30	892896.85	233160.26	78129.00	21616.83
	占比（%）	33.00	48.80	12.74	4.27	1.19
2007	金额（万元）	870256.78	1478897.35	459682.16	155287.50	26819.83
	占比（%）	29.10	49.44	15.37	5.19	0.90
2008	金额（万元）	1051763.78	1971264.75	834609.66	394262.25	127630.92
	占比（%）	24.02	45.01	19.06	9.00	2.91
2009	金额（万元）	1321667.70	2771555.41	1113658.28	625197.31	138737.79
	占比（%）	22.14	46.42	18.65	10.47	2.32
2010	金额（万元）	1683489.70	4058580.65	2398140.80	1010216.93	241983.06
	占比（%）	17.92	43.21	25.53	10.76	2.58
2011	金额（万元）	2120352.89	5397990.72	3753843.22	1695694.64	303627.22
	占比（%）	15.98	40.67	28.28	12.78	2.29
2012	金额（万元）	2604350.99	6906474.74	4753070.76	2398578.70	284606.09
	占比（%）	15.37	40.75	28.05	14.15	1.68
2013	金额（万元）	6057132.64	7904384.36	5732647.39	2715779.49	271982.27
	占比（%）	15.53	40.16	29.13	13.80	1.38
2014	金额（万元）	3166265.11	8503964.13	6073435.73	2844156.70	266731.11
	占比（%）	15.18	40.78	29.12	13.64	1.28
2015	金额（万元）	3409695.28	8777574.00	6524634.26	2977521.11	246521.34
	占比（%）	15.54	40.03	29.74	13.57	1.12

注：《中国创业投资行业发展报告（2016）》。

同样，由承诺资本来源结构的数据（见表 2.13）可以看出，国家背景资本来源所占的比例呈现下降趋势，其中财政预算所占比例由 2006 年的 33.31% 下降到 2015 年的 13.95%，国有机构所占比例由 2006 年 46.08% 下降到 2015 年的 38.94%，财政预算的下降幅度更大。相比之下，民间资本所占的比例明显上升，其中，非国有机构所占比例由2006年的13.30%上升到2015年的30.77%，个人资本所占比例由2006年的6.19%上升到2015年的15.05%，紧追国家背景的资本规模。外资背景的资本来源所占比例在2008年达到最高的2.89%之后逐年下降到2015年的1.29%。

表2.13　　2006～2015年按投资人属性分类的承诺资本来源结构

年份	指标类型	财政预算	国有机构	非国有机构	个人	外资
2006	金额（万元）	641313.96	887226.85	256010.26	119129.00	21616.83
	占比（%）	33.31	46.08	13.30	6.19	1.12
2007	金额（万元）	725340.48	1690723.35	656241.16	228194.00	24126.83
	占比（%）	21.82	50.85	19.74	6.86	0.73
2008	金额（万元）	935847.48	2296048.35	1247732.66	559684.50	149991.73
	占比（%）	18.03	44.25	24.04	10.79	2.89
2009	金额（万元）	1308579.93	3479874.35	1737102.72	887425.44	193489.73
	占比（%）	17.20	45.75	22.84	11.67	2.54
2010	金额（万元）	1289876.18	4627746.18	2758475.75	1251710.53	267405.73
	占比（%）	12.65	45.39	27.06	12.28	2.62
2011	金额（万元）	1676388.02	6062286.81	4192290.58	1989347.04	357292.12
	占比（%）	11.75	42.46	29.36	13.93	2.50
2012	金额（万元）	2424262.32	7495694.65	5480388.94	2764036.05	365267.56
	占比（%）	13.08	40.45	29.58	14.92	1.97
2013	金额（万元）	3030232.34	8610036.27	6395315.74	3154378.41	344827.36
	占比（%）	14.07	39.98	29.70	14.65	1.60
2014	金额（万元）	3070189.86	8888205.17	6677175.96	3379618.00	335948.01
	占比（%）	13.74	39.77	29.87	15.12	1.50
2015	金额（万元）	3246438.64	9059286.95	7158866.93	3500675.08	300671.59
	占比（%）	13.95	38.94	30.77	15.05	1.29

注：《中国创业投资行业发展报告（2016）》。

最后，在备案创业投资企业省域分布情况（见表 2. 14）来看，经济发达地区的风险投资行业发展更早更快，在全国的排名中均处于前列，呈现出明显的地区差异。

表 2. 14　　2015 年末备案创业投资企业省域分布情况

省份	备案创投企业数量（家）	排名	资产规模（万元）	排名
江苏省	327	1	9351231. 91	2
浙江省	213	2	3098873. 45	5
广东省	112	3	10366120. 11	1
山东省	106	4	1901117. 37	6
北京市	86	5	3766118. 43	3
上海市	71	6	3549409. 67	4
福建省	58	7	814693. 91	11
四川省	42	8	1146740. 68	8
天津市	29	9	923467. 27	10
湖南省	29	9	1076904. 86	9
内蒙古自治区	27	11	187137. 90	26
陕西省	26	12	402981. 48	21
湖北省	25	13	796065. 15	12
安徽省	23	14	702944. 27	13
河南省	23	14	546296. 68	16
河北省	22	16	636694. 45	14
山西省	19	17	406336. 26	20
新疆维吾尔自治区	19	17	1640612. 83	7
贵州省	18	19	229642. 83	23
西藏自治区	17	20	190118. 93	25

续表

省份	备案创投企业数量（家）	排名	资产规模（万元）	排名
辽宁省	14	21	387983.50	22
重庆市	13	22	502053.26	17
吉林省	11	23	190504.07	24
江西省	10	24	469657.07	19
黑龙江省	8	25	474203.30	18
甘肃省	6	26	116881.57	27
云南省	5	27	619144.66	15
广西壮族自治区	3	28	10040.41	31
宁夏回族自治区	2	29	9685.86	32
海南省	2	29	34367.88	28
新疆生产建设兵团	1	31	12942.44	29
青海省	1	31	11355.62	30

注：《中国创业投资行业发展报告（2016）》。

上述事实数据表明，我国的风险投资行业从1985年正式萌芽至今，在经历了最初二十年的探索阶段之后，逐渐形成了自身独特的发展模式，从最初借鉴外资机构的既有经验，到如今重新改写行业规则。并且从规模水平上也可以看出，我国本土风险投资机构的资本总量在21世纪初已经初具规模，且增长速度十分惊人，最近十年基本上始终保持着较高的增长速度。

2.2 企业并购发展现状

普遍观点认为，企业并购浪潮的周期规律与经济的发展周期密切相关，而世界范围内的并购活动往往以美国的并购周期最为典型。历史上每一次的全球并购浪潮均有其历史必然性，而历史并非简单的重复循环，每一次并购浪潮的背后，均有其特有的历史条件和经济特征。虽然中国的并购活动起步较晚，但在三十多年的发展过程中，已经逐步完成从起步到规模化发展的顺利过渡，并且能够在短短三十年内历经几乎相当于美国五次并购浪潮的全过程，在新时代的发展机遇前，能够迅速调整自身的发展模式，实属不易。

2.2.1　世界并购市场发展现状

20 世纪 90 年代的并购热潮中首次出现真正意义上的全球性的战略并购案例。最典型的案例是埃克森美孚的并购案例和 AOL 与时代华纳的并购案例。这一阶段的早期，跨国并购活动主要集中在发达国家，后期蔓延至发展中国家，跨国（横向）并购是全球并购活动的主要战略选择。

90 年代的并购热潮区别于 80 年代第四次并购热潮的一点在于，并购对价方式出现多元化的灵活策略。股份转换的并购模式为大型并购的发生提供了可能性。因此，金额巨大的并购案例层出不穷，而且很多案例都是行业龙头之间的强强联合。巨额并购的背后，是对固有的行业结构和竞争格局的重新“洗牌”，对市场势力进行再分配的过程。虽然在 21 世纪初互联网泡沫破裂之后，现金并购和杠杆收购的方式又开始高涨，但杠杆收购的操作手法相对更加保守，收购资金主要来源也不再是垃圾债券，而是大规模的并购投资基金。

第五次并购浪潮是一种战略驱动型并购活动，更多的是着眼于企业未来的战略布局，而不再像以往的并购活动那样，主要基于眼前的经营风险或财务压力。科技的进步和产业管制的解除为并购市场带来了新一波的并购需求。这一时期，也成为科技企业并购的高潮期。同时，新兴行业与传统行业的结合成为此次并购热潮的历史必然结果，新兴产业与传统产业之间互为依托，才能形成合力，真正实现产业升级。

2008 年金融危机后，全球经济活动陷入低潮。直到 2014 年左右，乐观情绪重新回归市场。同时，这段时间，中国的海外并购出现井喷式增长，成为本次并购浪潮的主要推动力量之一。不可否认的是，近几年的并购活动呈现出与第五次并购热潮相类似的特征，跨国（横向）并购和战略并购的案例频繁发生，全球并购活动向着战略型并购和跨国并购的方向深度发展。

在第三次工业革命方兴未艾，信息时代开创的全球化格局重新确立的时候，第四次工业革命已经悄然来临。第四次工业革命带来了科技的新一代创新，人工智能、清洁能源、量子信息技术、虚拟现实等成为新时代科技的最前沿，但时代的进步又不仅仅局限于科技创新，更重要的是解决历次工业革命遗留的人与自然的矛盾冲突，着力解决全球能源与资源危机、生态环境危机和气候变化危机。

或许，被业界公认为并购大王的谷歌（Google）公司的并购历史可以成为21世纪新时期并购特征的最佳注脚。众所周知，谷歌依靠经营开放式平台吸引大量硬件制造商和第三方软件公司加入，通过运营补贴模式，以广告收益获取利润。据统计，自2001年2月12日谷歌并购deja网络新闻搜索服务公司（Deja News Research Service），到2016年2月18日并购新加坡聊天应用公司Pie，十六年时间里，谷歌总共并购了190家企业，尤其是在2016年，大量收购云端服务领域的创业企业。[①] 谷歌的并购策略主要是并购大型企业，但不会将并购目标企业纳入自身业务，而是让目标公司继续独立发展运行。以Google的并购特征来看，Google的收购案众多且涉及领域也相当广泛，但详细探究之后发现，其主要可分为三大区块，一是对谷歌自身领域的加强与补充，二是涉及行动战略，三是跨足人工智能。总结而言，企业的并购战略一方面要加强自身核心业务的建设，另一方面要平衡多业务领域的互补战略，最后还要紧跟时代发展的脚步，做到“树大根深”才能“万年长青”。

2.2.2 中国并购市场发展现状

中国的企业并购活动的萌芽是中国经济进入工业化进程之后的必然结果。虽然中国的工业化历程尚未完全实现，企业并购活动也仅有三十年的发展历程，但中国并购市场在三十年的发展历程中几乎完整经历了美国等发达国家五次并购发展周期的“浓缩版”。自1984年出现现代企业制度下的并购活动萌芽至今，中国公司并购市场与风险投资行业相类似的一点是，

① 历史上所谓的并购潮（merge wave）是什么？是由于什么形成的？https：//www.zhihu.com/question/60104459。

在最初的起步阶段，都离不开政府力量的强力扶持。

并购萌芽之初的推动力主要在于政府开始着力解决亏损企业的经济效益问题和财政压力，随着政府和企业之间的所有权与经营权的分离，政府职能与企业职能的划分逐渐受到重视，企业产权界定成为改革的必然要求，企业产权转让和并购活动成为当时解决企业亏损的首选良策。

在 1987 年至 20 世纪 80 年代末的几年里，从少数城市试点推广至全国范围，并购的动机也由最初的消除亏损企业，发展到以企业主动性的经济结构调整为目标。并购形式由最初的承担债务和出资购买资产等形式发展到出现参股式和控股式并购等多样化的并购形式。并购的地域范围由最初的同一区域和同一行业的内部并购，发展到出现跨区域和跨行业的并购活动。中国逐渐形成了全国性的企业产权交易市场和逐渐规范化的公司并购活动。

1992 年至 20 世纪 90 年代末，这一阶段是中国企业并购活动规范化发展的关键阶段，逐渐由政府主导向市场化发展过渡。自 1992 年，中国确立市场经济改革方向开始，中国的产权交易和产权市场的发展逐渐向着市场化和规范化发展。随着整体经济发展进程向着市场化方向逐步深入，企业并购活动也逐渐形成了市场化的发展基础。此外，一系列法律法规的颁布使中国的企业并购活动在处理细节上逐步规范化。

这一时期，上市公司并购活动开始成为中国企业并购市场中的重要部分。1993 年，深宝安并购上海延中实业，是中国第一起上市公司并购案例，也成为二级市场并购的典型案例。随着资本市场的初步建立和中国经济的快速发展，上市公司逐渐成为经济活动中的重要角色，上市公司的并购活动也逐渐增多，成为经济活动中至关重要的组成部分。随着国有企业改革的完善以及民营企业的迅速发展，这一时期的企业并购活动不再局限于国有企业和公有制企业，而是发展至各种所有制形式的企业普遍参与的阶段，并且，外国资本开始进入中国资本市场，外资并购也得到了一定程度的发展。同时，这一时期的企业并购活动表现出多元化的特征。企业并购动机不再是政府主导的被动型，而是企业自身发展需要的主动型。并购活动的范围和规模更甚于 80 年代的起步阶段，并且呈现出更加多样化的并购方式，例如，宝延事件的二级市场举牌方式。这一时期的并购支付方式也出现管理层收购（MBO）以及混合支付方式等多种创新支付方式。更重要的一点是，中介机构，如投资银行等，开始在企业并购活动中发挥重要作用。中国的企业并购活动逐渐形成了规范化、多元化的发展模式，产权交易市场由兴起发展到初步成熟的阶段。

2000 年至今，这一阶段是中国企业并购活动实现国际化发展的新时期。2001 年，中国经济全面市场化的时代真正到来，中国也真正进入了以市场化和国际化为基础的公司并购阶段。这一时期是中国企业并购市场全面对接国际并购市场的新阶段。一方面，随着中国企业并购市场的日渐成熟，市场整体渐趋理性，基于公司发展战略的并购活动逐渐增多；另一方面，随着民营经济的崛起，民营企业成为资本市场中的重要角色。此外，随着中国的强势崛起，中国企业的海外并购活动动作频频，例如，联想并购国际商业机器公司（IBM）的个人电脑部门、TCL 科技集团并购德国老牌施耐德电气以及中海油、中国电信、上汽集团等的海外并购案例受到广泛关注。同时，企业并购相关法律体系随着经济和时代的发展而逐步完善，必将对我国企业并购活动和产权交易市场的发展产生深远影响。

中国企业并购活动的萌芽是中国经济进入工业化进程之后的必然结果，但有着自身独特的历史背景和发展要求。虽然中国并购市场的发展历程与美国等发达国家有所不同，但也几乎经历了企业并购从萌芽到成熟的全过程。在 21 世纪新时代的发展阶段，中国的企业并购已然实现了与国际并购市场的全面接轨，中国企业的视野也早已不再局限于“围城”之内，未来的发展趋势如何，让我们拭目以待。

第3章

理论基础与文献述评

企业并购活动已成为当代经济活动的重要组成部分，是现代企业落实发展战略、调整产业结构、对现有资源进行优化配置的重要实现方式。风险投资作为资本市场和产品市场的重要参与者，对资本市场中的企业并购活动具有显著影响。本书的研究对象涉及企业并购和风险投资两方面，因此，有必要在研究之初对企业并购和风险投资的基本含义、特征和分类等进行阐释。本章以现有企业并购的相关理论为基础，探讨企业并购的内在动因，并将以本章理论分析为基础，在后面章节的实证分析部分从并购可能性、并购行为特征和并购绩效等方面层层递进地考察风险投资对企业并购活动事前、事中及事后各阶段的影响。

3.1 概念界定

3.1.1 风险投资的内涵与分类

国外以美国全美风险投资协会的定义最为普及，其官方报告中指出："Venture capital firms are professional, institutional managers of risk capital that enables" "supports the most innovative" "promising companies. Venture capital is quite unique as an institutional investor asset class." "When an investment is made in a company, it is an equity investment in a company whose stock is essentially illiquid" "worthless until a company matures five to eight years down the road.”（风险投资公司是风险资本的专业机构管理者，能够为最具创新潜力的公司提供支持。作为一种机构投资者资产类别，风险投资是非常独特的。当对一家公司进行投资时，它是对一家公司的股权投资，该公司的股票在公司发展成熟之前基本上不具有流动性也毫无用处，而一家公司发展成熟需要5~8年的时间）。即风险投资是由职业机构投资人对最具创新性和发展潜力的企业进行的一种长期股权性投资。

中国风险投资研究院在《中国风险投资年鉴》（2009）中对风险投资（venture capital）的释义为：“venture capital，风险投资，也作创业投资。指独立运作的，专对新兴的，迅速发展的，有巨大竞争潜力的私营企业提供的资本，通常是权益性资本”（成思危，2009）。

综合上述概念可知，国内外学者和实业界对于风险投资的认识，能够获得一致的一点是，他们有能力承担高风险，同时，也有能力追求高回报。因此，本书将风险投资定义为这样一类机构，他们从机构或者高净值人群筹集资金，投资于高风险，并且有一定潜力获得高回报的项目。

此外，私募股权投资出现的最初一直被称为风险投资，私募股权机构最初也一直被称为风险投资基金，本书中对“风险投资”“创业投资”和“私募股权”这几个概念之间不作明确区分。

对于风险投资的分类，较为流行的关注点主要在于风险资本的投资方式、资金来源和投资阶段等特征。因此，本书将风险投资的分类主要划分为以下几组。

（1）按照投资方多寡可以划分为单独投资和联合投资。

（2）按照资金来源划分，有本土和外资之分，其中本土机构可以进一步区分为国有背景和非国有背景的风险投资。

（3）另一种按照资金来源的划分方式为：政府出资设立的风险投资、民间资本设立的风险投资、外资设立的风险投资、上市公司出资设立的风险投资和金融系统出资设立的风险投资。

3.1.2 企业并购的内涵与分类

我国最新修订的《公司法》中对企业合并的定义为：企业合并有两种形式，吸收合并与新设合并。吸收合并是一个法人单位吸收另一个或多个

法人单位，合并后被吸收单位的法人身份消失，简化的释义可以表示为，A+B=A(B)。新设合并是两个及以上的法人单位合并后设立一个新的法人单位，合并后，原法人单位消失，简化的释义可以表示为，A+B=C。这一解释更加符合现代公司发展的基本情况，本书也将这一定义作为学术研究中的基本释义。

关于收购（acquisition）的含义，基本一致的认识在于，收购是一家法人单位通过使用现金、股票或者债券等购买另一个法人单位的部分或全部资产或者股票的经济活动。需要特别注意的是，兼并或者合并的定义中，被合并企业的法人地位将会消失。而在收购的定义中，被收购企业的法人地位存续，收购方获得的是被收购方的财产权或控制权。

总结上述定义可以发现，一方面，兼并与合并的含义有所重合，在此，我们不将两者作明确区分，仅以“兼并”代表“兼并与合并”的综合含义，包括吸收合并与新设合并两种方式；另一方面，虽然兼并与收购在含义或者形式上有所区分，但其实质都是获得被并购方的控制权或者产权。从产权经济学的角度不难理解，兼并与收购的方式虽有不同，但其经济实质是一样的。因此，普遍的观点也将兼并与收购统称为“并购”。

现有对并购的普遍理解并不会特意区分兼并（merger）与收购（acquisition），对并购更加广泛的含义甚至还包括接管（takeover）、杠杆收购（buyout）等众多丰富的内容。因此，本书中不将“并购”作详细的概念区分，仅对上述重要定义进行界定和解释，以求从学术的严谨性和创新性出发，对企业并购活动进行科学的解读。

根据对企业并购的定义，并购行为的发生具备一些基本的特征，例如，并购的基本目的是在一定程度上获得被并购方的控制权，因此，控制权转移是并购行为的必然结果，并购活动是产权交易活动，企业并购市场也被称为控制权市场。并购行为的发生需要具备一定的支付手段和并购方式，支付手段可以包括现金支付、股票支付、杠杆并购（LBO）等，并购方式也包括购买资产、购买股权（股份）等。并购交易是有偿交易，涉及企业价值评估和溢价特征。最后需要强调的一点是，并购行为是与企业自身发展战略紧密相关的，是企业落实发展战略，寻求资源整合与优化分配的有效途径，也是市场经济活动的重要组成部分。

对企业并购的分类，较为普遍的关注点主要在于企业并购的并购方式、支付手段和战略特征等方面，本书对企业并购的分类不再进行详细划分。

3.2 理论基础

有关企业并购的相关理论众多并且各有侧重，J. 弗雷德·威斯通等（1998）系统地总结了兼并与收购的相关理论，如效率理论、信息与信号理论、自由现金流假说、市场力量、税收与再分配以及代理理论等方面的考虑。每一种理论都可能成为解释某些特定类型的企业并购行为的最优选择，但没有任何一种理论能够完全涵盖所有企业并购行为，因此，无论东西方学者，都无法将某一种理论称为具有普遍适用性的“绝对理论”。本书将对研究主题相关的主要理论进行总结分析，并对风险投资与企业并购的研究视角同相关理论相适用的可能性进行系统性分析。

3.2.1 效率理论

效率理论是最初理解企业并购动机的传统理论，协同效应是效率理论用于解释企业并购活动的主要体现。效率理论的基本观点是，企业并购活动中蕴藏着潜在的社会效益（J. 弗雷德·威斯通等，1998），在某些方面能够达到“1 + 1 > 2”的协同效果。

3.2.1.1 管理协同效应

从管理的协同效应来看，主要是基于差别效率理论和无效率管理者两个角度理解。并购活动不仅使被并购公司的管理层效率提高了，整个经济社会的效率水平也将由于此类并购活动的发生而提高（J. 弗雷德·威斯通等，1998）。这一假说具有严格的假设，即高效率公司对其剩余管理资源的自由利用受到限制，同时低效率公司通过直接雇用管理人员或者外部管理者的能力也受到限制，因此，基于效率差异的并购才是“水到渠成”的选择。在这一理论下，当两家公司之间的业务活动相同或者相似时，才更有可能实现剩余管理资源的转移和充分利用。

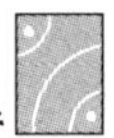

3.2.1.2　经营协同效应

从经营的协同效应来看，可以对比管理协同假说的解释作类比的理解。经营协同效应的结果一般体现在规模经济和范围经济两个方面（Arrow，1975），主要通过横向并购、纵向并购或者混合并购等方式得以实现。这一理论适用的前提假设条件是，在该行业中存在着规模经济，并且在并购发生之前，并购双方的经营活动水平或者经营效率并未达到规模经济的最大效用。规模经济可以降低单位产出中所分配的固定成本，从而提高企业的盈利水平和经营效率。虽然也有许多研究对协同效应所能达到的规模经济提出质疑，并以事实调查数据说明，但并非每一个理论都对所有并购活动普遍适用。

3.2.1.3　财务协同效应

如前所述，单独的任何一种理论都不足以解释所有的并购活动。财务协同效应最初受到学者们的重视也是由于管理协同效应无法解释相当一部分的并购活动。由于管理协同效应适用于解释横向并购案例，而在混合并购案例中，无法从管理能力的角度观察到协同效应的存在，因此，学者们开始从财务理论方面提出并购活动的财务协同效应理论。财务协同效应体现了并购活动所带来的企业面临的资本成本和交易费用等财务成本的节约（Williamson，1970；Myers and Majluf，1984），从而为并购活动能够提高企业资本配置效率提供了理论支持。

在事实证据方面，马卡姆（Markham，1973）的研究中指出，在其所有混合并购样本企业中，仅有16%的企业发生了管理人员变更，而有60%的比例，高管人员都继续留任。同时，在其样本中，资本性支出计划决策职权在混合并购后重新掌握于公司总部，而其他管理职能则较少出现如此集权情况。这说明，财务决策职能是最有可能在并购企业与被并购企业之间达成协同效应的管理职能。尼尔森和梅利切尔（Nielsen and Melicher，1973）的研究发现，当并购方的现金流量较大而被并购方的现金流量较小时，并购的溢价水平较高。这说明并购中存在着资本或现金流从并购方所在行业向被并购方所在行业的再次配置。更进一步理解，这一理论说明内部现金流量水平很可能是影响企业投资率的重要因素。因此，当一个成长性行业中的投资机会被发掘时，企业对该行业的投资体量很可能与其内部现金流量相关。这一观点也与杜森贝里（Duesenberry，1958）所阐述的理论相契合。

3.2.1.4 多元化经营

多元化经营的核心思想是通过进行分散化经营分散企业及其利益相关者所面临的风险，其中，包括经营风险、财务风险等。首先，多元化经营能够为企业及其利益相关者提供更优的发展机会和更好的报酬。作为公司的股东，其控制投资风险的诉求，促使企业寻求多元化经营，从而借由分散投资增加股东的风险承受能力，降低平均投资风险水平。作为企业的所有者，对于没有进行分散经营的企业，会要求更高的风险溢价，并且在风险水平相同的情况下，其投资水平会低于最优投资方案（Fama and Jensen，1985）。作为公司的员工，多元化经营能够为员工提供更多的学习机会和晋升机会，将员工的职业特长与岗位需求进行最优匹配，有助于提升员工满意度和忠诚度。其次，每一家存续中的企业均具有声誉资本，企业的声誉资本建立在对研发、资产、人力资源培训、广告宣传等方面的持续投入，多元化经营能够帮助企业维持并提升自身声誉。最后，从财务能力角度考虑，多元化经营能够提高企业对财务风险的应对能力。企业可以通过内部发展和外部并购等方式实现其多元化战略，但相比较而言，内部发展的方式较为缓慢，同时，企业寻求多元化发展的初衷很可能是由于自身缺少某些必要资源或发展机会，因此，通过外部并购活动往往可以帮助企业迅速实现多元化战略。

3.2.1.5 价值低估假说

一方面，由于管理层的能力无法充分发挥企业经营潜力，这与无效率管理者理论有相通之处；另一方面，可能是并购方获得了公开市场上没有的内幕消息，这与后面将要阐述的信息与信号理论相联系。总结而言，当目标企业的管理能力无法充分发挥企业经营潜力或者由于通货膨胀等各种原因导致目标企业的市场价值低于重置成本时，或者并购方获得公开市场上无法获得的内幕消息而发现目标企业价值被低估时，并购活动就很可能发生。价值低估理论反映在财务数据上，通常是被并购企业的 Tobin Q 值

（股票市场价值与资产重置成本之比）较低（至少小于1）。

需要注意的一点是，价值低估理论仅能作为特定条件下的一部分并购活动，较低的价值比率（股票市场价值与资产账面价值之比）或者Tobin Q值并非产生并购动机的充分条件。这一理论建立在非完美市场假设基础之上，市场并非完全有效率，因此，才能够为高效率企业并购低效率（价值低估）企业提供契机。因此，一般认为价值低估理论与效率理论是相通的，并且要基于效率原理来理解价值低估理论。

3.2.2 市场力量

市场力量假说将企业的并购动因归结于提高市场占有率的目的（Meeks，1997）。该理论从市场竞争出发，将企业行为看作完全的市场导向性行为，市场结构成为企业一切行为的先决动机。并购能够带来企业更高的市场占有率和市场整体的集中度，从而提高了企业对市场的影响力和控制力。具有市场优势地位的企业，其利润变动更不容易受市场环境变化的影响（惠廷顿，1980），这也成为企业寻求并购的重要动因。更优的市场地位不仅能够带来更高的市场占有率和长期获利能力，也能够降低进入门槛，获取既有的关键资源，实现低成本、低风险扩张战略。

需要注意的一点是，市场占有率与纯粹的规模经济有所区别，规模经济是企业自身规模扩张的绝对量概念，市场占有率是该企业相对于行业内其他企业的规模扩张的相对量概念。同时，完全从市场竞争角度对企业并购行为进行归因也过于绝对，企业的行为选择受到多种因素的影响，市场因素并非唯一变量，企业目标的多元化正是这一局限性的最好例证。

市场力量假说的进一步延伸即可得到垄断利润假说。企业间的并购活动增加了企业对市场的控制力，从而具备获得超额利润的优势（Stigler，1950）。行业集中度的不断提高将造就少数寡头的垄断地位，占据垄断地位的企业在产品定价权上具有绝对优势，能够获得超过正常水平的利润。但过度垄断的行业也更容易受到垄断法等法规和政府管制的约束，1982年和1984年美国司法部推出的新的兼并重组准则正是由于并购导致的行业过度集中现象受到政府的重视，新准则采用的赫芬达尔指数及其衍生指数也成为衡量行业集中度的重要指标。

3.2.3 信息与信号理论

信息理论的基础是企业间的信息不对称，该理论认为，并购活动会向市场传递某些未知的信息，目标企业的价值在并购过程中将被重估，新的信息是要约收购的结果，并且，无论并购是否成功，目标企业的价值都会被重估，因此，重新估价具有永久性。在这一情况下，目标企业的股价在并购后会上涨。多德和鲁贝克（Dodd and Ruback，1977）、布拉德利（Braddley，1980）的研究指出，无论并购成功与否，目标企业的股价总体上呈上涨趋势，因为收购行为本身向市场传递了目标企业股价被低估的信息。罗尔（Roll，1977）指出，当并购方采用本企业的股票并购目标企业时，会向市场传递并购方股票被高估的信号；当企业进行股票回购时，会向市场传递该企业管理层具有股票价值被低估，并且将会获得有利的成长机会的信息。

导致目标企业价值重估的形式有两种：其一，并购活动会传递目标企业价值被低估的信息，并促使市场对其股票进行重新估价，目标企业或其他各方均无须采取特别行动来实现这一价值重估（Braddley，Desai and Kim，1983）；其二，并购要约对目标企业管理层有激励作用，会促使其贯彻更为有效的公司策略，在收购要约之外无须任何外部动力促使这一价值重估的实现。

更进一步的研究表明，并购活动并非目标企业价值被低估的充分信息。布拉德利、德赛和金（Braddley，Desai and Kim，1983，1988）的研究发现，首次并购失败的目标企业，如果不再收到新的收购要约，其股价将在五年内跌回原有水平，如果之后收到新的竞价，其股价将继续上涨。因此，信息假说对单独一次的并购要约可能有效，但仍有其限定条件，只有当目标企业与并购企业的资源成功融合，或者至少实现控制权转移时，目标企业价值重估的永久性才能实现。从这一角度理解，信息理论与协同效率理论之间也有相通之处。

由信息假说衍生而来的另一个重要理论就是信号理论。信号理论的核心思想是，特别的行动会传递出该行动之外的其他形式的重要信息。这一理论最初是由斯宾塞（Spence，1973，1974）基于劳动力市场的研究而建立的。作者认为，劳动力的教育水平不仅仅是受过更多训练的信号（直接信号），也是具备较高天赋的信号（深层信号）。在并购活动中，信号的发布方式有很多种，例如：当某个企业收到收购要约时，可能向市场传递出该企业的价值被低估或者该企业未来现金流量会增长的信号；当某个企业以自己的股票并购目标企业时，会向市场传递出并购企业的股票被高估的信号；当某个企业进行股票回购时，会向市场传递出该企业管理层具有股票价值被低估，并且将会获得有利的成长机会的信号。

3.2.4 委托代理理论

自从詹森和麦克林（Jensen and Meckling，1976）系统地阐述了代理问题之后，代理理论成为公司治理领域的经典理论。代理问题源于公司所有权与经营权的分离，股东与管理者之间成为委托人和代理人的关系，契约的非完备性导致委托代理关系中不可避免地产生代理成本，这一成本有时候会成为影响企业发展的重大问题，因此，代理问题逐渐受到普遍关注。在代理问题中，管理者是具有决策权的代理人，而股东是企业的所有者，也是最终风险的承担者，委托代理关系的确立和有效执行涉及一系列的代理成本，主要包括：（1）委托人与代理人之间签订合约的成本；（2）委托人对代理人进行监督与控制的成本；（3）委托人确保代理人会选择最优决策的成本，或者选择次优决策所涉及的其他成本；（4）剩余收益损失，即由于代理人决策偏离股东权益最大化而造成的股东权益损失。并购活动中的代理理论主要涉及以下几个方面：降低代理成本、管理主义理论、自大假说以及自由现金流假说。

3.2.4.1 降低代理成本

一定的组织和市场机制能够对代理问题形成有效约束，例如，薪酬安排和经理人市场能够从一定程度上缓解代理问题（Fama，1980），股票市场也是一个有效的外部监督机制，股价波动在一定程度上反映了管理者的水平，较低的股价会对管理层造成压力，并促使其回归股东利益（Fama and Jesnsen，1983）。当现有的组织和市场机制不足以有效控制企业的代理问题时，并购和接管市场为代理问题提供了最后的制约手段（Mannie,

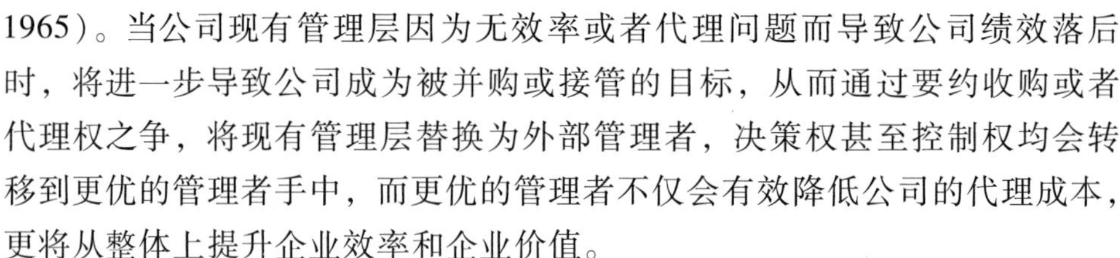

1965）。当公司现有管理层因为无效率或者代理问题而导致公司绩效落后时，将进一步导致公司成为被并购或接管的目标，从而通过要约收购或者代理权之争，将现有管理层替换为外部管理者，决策权甚至控制权均会转移到更优的管理者手中，而更优的管理者不仅会有效降低公司的代理成本，更将从整体上提升企业效率和企业价值。

3.2.4.2 管理主义理论

与并购降低代理成本相对立的一种观点是管理主义理论。该理论将并购看作代理问题的一种表现形式，而并非解决方法。该理论将管理者获得的报酬是公司规模的函数，那么管理者有不断扩大公司规模的动机，而并购行为仅仅是管理者为了扩大公司规模、实现个人利益而进行的外部投资活动。并且，由于这种投资活动并非基于降低代理成本和股东利益最大化的最优决策，而是基于管理者私人利益的低效率投资，因此，并购行为仅仅是管理者个人利益的实现途径，并非股东利益最大化的选择。并购活动是管理者私人利益导致的代理成本的外在表现，而并非解决代理问题的有效方法。但该理论也有其局限性，因为管理者报酬水平的决定因素众多，并非仅依赖于公司规模，管理者报酬水平与公司利润率水平显著相关，但与销售水平并非密切相关（Lewellen and Huntsman，1970）。

3.2.4.3 自大假说

与管理主义理论相类似的是自大假说。罗尔（Roll，1986）提出管理者的自大、野心或者过分骄傲等心理导致其在评估投资机会时会犯过度乐观的错误。这一假说的前提是市场的强有效性，在一个强有效的市场中，目标公司的股价已经较为充分地反映了所有公开或非公开的信息，公司市值也基本反映了公司的现有价值，但由于并购方管理者的骄傲自负而导致对目标公司的评估价值高于市场价值，并购活动发生。在这一假说下，并购活动并不能带来有效的协同效应，并且由于估值过高及竞争压力，并购方进行较高水平的支付，而获得负收益，被并购方获得正收益，总体而言，并购活动无法创造价值，仅仅是资源的转移。此外，这一假说区别于管理主义理论的一点是，自大假说并不以管理者自私自利为动因，而仅仅是过度自信导致的决策失误。

3.2.4.4　自由现金流假说

自由现金流假说源于对代理问题的探讨。詹森（Jensen，1986，1988）发现，此前相当一段时期的并购活动中，自由现金流量的支出并未受到重视。而股东与管理者之间在自由现金流量支出方面的代理问题是发生并购和接管的一个主要动因。相关的利益冲突无法永久消除，当代理成本较大时，并购可以降低代理成本。

詹森（1986）将自由现金流量（free cash flow，FCF）定义为超出所有净现值为正的投资项目资金需求量的现金流量。并且，从公司效率和股价最大化角度考虑，自由现金流量必须支付给股东。自由现金流量支付给股东之后，降低了管理者能够控制的资源总量，从而削弱了管理者权利。当需要为新的投资机会寻求外部融资时，来自资本市场的监督能够对管理者行为进行约束。因此，公司的并购活动通过提高债务比例，增加了对管理者的行为约束，从而有助于缓解股东与管理者之间的代理问题，降低代理成本，提升公司价值。

此外，除了支付本期的现金流之外，还应该以契约的方式确保未来各期的现金流支付。例如，通过发行债券替换股票来增加负债比例。适度的债权有着必须在未来期间支付的现金流量，比股权承诺的现金股利更为有效，更有助于降低代理成本。尤其对于面临低增长或者规模缩减问题但仍有大量现金流产生的企业，以债权的方式控制财务成本至关重要。但负债比例也并非越高越好，过度高水平的杠杆比率将会带来破产风险和相关成本的增加，从而债务方面同样存在代理成本，管理者有可能会在有损债权人利益的情况下选择对股东有利的高风险项目。因此，詹森（1986）将最优的债权与股权比例定义为，当边际债务成本等于边际债务收益时的债权与股权比例。

但自由现金流假说也有其局限性。例如，除了提高杠杆比率的方式，还有比这一方式更有效率、风险更低的方法，来缓解股东与管理者之间的代理冲突。当管理者的薪酬安排能够将管理者个人利益与股东利益密切联系在一起，并能够对管理者提供健康的激励机制时，合理的薪酬安排显然比提高企业的债务比例更为有效且风险更低。因此，自由现金流假说所提出的提高债务比例的方法并非缓解代理冲突的必然选择，将代理成本的降低看作提高债务比例的一种有益之处或许更为合理。

3.2.5 税收与再分配的考虑

税收对企业并购活动的影响涉及并购动机和并购过程。一些企业并购活动可能是基于税收最小化动机，因此，出于合法避税的考虑，能够解释部分并购活动。但税收方面的考虑是否必然导致企业并购行为的发生则取决于是否有可替代的方法能使企业达到同样的避税效果。税务筹划不仅影响并购动机，也能对并购过程产生影响。当并购企业具有充足的现金流时，通过并购将一般所得税转换为被并购企业股东的资本利得税，就是一种并购中的税务安排，股东可能会延迟缴纳资本利得税，从而并购的支付价格也可以有所降低。并购活动的税务安排不仅涉及应缴税额的节约，还能通过消除税收方面的损失促进更有效率的企业行为（Auerbach and Reishus，1986）。

再分配理论认为，并购活动之所以能带来价值增加，是由于发生了资源在公司利益相关者之间的再分配。例如，价值可以从债权人手中转移到股东手中。有研究显示，在并购活动中，股东获取的收益是以牺牲债权人的利益为代价的（Asquith and Jim，1982；Danis and McConnell，1986；Jim and McConnell，1977）。虽然在用债权替换普通股股权的过程中，杠杆率的提高不足以对债券所有者利益产生负面冲击。但在负债率大幅提高的杠杆并购活动中，有可能对债券所有者产生不利影响（McDaniel，1986），尤其在某些特殊情况下，如债券评级下降时，对债权人的负面影响更为明显。税收安排也体现了再分配理论的基本思想，税收虽然不是并购活动发生的主要原因，但在一定程度上体现了资源从政府到公司的再分配。

3.2.6 交易成本理论

交易成本理论，又称为内部化理论，是在新制度经济学的基础上发展而来的。交易成本理论认为，并购活动能够将原本属于市场范畴的交易成本内化为企业的内部成本。并购所节约的交易成本主要体现在以下几个方面：（1）通过研发投入获得知识。通过并购方式将专用性较高的知识内化

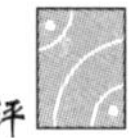

为企业自有的资产，使其得以在企业内部运用，能够达到节约交易成本的效果；（2）并购能够消除商标使用中机会主义动机造成的商誉损失；（3）产品生产过程中有时候会涉及专门的中间产品的投入。中间产品的供给存在不确定性和机会主义行为等，通过并购将中间产品的供应者变为企业内部成员，将消除这一不确定性和利益冲突；（4）通过并购将销售企业换变为自有的销售部门，将节约相当一部分谈判成本和监督成本；（5）企业通过并购形成一个庞大而有序的组织，组织内部职能划分清晰，从而形成一个自成体系的内部市场。一般观点认为，企业内部事务的管理成本要低于市场运作的交易成本。

3.2.7 小结

从效率理论考虑，企业并购活动的结果将会是无效率或低效率管理者被替换。虽然在某些情况下，风险资本进入企业后，出于改善公司治理水平的考虑，有可能会发生首席执行官（CEO）更换（Hellmann and Puri，2002），但在本书的理论分析中，企业并购必然导致无效率或低效率管理者被替换的情况过于绝对，因此，在效率理论的框架内，更合理的解释是，风险资本对并购企业的影响在于，其会促使企业积极改善公司治理水平和企业效率，实现并购后企业效率的提升，至于是否有必要更换管理者，则不能作绝对的定论。从风险资本积极参与公司治理的经验来看，在进入企业之后，他们有动机也有能力帮助企业实现并购活动的协同效应。从风险资本对相关行业的专注程度来看，他们具备优秀的咨询和增值服务能力，能够对企业进行合理估值，对行业进行深度剖析，并对企业及其所处行业的未来有其基本预判，从而以更优化的战略布局帮助企业实现长远发展。

从降低代理冲突和代理成本的角度来看，风险资本的监督与控制职能能够对管理者行为形成有力的约束。当不确定性增加时，风险资本与管理层之间的互动频率更高（Sapienza and Gupta，1994），当代理风险越高时，风险资本会采用越复杂的治理结构，目的在于控制和监督管理层（Barney et al.，1989）。当管理者无法实现股东利益最大化目标，或者与股东之间的代理冲突影响到公司效率和利益时，风险资本的介入将促使企业尽快更换 CEO（Lerner，1995）。风险资本对企业行为的实时监控有助于及时发现问题并解决问题。风险资本的介入将会降低并购活动中的代理成本，帮助企业尽快达到既定的并购目标。

风险投资被称为市场中的“信息中介”，风险投资者处于资本与产品的中间，风险投资者的一端是产品市场的发掘能力，体现了其选择投资项目或投资机会的职业能力，另一端是资本市场的融资能力，体现了其作为金融中介的资本实力。从信息的有效传递角度考虑，当存在信息不对称时，风险投资能够有效地促进产品市场与资本市场中的信息流动（Sorenson and Stuart，2001；Hsu，2004；Neus and Walz，2005）。同时，基于风险投资声誉的认证作用，其对被投资企业的选择行为本身就是一个积极的信号（Megginson and Weiss，1991）。从资源的有效配置角度考虑，风险资本作为连接资本市场与产品市场的重要纽带，对资源的合理配置也具有重要影响。

如前所述，有关企业并购的理论众多，但没有任何一个理论能够对所有并购活动具有普遍适用的解释力，企业在特定时期特定条件下进行的并购活动是对一系列因素进行综合考量之后的结果，这些因素不仅影响并购动因，还能够对企业的并购行为特征及最终的并购绩效产生影响。虽然以往关于企业并购的研究大多关注于并购的最终效果，但不可否认的是，并购绩效是并购过程的最终结果，而并购过程中体现出来的并购行为特征亦会因当时所面临的各种影响因素的变化而产生差异，因此，本书力求对风险资本对企业并购的影响进行更为全面的考察，从并购行为特征与并购效果两大方面进行系统分析。本章对企业并购理论的基本认识，以及风险投资对企业并购的影响如何与这些理论相联系的基本分析，将企业并购理论与本书的研究主题彼此结合，为后文中以并购行为特征及并购绩效为主线的研究提供了充实的理论基础。

3.3 文献回顾与述评

世界上最古老的风险投资活动，应该追溯至15世纪末，哥伦布向西班牙女王申请王室出资支持他的远洋航海探险活动。到20世纪50年代左右，风险投资开始在美国正式以一个行业的形态发展起来。随后，关于风险投资的研究也逐渐出现。早期的研究由于没有完整的行业数据，仅能依靠学

者们自行收集的调查结果进行分析，虽然缺乏现代实证研究的大样本依据，但早期的一些研究结论为风险投资行业树立了较为客观的形象。进入21世纪后，国内外关于风险投资的实证研究日益丰富，样本数据日益完善，但不同学派的分化也日渐清晰。最为明显的是，关于风险资本的“短期退出动机”与“长期价值投资”的对立。一些学者认为，风险投资行业存在“哗众取宠”现象（Gompers，1996），出于“逐名动机”的驱使，风险资本可能会为了尽快退出而牺牲企业的会计信息质量（蔡宁，2015）。同时，也有学者坚持风险投资作为价值投资者的观点，相关研究也从促进企业创新（Guo and Jiang，2013；沈丽萍，2015）、提高投资效率（吴超鹏等，2012）、提升信息质量（雷光勇等，2016）以及改善公司治理水平（Bottazzi et al.，2008；Hellmann and Puri，2002）等角度提供了丰富的经验证据。虽然各家之言所持观点有所不同，但无可否认的是，学者们从不同的角度考察了风险资本对被投资企业乃至国家经济的重要影响。这些研究成果不仅仅是对风险投资行业过去的发展状况的总结，还为未来的发展奠定了基础。

关于企业并购的研究早在20世纪50年代已经逐渐丰富起来，企业并购活动的规模化发展也早于风险投资行业的出现。相关文献从探索企业并购动因出发，逐渐发展出许多并购动因理论，用以解释特定条件下的并购活动的发生。随后，在并购动因研究的基础之上，研究者们的视野拓展到对并购的最终效果，即并购价值创造的考察。关于企业并购的研究丰富而又繁杂，即便是理论的建立，也是在正方与反方的反复论辩中不断演进的。同风险投资的研究一样，任何一家之言的结论都不能够涵盖所有的并购活动，仅是对这一研究领域的丰富和补充。

本书的研究主题主要关注风险投资对企业提供价值增值服务的能力，因此，关于风险投资的文献回顾主要集中于价值增值服务领域。而并购活动是特定时期特定条件下，特定公司基于多方面考虑而做出的经济行为。因此，并购活动的发生及其特点乃至经济后果受到多种复杂因素的影响。并购活动体现了经济行为的复杂性，这是从研究中获得普适性结论的最大难点，但也是进行相关研究最有趣的地方。不同时期，决定并购活动的发生及其特点以及经济后果的主要因素也会有所不同，从而并购活动表现出不同的行为特征和经济特征，因此，关于并购活动的文献回顾将主要以时

间为主线，尽可能介绍不同视角的研究成果。

3.3.1 风险投资文献回顾

在国内风险投资领域早期的理论研究中，成思危（1999）从理论高度提出了中国风险投资事业“三步走”的发展战略。陈刚（2000）和徐宪平（2001）的研究分别从不同视角对风险投资事业进行了国际比较。其中，陈刚（2000）综合分析了主要国家和地区的风险投资发展历程及现状，对我国面临的问题进行了深刻剖析，并从丰富资金来源、加强政策引导、改进投资方式以及完善退出机制等四个角度为我国风险投资业的发展提供了合理建议。徐宪平（2001）对美国、欧洲、亚洲（以日本为主）等典型国家和地区的风险投资特征进行了国际比较，并在对比中探索出有助于风险投资事业发展的普适规律。在风险投资主体培育方面，李蓉军（2002）从法律、政策、金融制度等角度提出了有助于扩大风险投资规模、规范风险投资运作的六点政策建议。

孙健等（2002）重点分析了风险投资基金的业主有限合伙制（master limited partnership，MLP）的治理结构，基于风险投资基金内部代理问题，即“逆向选择”问题和“内部人控制”问题，对 MLP 的适用性进行了深入分析，同时，结合美国的实践经验，提出我国风险投资基金应遵循国际通行的 MLP 治理轨道（孙健等，2002）。

姚铮等（2011）以案例研究的方法，系统分析了风险投资契约条款设置动因与条款影响传导模型，构建了风险投资契约条款设置动因及其作用机理理论（姚铮等，2011）。樊行健和李锋（2002）的研究对风险投资中的双重代理关系，以及如何实现财务目标趋同进行了深刻分析。吕炜（2002）对风险投资机制的技术创新原理的深入分析，为传统理论的更新提供了经验研究的案例。

以上研究为我国风险投资行业的早期发展奠定了非常重要的理论基础，随后实证研究不断丰富，样本数据日益完善，但不同学派的分化也日渐清晰。最为明显的是，关于风险资本的“短期退出动机”与“长期价值投资”的对立。一些学者认为，风险投资行业存在“哗众取宠”现象（Gompers，1996），出于“逐名动机”的驱使，风险资本可能会为了尽快

退出而牺牲企业的会计信息质量（蔡宁，2015）。同时，也有学者坚持风险投资作为价值投资者的观点，相关研究也从促进企业创新（Guo and Jiang，2013）、提高投资效率（吴超鹏等，2012；罗琦和罗洪鑫，2018）、提升信息质量（雷光勇等，2016）以及改善公司治理水平（Bottazzi et al.，2008；Hellmann and Puri，2002）等角度提供了丰富的经验证据。虽然各家之言所持观点有所不同，但无可否认的是，学者们从不同的角度考察了风险资本对被投资企业乃至国家经济的重要影响。这些研究成果不仅是对风险投资行业过去的发展状况的总结，还为未来的发展奠定了基础。

3.3.1.1 风险资本的价值增值服务

风险资本家（venture capitalists，VC）通常不仅能为（创业）企业提供资本，更重要的是能够为企业提供价值增值服务（Sapienza，1992）。此前的文献研究主要关注于三个方面的增值服务：促进企业的职业化进程，帮助企业建立规范的治理机制；支持与监督；以及来自风险投资公司或风险资本家声誉的认证效应和关系网络的价值。这三个方面的增值服务并非各自独立的，而是相互渗透、相互融合，共同发挥风险资本的价值增值能力。同时，信息作为一种隐形资源，虽然未被刻意关注，但却无时无刻不在发挥着重要作用。风险资本的价值增值服务能力本身就是基于其信息中介的身份而产生，从而有效降低交易行为中的信息不对称水平，实现交易双方的共同利益。

（1）职业化进程。风险资本家通常是积极参与公司治理的投资者，其进入公司之后，通常会在聘请外部董事和职业经理人、构建规范的人力资源政策和推行股票期权激励政策等方面发挥积极作用。巴里等（Barry et al.，1990）的研究较为全面地考察了风险投资从行业选择到最终首次公开发行股票（IPO）退出的全过程，利用1978～1987年433家风险资本支持的IPO和1123家没有风险资本支持的IPO的数据，提出风险资本家通常是积极参与公司管理的投资者。风险资本投资的终止方式有很多，其中IPO出售股份是最流行的一种。风险资本倾向于专注几个特定的行业，目的在于发展专业技能。风险资本支持的IPO平均发行规模大于没有风险资本支持的IPO。风险资本能够帮助公司更早地在IPO上市。可能因为风险资本专注于不同的行业，经验上有优势。风险资本的监督角色，体现在风险资本参与董事会，IPO之后仍保持投资，在被投资公司持股比例较高。风险资本监督能力越高，投资者不确定性越低，IPO抑价程度越低。

赫尔曼和普里（Hellmann and Puri，2002）对173家硅谷的初创公司的研究表明，风险资本与初创企业的职业化过程相关，主要包括两方面：内部组织构建和组织顶层结构。内部组织构建体现在风险资本支持的公司比没有风险资本支持的公司更多地采用专业的人力资源政策、更可能采用股票期权计划、更早地招聘市场副总等。对组织顶层结构的影响主要在于风险资本支持的公司更可能也更早地聘用外部CEO替换创始人，无论是对友好型变更还是非友好型变更都有重要影响。同时，风险资本是积极参与公司经营的投资者，为公司提供增值投入，而且越是早期的公司，风险资本的作用越大。基于手工收集的1998～2001年17个欧洲国家的风险投资数据，巴塔齐等（Battazzi et al.，2008）提出，合伙人有过商业经验的风险投资公司更积极地为被投资公司招募经理人和外部董事，帮助被投资公司募集资金，与被投资公司的沟通更加频繁。有过商业经验的合伙人更了解被投资公司面临的挑战和需求，体现了合伙人处理商业问题的能力。

（2）支持与监督。关于金融中介的传统理论只关注金融中介监督角色所带来的信息优势，从信息不对称的角度考察金融中介对于缓解道德风险和逆向选择的作用。赫尔曼和普里（2002）在此基础之上，进一步提出投资者在公司中扮演的两种角色：第一，支持角色（support），这种情况下投资者选择的行为会使他们承担私人成本，但是会为公司带来收益（如规范的公司治理，这时公司和创始人都受益）；第二，控制角色（control），投资者与创始人之间会有利益冲突，投资者选择增加公司价值的行为，但却可能会以牺牲创始人利益为代价。传统观点认为，风险资本大多只关注公司的财务方面，对公司内部组织结构并不关心。但赫尔曼和普里（2002）提出，风险资本是积极参与公司经营的投资者，为公司提供增值投入。而且越是早期的公司，风险资本的作用越大，原因可能在于越是早期的公司，在成立之初对规范的公司治理的需求越高。

风险资本的监督和控制职能方面，法玛和詹森（Fama and Jensen，1983）等研究指出，董事会构成取决于对监督的需要。如果对监督的需求越高，风险资本列席董事会的可能性也就越高。大量研究为这一观点提供了支持。勒纳（Lerner，1995）从风险资本在其所投资的公司担任董事的角

度，检验了风险资本的监督作用。基于代理问题，作者提出，如果风险资本是强有力的监督者，当公司对监督的需求更高时，风险资本更可能担任公司董事。采用1978～1989年271家获得风险资本投资的生物技术行业私有公司为样本，作者发现，当公司面临困境时，更可能发生CEO更换，此时对监督的需求会增加，董事会构成的变动体现在风险资本董事人数会增加。与没有CEO更换的情况相比，CEO更换时，风险资本董事人数的增加显著更多。地理距离越远时，监督成本越高。控制了持股比例和经验之后，地理距离越近的风险资本越可能担任公司董事。

风险资本的监督和控制角色还体现在与CEO的沟通以及对CEO变更的影响。萨皮恩扎（Sapienza，1992）从VC－CEO关系的角度考察了风险资本的增值服务。采用采访和问卷调查等方式，作者手工收集了美国51家风险资本支持的新创企业的数据，其中主要是高科技公司。没有证据表明，风险资本在早期阶段或者环境不确定性较高时更有价值。但有证据支持，高科技公司从风险资本获得的收益更多，并且风险资本和CEO之间频繁开发的沟通可以带来更高的价值。风险资本的积极参与和企业的业绩正相关。随后，萨皮恩扎和古普塔（Sapienza and Gupta，1994）从代理理论和信息处理的视角出发，提出代理风险和任务不确定性都会影响VC－CEO互动频率。代理风险越高，使得风险资本的监督必要性越高（Fama and Jensen，1983），任务不确定性越高使得（委托方和代理方）联合决策必要性越高，因而对双方信息处理能力的要求越高（Galbraith，1973，1974），在这种情况下，VC－CEO互动就会越频繁。以51对VC－CEO交流的详细数据为样本，研究发现，VC－CEO互动频率取决于VC－CEO的目标一致性、CEO在新创企业工作的经验、创业企业的发展阶段和技术创新的程度，管理层持股水平对互动频率没有显著影响。巴尼等（Barney et al.，1989）的研究结论也证明，代理风险和商业风险越高时，风险资本会采用越复杂的治理结构，目的在于控制和监督管理层。

赫尔曼和普里（2002）的研究指出，风险资本支持的公司更可能也更早地聘用外部CEO替换创始人，无论是对友好型变更还是非友好型变更都有重要影响。沃瑟曼（Wasserman，2003）采访了20家互联网行业私有公司的31位创始人、职业CEO、高管和投资者，发现影响初创企业创始人CEO变更的两个跨时期事件分别是：产品开发的完成和新一轮外部融资结束。完成产品开发阶段之后，越可能更早地更换创始人 CEO。每一轮融资结束时，越可能更换创始人 CEO。最近一轮融资额越高，创始人 CEO 变更率越高。引入新的投资者、内部人掌握控股权时，创始人 CEO 变更率越低。作者以此为依据提出了创始人 CEO 变更的悖论，即创始人 CEO 越是成功地取得阶段性成果（完成产品开发或者融资），越可能被替换掉。因为公司面临的需求变化太快，创始人 CEO 的能力会变得不那么重要。此前，勒纳（1995）的研究发现，当公司面临困境时，更可能发生 CEO 更换，此时对监督的需求会增加，风险资本董事人数增加。

（3）声誉与关系网络。声誉对于风险资本而言是一项非常有价值的资产，当存在信息不对称时，声誉可以产生租金（Biglaiser，1993；Shapiro，1983）。创业者对风险资本声誉的认证作用的需求和依赖决定了他们必须为获得高声誉风险资本的支持而支付相应的对价，例如，更高的估值折价、更为严苛的契约条款或者更高的退出回报等。

麦金森和韦斯（Megginson and Weiss，1991）是第一篇研究风险资本认证作用（Certification）的文献。基于信息不对称和信号理论，通过对 1983 ~ 1987 年 320 家风险资本支持的公司和 320 家没有风险资本支持的公司的对比研究，作者发现，风险资本在被投资公司的 IPO 过程中具有认证作用。风险资本认证的可信度来源于两个方面：声誉资本的投入（关系）和财务资本的投入（长期持股）。风险资本支持的公司与没有风险资本支持的公司相比，在 IPO 时有更高质量的承销商和审计师，并且机构投资者持股水平更高。同时，作者发现，风险资本与承销商之间会重复合作。另外，风险资本支持的公司有更低的抑价和总价差，因此，风险资本可以降低公司 IPO 上市的总成本，使发行方获得的净收益（Net Proceeds）最大化。而且，大多数风险资本并不会在 IPO 时出售股份。

冈珀斯（Gompers，1996）发现了风险投资行业中存在一种“哗众取宠”的现象，越是年轻的风险资本出于建立声誉和后续融资的目的，会比老资历的风险资本更早地让其所投资的公司上市。纽斯和瓦尔茨（Neus and Walz，2005）提出另一种解释，尚未建稳根基的风险资本更可能让其所投资的公司上市，而且可能利用 IPO 折价作为建立自身声誉可信度的方式。

风险资本的社会关系网络有助于促进信息的传播，使得原本受限于地

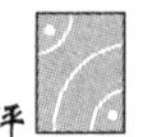

理距离和行业差异的跨区域和跨行业的投资交易更可能发生，关系网络的第二重身份是一个隐性的信息传播网络。风险资本的声誉来自以往在某些特定行业的投资经验，每一项投资都能够拓展风险资本的信息网络，使其获得社会网络关系或者某个特定行业的交易或监督经验（Neus and Walz, 2005；Sorenson and Stuart, 2001）。许（Hsu, 2004）从风险资本的信息经纪人角色出发，提出了关系市场（market for affiliation）的概念。创业企业家为了与声誉更高的风险资本建立联系，愿意接受一个估值上更高的折价。研究发现，在所有的融资要约中，创业企业家更愿意选择高声誉低估值的风险资本，而不是低声誉高估值的风险资本。在关系市场上，关系是一种具有经济价值的普通商品（ordinary economic good），寻求关系的人会面临"价格 - 声誉"的权衡。创业者对风险资本声誉的认证作用的需求和依赖决定了他们必须为获得高声誉风险资本的支持而支付相应的对价，无论是估值上更高的折价、更为严苛的契约条款，还是退出时的高回报。蔡宁等（2017）基于上市公司超额薪酬现象，考察了风险投资网络的"传染"效应，进一步证实了风险投资作为积极的投资者，有动机也有能力介入被投资企业的公司治理。

塞利克雅特等（Celikyurt et al., 2014）是第一篇研究风险资本对成熟的上市公司的影响的文章。作者手工收集了1998~2006年S&P公司董事会成员背景的详细数据，这些公司的上市年限平均在20年左右。研究发现，风险资本在成熟的上市公司任董事能够显著影响公司的创新活动和投资政策，具体表现为R&D支出增加，专利数和专利引用数都显著上升，同时更可能收购风险资本支持的创业企业，更可能与风险资本支持的创业企业建立合资企业或战略联盟的商业关系，获得公司型风险投资（CVC）的投资数和投资额也都有显著提高。成熟的上市公司所面临的最大困境往往在于创新不足和缺乏新的成长机会。霍奇伯格等（Hochberg et al., 2007）指出，在风险投资行业中关系网络尤为重要，风险投资者依靠自己的关系网络帮助他们所投资的公司取得成功。风险资本董事对项目评估，尤其是创新型项目评估的专业技能以及风险资本与创业公司之间天然的关系网络可以降低成熟的上市公司所面临的信息不对称程度，增加成熟上市公司的投资机会，从而使这些公司能够成功地实施创新导向和成长导向的投资策略。

风险投资与企业创新是一个经久不衰的话题，佛罗里达和肯尼（Florida and Kenney，1988）曾明确指出，风险资本的参与是支持美国创新转型的重要力量，在新的高科技行业形成的过程中，风险投资家不仅仅提供了资金的支持，更在构建关系网络等方面提供了宝贵的帮助。来自中国的样本数据研究也证明有风险资本支持的公司比没有风险资本支持的公司在成长和创新两方面的业绩表现更好，具体表现在盈利能力、劳动生产率、销售增长率和R&D投入（Guo and Jiang，2013）。陈思等（2017）同样考察了中国样本下风险资本对企业创新的影响，发现风险资本的进入促进了被投企业创新，表现为专利申请数量的显著增长。外资背景和联合投资特征对被投企业创新活动的促进作用更强；且风险资本投资期限越长，对创新的促进作用越强。风险资本对企业创新的促进作用主要基于引入研发人才，扩大研发团队，和提供行业经验与行业资源等方面。

也有一部分文献开始关注到，风险资本参与企业并购能够促进企业创新能力提升和创新资源共享。如林和佩纳斯（Rin and Penas，2017）首次从建立吸收能力（内部创新能力和外部获取能力）的角度考察了风险资本与企业创新策略之间的关系，为考察风险资本与企业创新提供了更加深入细致的视角；刘娥平等（2018）发现，在行业间，风险投资通过技术扩散提升上下游产业的技术水平，产生了垂直溢出效应；冈萨雷斯乌里韦（González - Uribe，2019）从投资组合角度证实风险投资组合内部的创新资源共享普遍存在，并且组合内部的创新回报显著更高。这些研究都为本书构建企业并购视角下的研究框架提供了非常好的理论基础。

（4）风险资本自身特征。近年来，对风险资本自身特征的关注越来越多，凯曼纳等（Chemmanur et al.，2014）对比了公司型风险资本（CVC）与独立风险资本（IVC）在培育创新型企业中的差异，发现CVC支持的公司更具有创新性。同样的，在中国制度背景下，风险资本的本土背景、外资背景和联合投资等特征对被投资公司业绩影响也具有差异性（Guo and Jiang，2013）。张学勇和廖理（2011）研究发现，相对于政府背景风险投资支持的公司，外资和混合型背景风险投资支持的公IPO抑价率较低，股票市场累计异常回报率较高，外资背景风险投资倾向更加谨慎的投资策略，投资之后对公司治理结构安排会更加合理，并且公司具有较好的盈利能力，这些最终导致公司股票IPO抑价率较低和回报率较高。沈维涛等（2013）发现，虽经验丰富以及外资背景的风险投资机构具备IPO择时能力，并且风险投资及其特征并不影响样本企业在短期内的择时行为，这表明IPO择时更有可能是一个基于中长期预测的规划过程。余琰等（2014）的研究发现，国有风险投资在投资行为上并没有体现出其政策初衷，并且在扶持创新上也没有表现出显著的价值增加作用；从投资成效来看，股权分置改革前，国有风险投资相对于非国有风险投资，虽然投资持有期限更长，但是取得成本更高而投资收益更低；股权分置改革后国有风险投资的投资期变得更短、回报更高而成本更低。同时，国有风险投资在企业发展晚期进入时能享有更低的投资成本和更高的投资收益，说明国有风险投资的表现总体上符合私人利益假说的预期，而不是社会价值假说的预期。

从区位特征来看，勒纳（1995）的研究发现，地理距离越近的风险资本越可能担任公司董事。黄福广等（2014）研究地理距离如何影响风险资本对新企业的投资，发现风险投资具有明显的本地偏好，与新企业之间的地理距离越远，风险资本对新企业的投资金额越少、投资时间越晚、投资后参与公司治理的可能性越低。龙玉等（2017）进一步研究了高铁通车改变地理距离的时空约束条件后，我国风险投资行为的新变化。发现高铁通车后，与非高铁城市比较，风险投资对高铁城市的新增投资显著增加。与此同时，高铁扩展了VC中心城市的投资辐射范围。高铁带来的空间压缩、时间节约、可达性提高，使得高铁城市吸引了更多的风险投资，有利于地方经济转型和推动创新。地理距离因素的影响，是本书中对区位特征进行考察的重要参考。

辛迪加联合投资是风险资本常用的一种投资方式，李波和梁樑（2017）以中国风险行业的联合投资事件为研究对象，创新性地对中国风险投资辛迪加网络中领投者与跟投者的绩效进行了实证研究，并分析了在高科技行业与非高科技行业中领投者与跟投者绩效的差异性，得出了在联合投资中，跟投者比领投者的绩效好，领投者与跟投者的投资绩效因行业类型不同而存在差异等重要研究结论。付辉和周方召（2018）采用中国IPO暂停的准自然实验测度退出不确定性，发现退出不确定性会降低风投机构采取辛迪加联合投资的积极性，投资意愿也会显著下降，而这会对风投机构的退出表现产生负向影响。其研究为政策干预的经济后果提供了经验证据。

党兴华等（2011）研究发现，风险投资机构的网络位置对成功退出有显著的影响——风险投资机构的网络中心性越高，成功退出的可能性越大。康永博等（2017）以2010～2015年独特的“PE+上市公司”CVC模式为研究对象，考察了信息披露制度的出台对CVC信息披露水平的影响。研究结果表明，从利益相关者治理理论视角发现，企业和风险投资在CVC项目层面形成了独特的利益相关者治理机制——CVC项目治理，CVC项目治理会对CVC信息披露产生显著影响。罗琦和罗洪鑫（2018）基于信息成本的变化探讨了风险资本对企业的“价值增值”功能，发现风险资本的“价值增值”功能在网络信息披露水平高的情况下更为强烈。

3.3.1.2 风险资本投资回报

上述所有增值服务能够为风险资本和被投资公司双方带来丰厚的财务回报。已有研究证实，在成长和创新等方面，风险资本支持的公司表现更好（Guo and Jiang，2013）。同时，风险投资公司之间也存在业绩的差异性和持续性（Kaplan and Schoar，2005）。然而对于业绩的衡量，由于风险投资公司的信息披露有限，研究中普遍采用的方法是以是否成功退出作为衡量风险投资公司业绩的指标（Gompers and Lerner，2000；Sørensen，2007）。

卡普兰和肖尔（Kaplan and Schoar，2005）以1980～2001年募集的577只风险投资基金为样本，发现基金业绩表现出显著的差异性（heterogeneity）和持续性（persistence）。PE的净收益与公开市场平均收益率（S&P500）基本持平，而总收益高于公开市场平均水平。PE的业绩表现出明显的差异性和持续性，历史业绩与募集资金额呈现凹函数关系，市场进入与业绩的关系呈现顺周期特征。同时，作者提出的衡量PE净收益的指标，公开市场等价（public market equivalent，PME）被广泛采纳。

凯曼纳等（Chemmanur et al.，2014）是第一篇基于公司层面的数据，系统地分析了投资前筛选效应（screening effect）和投资后监督效应（monitoring effect）的文献。作者通过对比公司型风险资本（CVC）与独立的风险资本（IVC）在培育创新型创业企业中的差异，发现CVC支持的公司更具有创新性，具体表现在其专利数和专利引用数都更高，即专利质量更高。但 CVC 支持的公司更年轻，风险更高且盈利能力更低。使用了倾向得分匹配分析和双差法分析之后，研究结论仍然成立。可能的两种机制在于，CVC 具备更多的行业知识，因为 CVC 的母公司与创业公司之间往往有技术上的吻合性。另外，CVC 对失败的容忍度更高。

郭和姜（Guo and Jiang，2013）借鉴了凯曼纳等（2014）的研究方法，并首次将其应用于发展中国家。作者以中国制造业企业为样本，证明有风险资本支持的公司比没有风险资本支持的公司在成长和创新两方面的业绩表现更好，具体表现在盈利能力、劳动生产率、销售增长率和 R&D 投入。同时作者提出，这种业绩差异的来源既有投资前风险资本选择了更好的公司，也有投资后风险资本对公司提供了更好的价值增值服务。结合中国的制度背景，进一步研究证实，业绩差异的来源还因风险资本类型和投资方式的不同而不同。本土风险资本和非联合投资的差异主要在于投资前的选择效应（selection effect），外资背景的风险资本和联合投资的差异来源既有投资前的选择效应也有投资后的处理效应（treatment effect）。

霍奇伯格（Hochberg et al.，2007）指出，风险投资行业中关系网络尤为重要，风险投资者依靠自己的关系网络帮助他们投资的公司取得成功。冈珀斯等（Gompers et al.，2005）的研究用风险资本以往的交易密度衡量其经验水平，证明以往的交易经验可以帮助风险资本利用投资机会获得更好的退出业绩。当投资机会更好时，有经验的风险资本会增加投资，从而取得更好的退出回报。迪莫夫和谢泼德（Dimov and Shepherd，2005）直接考察了风险投资的人力资本与投资业绩之间的关系，但并未解释其影响机制。瑟伦森（Sørensen，2007）将合作博弈理论引入风险投资的研究中，创建了一个双重匹配模型考察风险投资业绩的影响机制。研究发现，有经验的风险资本投资的公司更可能上市。这一结果既有风险资本的直接影响（处理效应，treatment effect），也有市场选择（sorting）的影响，即有经验的风险资本会投资于更好的公司（选择效应，sorting/selection effect）。市场选择的影响是风险资本直接影响的两倍。瑟伦森（2007）的研究方法已经在风险资本业绩的研究领域被广泛采用。

巴塔齐等（2008）通过对投资者激进主义（investor activism）的决定

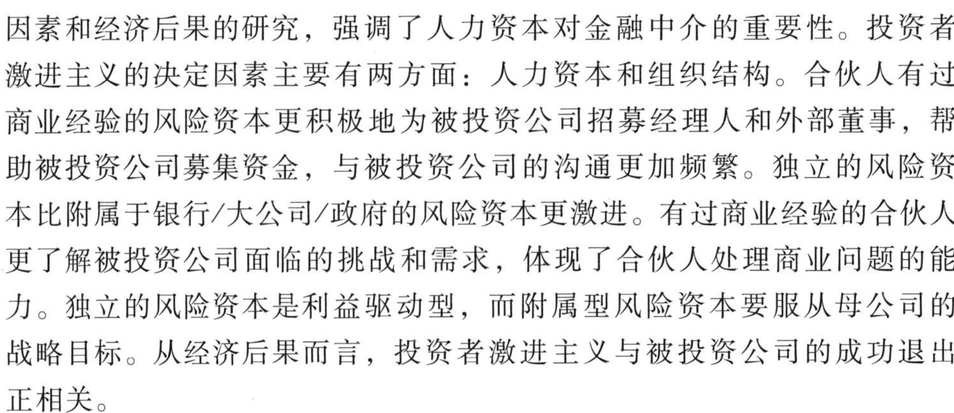

因素和经济后果的研究，强调了人力资本对金融中介的重要性。投资者激进主义的决定因素主要有两方面：人力资本和组织结构。合伙人有过商业经验的风险资本更积极地为被投资公司招募经理人和外部董事，帮助被投资公司募集资金，与被投资公司的沟通更加频繁。独立的风险资本比附属于银行/大公司/政府的风险资本更激进。有过商业经验的合伙人更了解被投资公司面临的挑战和需求，体现了合伙人处理商业问题的能力。独立的风险资本是利益驱动型，而附属型风险资本要服从母公司的战略目标。从经济后果而言，投资者激进主义与被投资公司的成功退出正相关。

扎鲁茨基（Zarutskie，2010）利用1980～1998年第一次募集的222只风险投资基金以及482位基金经理的数据，研究发现，初次成立的风险投资基金的高管团队的人力资本特征可以用来预测基金业绩。任务专用型（task-specific）和行业专用型（industry-specific）人力资本越多的团队，管理的基金的投资组合的退出率更高，而通用型人力资本并不能帮助预测更好的基金业绩，甚至工商管理（MBA）背景的通用型（general）人力资本越多的团队业绩反而更差。用于预测基金退出业绩的人力资本指标也可以用来预测基金管理团队是否能够募集到后续基金。

3.3.1.3 风险资本与上市公司

风险资本与上市公司的相关研究在近几年逐渐增多，但尚未形成系统的研究框架，仅从企业创新、投资效率、股利政策、信息质量等方面进行了初步探索。但上市公司是国家经济发展的主力军，也是资本市场繁荣的基础所在，尤其是在风险投资行业进入全产业链和全生命周期投资的新阶段，考察风险资本对上市公司的综合影响成为未来值得深入探索的研究领域。

塞利克雅特等（2014）是第一篇研究风险资本对成熟的上市公司的影响的文章。作者研究发现，风险资本在成熟的上市公司任董事能够显著影响公司的创新活动和投资政策，具体表现为R&D支出增加，专利数和专利引用数都显著上升，同时更可能收购风险资本支持的创业企业，更可能与风险资本支持的创业企业建立合资企业或战略联盟的商业关系，获得公司型风险投资（CVC）的投资数和投资额也都有显著提高。成熟的上市公

司所面临的最大困境往往在于创新不足和缺乏新的成长机会。陈思等（2017）考察了中国样本下，风险资本对上市公司创新的影响，发现风险资本的进入促进了被投企业创新，表现为专利申请数量的显著增长。外资背景和联合投资特征对被投企业创新活动的促进作用更强；且风险资本投资期限越长，对创新的促进作用越强。风险资本对企业创新的促进作用主要基于引入研发人才，扩大研发团队，和提供行业经验与行业资源等方面。

吴超鹏等（2012）考察了风险投资机构对上市公司投融资行为的影响机制和作用效果，结果发现，风险投资的加入不仅可以抑制公司对自由现金流的过度投资，而且可以增加公司的短期有息债务融资和外部权益融资，并在一定程度上缓解因现金流短缺所导致的投资不足问题。吴超鹏和张媛（2017）的研究发现，有风险投资背景的上市公司，现金股利的支付概率和支付水平都显著较高；高持股比例的风投机构，更可能增加公司的现金股利支付概率和水平。在全球金融危机期间，风险投资机构可以通过帮助企业缓解融资约束，从而对股利支付产生正面影响；参与董事会和短期套现压力较大的风险投资机构更可能发挥监督职能，从而更大幅度地提高公司的现金股利支付概率和水平。

雷光勇等（2016）考察了风险资本对成熟企业整体信息披露质量的影响以及审计师对此影响的反应。研究发现，有风险资本参与的企业整体信息披露质量显著更高；风险资本高质量的信息需求使得审计师面临的信息风险更低，审计师报告稳健性相应降低。其研究结果在一定程度上证实，风险资本影响审计师报告稳健性的目的并非基于短期退出动机和低质量信息需求的审计合谋，而是为了建立基于高质量信息需求以及双方认证作用的能力互补机制。

3.3.1.4　风险资本与宏观经济发展

近年来，随着风险投资相关研究的日益丰富，越来越多的学者将研究视角从微观企业延伸到宏观经济发展，基于风险资本对企业创新的深入影响，进一步推及对促进经济发展的积极作用，为区域经济发展和相关政策的制定提供非常宝贵的经验证据。

风险资本对于技术创新可以产生重大影响。风险投资活动和专利的申请数呈正向的关系，风险投资为1983~1992年的美国带来了8%的工业增长，并对于美国整体创新活动做出了14%的贡献，平均而言，每一美元的风险投资对于新专利申请数量的作用相当于三美元的公司研究和发展经费(Kortum and Lerner，2000)。风险资本影像技术创新的机制研究发现，风投机构的投资行为以及风投机构帮助企业上市对创新活动起了很大的作用，风投和银行之间的关系是互补的。银行可以通过风投机构牵线搭桥，向初创企业提供资金支持。风险投资和企业IPO上市应该被视为金融发展中额外的一部分，当模型中去除IPO上市和风险投资的变量后，金融发展对于创新的正向作用会消失（Ang and Madsen，2012）。

赵静梅等（2015）研究发现，风险投资总体上并没有改善企业的生产效率。总体无效率主要由低声誉风投机构导致，其与企业生产效率显著负相关，但是高声誉风投机构与企业生产效率却显著正相关。冯照桢等（2016）利用中国省级面板数据，考察了风险投资与技术创新（专利数量和研发效率）的非线性关系。结果发现，风险投资与技术创新之间存在着门槛效应，即当风险投资规模低于门槛值时，风险投资的融资支持和增值作用有限，更多表现为盘剥行为，会抑制企业技术创新；但当风险投资规模超越门槛值后，融资支持和增值作用会促进企业进行技术创新。陈思等（2017）对风险资本对上市公司创新的影响的研究，不仅揭示了风险投资对被投企业创新活动的影响及具体机制，同时也为国家完善金融服务体系、利用资本市场推进创新战略提供了经验证据。龙玉等（2017）的研究揭示了高铁对地方经济发挥效应的一种作用机制——高铁带来的空间压缩、时间节约、可达性提高，使得高铁城市吸引了更多的风险投资，有利于地方经济转型和推动创新。

研发要素的投入，对于空间知识有溢出效应。这种溢出效应对于经济增长有正向激励（白俊红和王钺，2017）。同时，风险投资“传染效应”的存在（蔡宁等，2017），使得风险资本促进经济增长的积极作用具有极大的研究空间。

表3.1为风险投资主要文献。

表3.1　　风险投资主要文献

研究主题		代表性文献
价值增值服务	职业化进程	Barry et al.（1990）；Hellmann and Puri（2002）；Battazzi et al.（2008）
	支持与监督	董事会参与度：Barry et al.（1990）；Lerner（1995）；Hellmann and Puri（2002）；Celikyurt et al.（2014） VC－CEO 互动：Sapienza（1992）；Sapienza and Gupta（1994）；Barney et al.（1989） CEO 变更：Lerner（1995）；Hellmann and Puri（2002）；Wasserman（2003）
	声誉与关系网络	Shapiro（1983）；Megginson and Weiss（1991）；Biglaiser（1993）；Gompers（1996）；Neus and Walz（2005）；Sorenson and Stuart（2001）；Hsu（2004）；Hochberg et al.（2007）；Gompers et al.（2005）；Dimov and Shepherd（2005）；Sørensen（2007）；Battazzi et al.（2008）；Zarutskie（2010）；蔡宁等（2017）
	风险资本自身特征	Barry et al.（1990）；Lerner（1995）；党兴华等（2011）；张学勇和廖理（2011）；Guo and Jiang（2013）；沈维涛等（2013）；Chemmanur et al.（2014）；余琰等（2014）；黄福广等（2014）；康永博等（2017）；李波和梁樑（2017）；龙玉等（2017）；付辉和周方召（2018）；罗琦和罗洪鑫（2018）
风险资本投资回报		Gompers and Lerner（2000）；Dimov and Shepherd（2005）；Gompers et al.（2005）；Kaplan and Schoar（2005）；Hochberg et al.（2007）；Sørensen（2007）；Bottazzi et al.（2008）；Zarutskie（2010）；Guo and Jiang（2013）；Chemmanur et al.（2014）
风险资本与上市公司		吴超鹏等（2012）；Celikyurt et al.（2014）；雷光勇等（2016）；蔡宁等（2017）；陈思等（2017）；吴超鹏和张媛（2017）
风险资本与宏观经济发展		Kortum and Lerner（2000）；Ang and Madsen（2012）；赵静梅等（2015）；冯照桢等（2016）；白俊红和王钺（2017）；蔡宁等（2017）；陈思等（2017）；龙玉等（2017）
风险资本与企业并购		Rin and Penas（2017）；刘娥平等（2018）；González－Uribe（2019）

3.3.2 企业并购文献回顾

历史上，每一次并购浪潮都能够释放巨大的能量，推动经济整体迅速发展。自从斯蒂格勒（Stigler，1950）系统地分析了并购所带来的垄断和寡头地位，以及由此引发的行业经济变动，并购即成为经久不衰的研究话题。随后，关于多元化（diversification）及联合（conglomerate）的研究从相关的经济理论（Gort，1962，1969；Mueller，1969；Narver，1967，1969；Reid，1968；Stone，1969；Udell，1969；Weston，1970；Weston and Peltzman，1969）、联合公司业绩（Fama，1968；Higgins，1971；Lewellen，1971；Lintner，1965；Markowitz，1959；Sharpe，1970；Tobin，1958）、法律事务（Asch，1967；Bicks，1956；Blair，1958；Bock，1968，1970；Day，1964；Patterson and Patterson，1968；Turner，1965）、多元化联合的商业动机（Ansoff，1957，1958；Berg，1965；Weston，1970）、公共政策效应带来的监管（Staff of the Cabinet Committee on Price Stability，1969；Federal Trade Commission Staff，1969）以及对多元化并购的业绩及影响的实证研究（Gort and Hogarty，1970；Hogarty，1970；Kelly，1967；St. John's Law Review，1970）等方面对多元化并购进行了考察。自此，并购模式不断丰富，相关的研究也随之逐渐丰富和完善。

有关企业并购的文献更加丰富，几乎涉及了企业并购活动相关的方方面面，从并购活动产生之初的理论探索、相关会计处理问题的探讨，到对并购可预测性、并购支付方式、控制权转移、业绩表现等并购活动自身特征的考察，再到近年来越来越丰富的视角，如媒体报道与媒体监督、政治关联与政府干预、社会网络理论与企业并购、法律环境、产业政策与产业周期等宏观与微观相结合的新视角，关于企业并购的话题层出不穷。所有研究的核心关注点都在于如何真正实现并购的终极价值，而几乎所有研究的立足点在于，寻找到一个支撑点能够有效平衡并购的终极价值和因其复杂性而带来的交易成本。

风险资本与企业并购相关联的纽带基本体现在如下三个方面：风险资本对并购交易特征的影响、风险资本降低信息不对称的能力、对宏观经济的积极影响。因此，基于本书的研究思路，将从并购的交易特征、信息特

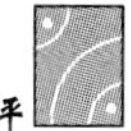

征和区位特征三个角度，简要介绍与本书主题相关的研究现状及发展动态。此外，考虑到企业并购文献的丰富性和全面性，本书将选取部分热点话题介绍当前企业并购的研究视角，作为本书主题的有效补充。

3.3.2.1 企业并购经济特征

（1）企业并购交易特征。并购交易是一项成本巨大的经济活动，因此，对价的支付方式始终是备受关注的焦点之一。萝莉和哈珀（Lorie and Halpern，1970）的主要关注点在于并购中是否存在欺骗投资者的可能性，样本中被并购公司股东收到的支付对价并非现金、普通股等常规对价方式，而是相对复杂的支付手段，如可转换债券或担保等，这些支付手段又被作者称为“funny money”，并成为联合并购的特征之一，但这种样本筛选方法并未成为正式的标准。从作者的研究分析中可知，当并购中出现越来越复杂多变的支付手段时，并购动机的复杂化也已然成为既定事实。周小春和李善民（2008）提出员工抵制程度、资源整合程度、支付方式和收购比例是影响并购价值创造的重要因素。翟进步等（2011）的研究进一步发现，权益融资方式能够显著提升并购公司的市场绩效和股东财富，而债务融资方式则产生了负向影响。葛结根（2015）对比了不同支付方式对并购绩效的影响，发现在有偿并购中，现金支付及现金与资产支付组合的并购绩效相对比较稳定，资产支付方式的并购绩效呈现出高开低走的趋势，现金与承担债务支付组合的并购绩效呈现先升后降的趋势。同时，作者的研究还发现，关联交易是改善并购绩效的主要因素。

并购支付方式的选择同样受到多种因素的影响，孙世攀等（2013）考察了持股比例所反映的股权控制水平和债务容量对并购支付方式选择的影响，发现高管持股比例对现金支付比例有正向影响，而股东持股影响股票支付比例。债务容量代表了企业的举债能力，现金支付比例与债务容量正相关。武恒光和郑方松（2017）的研究发现，目标公司的审计质量，并购公司所在地区的社会信任度都对并购的现金支付概率有正向影响，同时，高社会信任度对目标公司审计质量与并购公司现金支付概率正相关关系有正向调节作用。

在并购活动中，影响最为深远的因素在于人。马卡姆（Markham，1973）的研究中指出，在其所有混合并购样本企业中，仅有16%的企业发

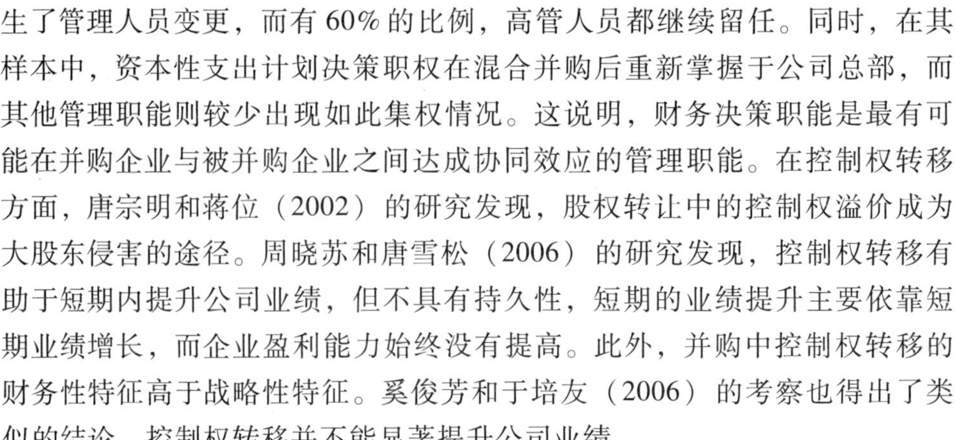

生了管理人员变更，而有60%的比例，高管人员都继续留任。同时，在其样本中，资本性支出计划决策职权在混合并购后重新掌握于公司总部，而其他管理职能则较少出现如此集权情况。这说明，财务决策职能是最有可能在并购企业与被并购企业之间达成协同效应的管理职能。在控制权转移方面，唐宗明和蒋位（2002）的研究发现，股权转让中的控制权溢价成为大股东侵害的途径。周晓苏和唐雪松（2006）的研究发现，控制权转移有助于短期内提升公司业绩，但不具有持久性，短期的业绩提升主要依靠短期业绩增长，而企业盈利能力始终没有提高。此外，并购中控制权转移的财务性特征高于战略性特征。奚俊芳和于培友（2006）的考察也得出了类似的结论，控制权转移并不能显著提升公司业绩。

（2）企业并购的经济效益。对于并购溢价和并购绩效的研究非常丰富，体现了经济效益在并购中的重要性。尼尔森和梅利切尔（Nielsen and Melicher，1973）的研究发现，当并购方的现金流量较大而被并购方的现金流量较小时，并购溢价水平较高。这说明存在着资本或现金流从并购方所在行业向被并购方所在行业的再次配置。更进一步理解，这一理论说明内部现金流量水平很可能是影响企业投资率的重要因素。因此，当一个成长性行业中的投资机会被发掘时，企业对该行业的投资体量很可能与其内部现金流量相关。这一观点也与杜森贝里（Duesenberry，1958）所阐述的理论相契合。希里等（Healy et al.，1992）的研究发现，相对于行业平均水平而言，被兼并企业的生产效率得到了显著改善，并且由此带来更高的经营现金流回报。同时，业务领域重合水平越高的企业，获得的业绩改善效果越强。兼并活动并不会导致长期的资本投资和研发投资的削减。最后，从股价反应来看，兼并后经营现金流增加与公告日股票超额收益存在正相关关系，这或许也意味着对于经济上获得改善的积极预期是对兼并企业股权价值重估的重要基础。

并购绩效的获得往往需要一段较长的时间，因此，样本期的长短也是决定企业并购绩效表现的一个因素。韦斯顿和曼辛卡（Weston and Mansinghka，1971）克服了早期研究样本中断于20世纪60年代中前期的不足，采用更为完整的样本将研究期间拓展至60年代末，从而在一个持续的时期内考察了联合并购的业绩情况。作者采用了多种衡量指标，发现联合并购公司的业绩表现均好于对照组的其他公司。理论分析认为，企业的联合运动

在许多方面可以被看作一个新兴行业的诞生，这些联合并购公司的盈利能力（earning power）将至少不低于所有公司的平均水平，虽然各个公司之间的盈利能力确实存在差异。

萝莉和哈珀（1970）对 1954～1967 年 117 个制造业和采矿业并购公司的业绩进行了研究，样本限定为被并购公司的资产价值在 1000 万美元以上。研究发现，在并购前后不同的时间区间内，被并购公司股东的投资回报均高于同期市场指数。马卡姆（1973）的研究中指出，在其所有混合并购样本企业中，仅有 16% 的企业发生了管理人员变更，而有 60% 的比例，高管人员都继续留任。同时，在其样本中，资本性支出计划决策职权在混合并购后重新掌握于公司总部，而其他管理职能则较少出现如此集权情况。这说明，财务决策职能是最有可能在并购企业与被并购企业之间达成协同效应的管理职能。

20 世纪 80 年代的第四次并购浪潮也带来了学术研究的极大丰富，这一时期，随着代理理论、信息不对称理论与新制度经济学的迅速发展，关于并购的理论探索逐渐从效率理论扩展至代理理论、信息与信号理论和交易成本理论等多方面的讨论，相关的实证研究也更加丰富。并购活动能够为企业创造协同收益，提升企业价值，也可能股价反应并未得到预期的效果（Bradley et al.，1988；Jarrell et al.，1988）。此外，除了关注于并购溢价水平及经济效益之外，外部法律和制度环境的变化也是影响并购活动的重要因素（Bradley et al.，1988）。

并购作为一种典型的经济行为，对于目标企业的财富或价值增加的正向效果已被众多研究所证实。里德（Reid，1968）将截至 1961 年的十年间进行联合的公司（conglomerate firms）作为样本，分别采用不同指标研究了联合并购对管理者利益与股东利益的影响，发现当并购公司更为活跃或者更大程度上进行多元化时，管理者利益标准更高而股东利益标准更低。霍格蒂（Hogarty，1970）回顾了以往成功并购案例的经验研究，也发现并购能够提升企业的盈利能力。

虽然众多研究均证实并购能够提高企业的回报和价值，但对于企业价值增加的来源则存在不同的观点。有学者认为，这一价值增加是资源转移的结果（Roll，1986），也有观点认为，价值的增加是并购成功的协同收益（Bradley et al.，1983）。可以确信的是，无论对于目标企业股东还是并购企业股东来说，并购都是一项财富增加的交易活动（Dodd and Ruback, 1977）。并购溢价是企业价值高于市场价值的部分，是市场对相关交易所赋予的额外价值。一类观点认为，这一价值应该归因于并购双方资产整合所带来的协同效益；另一类观点认为，这一价值是资产控制权转移到更有效率的管理者手中而创造的收益。无疑，这是并购理论发展到 80 年代后，出现的效率理论与代理理论的自然分化。

布拉德利等（Bradley et al., 1983）认为，并购企业价值的增加并非来自市场对明显被低估的企业证券的重新评估，而是来自要约是否成功，并购双方的资源是否能够成功地相结合。这一观点与协同理论相一致。更进一步的研究则以事实数据度量了这一协同收益的大小。布拉德利等（Bradley et al., 1988）的研究提出，成功的并购要约能够将目标企业与并购企业的整体价值平均提升 7.4%。作者对并购要约中，对目标企业控制权的争夺进行了理论分析，并以事实证据证明，竞标公司之间的竞争增加了目标企业的回报，降低了并购方的回报。同时，作者也对法律和制度环境的变化进行了考察，发现法律和制度环境的变化不会对并购活动整体的协同效应产生显著影响，但却能够显著影响目标企业与并购企业股东之间的收益之差异。

关于税收与再分配的研究发现，并购活动的税务安排不仅涉及应缴税额的节约，还能通过消除税收方面的损失促进更有效率的企业行为（Auerbach and Reishus, 1986）。有研究显示，在并购活动中，股东获取的收益是以牺牲债权人的利益为代价的（Asquith and Jim, 1982; Danis and McConnell, 1986; Jim and McConnell, 1977）。虽然在用债权替换普通股股权的过程中，杠杆率的提高不足以对债券所有者利益产生负面冲击。但有研究表明，在负债率大幅提高的杠杆并购活动中，有可能对债券所有者产生不利影响（McDaniel, 1986）。

自从斯宾塞（1973, 1974）提出信号理论之后，这一理论迅速成为企业并购领域的一大经典理论。在并购活动中，信号的发布方式有很多种，例如，收到收购要约可能包含着企业价值被低估或者未来现金流量增长的深层信息；股票回购可能包含着企业未来成长性向好的深层信息（Roll, 1977）。布拉德利（1983, 1988）的研究发现，首次并购失败的目标企业，如果不再收到新的收购要约，其股价将在五年内跌回原有水平，如果之后

收到新的竞价，其股价将继续上涨。

自从代理理论成为解释并购活动的主要理论之一，相关研究也对如何缓解并购中的代理问题进行了探讨。薪酬安排和经理人市场能够从一定程度上缓解代理问题（Fama，1980），股票市场也是一个有效的外部监督机制，股价波动在一定程度上反映了管理者的水平，较低的股价会对管理层造成压力，并促使其回归股东利益（Fama and Jesnsen，1983）。当现有的组织和市场机制不足以有效地控制企业的代理问题时，并购和接管市场为代理问题提供了最后的制约手段（Manne，1965）。

罗尔（1986）提出了经典的管理者自负假说。其在研究中指出，目标企业股东所得的收益代表了来自并购企业股东的财富转移，而并不必然是并购所带来的协同收益。

杰瑞尔等（Jarrell et al.，1988）提到，有研究发现，越晚提出要约的公司，提供的溢价水平越高。并购行为能带来的好处无疑是股价的上涨，但这一好处并非唾手可得，即便是成功的并购公司，有的可以得到股价上涨收益，但有的却要承受股价下跌的压力。而并购溢价的来源并非简单的财富重新分配，而是优化的并购策略增加了目标企业选择最优方案的机会，从而带来超额收益。作者还详细探讨了80年代出现的多种多样的反收购措施，从中可以看出，并购活动发展到80年代末，已然形成一个系统庞杂的经济体系，身处控制权市场中的企业已经不能再仅仅关注于自身的发展扩张，还要时刻保持对外部环境的高度警惕。

斯卢茨基和卡夫（Slusky and Caves，1991）将与并购溢价和价值创造相关的重要观点进行了总结，并在此基础之上，将不同观点所强调的因素纳入同一个分析框架内，发现真实的协同效应并未在并购溢价中发挥显著作用，但财务协同效应对并购的价值创造有一定的影响。最值得关注的是，代理因素及并购双方的经理人行为对并购的价值创造的影响最大。以作者的研究来看，似乎效率理论的影响要略逊于代理理论。但本书观点仍认为，并购活动是特定时期特定条件下，特定公司基于多方面考虑而作出的经济行为。因此，影响并购溢价或并购绩效的决定因素也是时刻变化着的。并购活动体现了经济行为的复杂性，这是从研究中获得普适性结论的最大难点，但也是进行相关研究最有趣的地方。

希里等（1992）的研究发现，相对于行业平均水平而言，被兼并企业的生产效率得到了显著改善，并且由此带来更高的经营现金流回报。同时，业务领域重合水平越高的企业，获得的业绩改善效果越强。兼并活动并不会导致长期的资本投资和研发投资的削减。最后，从股价反应来看，兼并后经营现金流增加与公告日股票超额收益存在正相关关系，这或许也意味着对于经济上获得改善的积极预期是对兼并企业股权价值重估的重要基础。

关于并购的经济效益，学者们始终致力于回答的基本问题莫过于并购是否真正创造收益，这些收益的来源又是哪里。虽然效率理论中提出协同收益是获得并购溢价的重要途径，但早期的研究无法从实证角度将并购后业绩改善与股权价值收益很好地联系在一起（Caves，1989）。因此，关于并购绩效的研究逐渐划分成两个分支，一些学者从会计收益的视角出发，探索并购绩效改善的来源（Bull，1988；Kaplan，1989；Smith，1990；Healy et al.，1992），另一些学者开始以股价的角度考察并购绩效，资本市场的非效率性也可能导致证券价值的高估（Dodd，1980；Asquith，1983；Dodd and Ruback，1977；Bradley et al.，1983；Ruback，1988）。

朗等（Lang et al.，1989）的研究发现，并购要约的资本市场超额收益与目标企业和要约方的Tobin Q值相关，当目标企业的Tobin Q值较高，要约方的Tobin Q值较低时，目标企业、要约方以及总体的超额收益都更高。作者将1作为区分Tobin Q值高低的分界点。实际上，Tobin Q值高的企业发起并购时具有显著为正的超额收益，而Tobin Q值低的并购方具有显著为负的超额收益。从价值创造的角度来讲，最优的并购方案是，Tobin Q值高的企业并购一个Tobin Q值低的企业。但朗等（1989）的样本仅限于并购要约，而兼并与要约等不同并购形式，也具有不同的并购绩效，兼并的收益要低于要约（Jensen and Ruback，1983；Huang and Walkling，1987）。

瑟韦斯（Servaes，1991）克服了朗等（1989）在样本范围上的局限性，以1972～1987年的704起并购为样本，进一步分析了并购收益（累计超额收益）与并购双方的Tobin Q值之间的关系。如果将Tobin Q看作衡量管理层业绩的指标，结果显示，当目标企业的业绩表现较差，要约方的业绩表现较好时，目标企业、要约方以及总体的并购回报都更高。业绩表现更高的企业，通常也能够在并购中获得更好的回报，在并购业绩表现差的企业时，能够创造更多的价值。这一结果与朗等（1989）的结果相一致。

由于股价表现并不能较好地区分真正的经济收益和资本市场非效率性

的解释，也无法证明并购收益来源于何处（Healy et al.，1992），因此，本书对并购绩效的考察致力于回归会计的基础特质，从会计业绩指标出发，探讨并购是否能够带来实实在在的经济收益。

（3）并购特征与绩效表现。值得注意的是，以往的研究已经证明，并购特征（敌意或者善意、单独并购或者组合并购等）、支付方式（现金支付或者证券支付）、并购发生的时期以及并购双方的相对规模大小等都是决定并购收益及其在并购双方之间如何分配的重要因素，即使控制了已知的众多变量之后，仍有遗漏重要因素的可能性（Servaes，1991）。支付方式和要约方之间的竞争对超额收益具有重要影响，并且 1980 年之后发生的要约收购回报率更低（Asquith et al.，1987；Travlos，1987；Bradley et al.，1988）。此外，多方要约与支付方式、目标企业管理层的反应以及交易双方相对规模大小等交易特征对超额收益也会产生一定的影响（Huang and Walkling，1987；Jarrell and Poulsen，1989）。由此可见，并购活动本身的复杂性决定了对并购绩效的考察不能单独归因于某一方面的影响，任何片面性的结论都不足以成为并购领域的有效补充。

20 世纪 90 年代以来，首次出现了真正意义上的全球性的战略并购案例。“全球化”“战略性”“跨国并购”成为此次并购浪潮的关键特征。布莱克（Black，2000）正式将当时已然进入高潮的第五次并购浪潮称为首次真正意义上的全球性并购潮。作者还在其文章中解释了此次全球性并购潮的时间特性、规模特性以及持续性等方面的原因。例如，关于为什么有如此大规模的并购浪潮，作者给出的原因是，在可观察的一段时期内，政治环境都是最有利于并购活动的。作者首先详细分析了此次并购潮流的发展趋势，并提到，由于此次全球化并购潮的力量，世界各地的资本市场蓬勃发展，联系日益紧密，相对而言，美国市场在全球的占比出现下滑。此外，作者专门介绍了当下的政治和文化环境，并详细分析了为何有如此之多的并购发生的 15 个重要原因。作者还断言，此次并购浪潮当然也会有结束的时候，但一定不是被政治冲击扼杀。

施沃特（Schwert，2000）采用会计和股票业绩指标考察了敌意收购是否能够明显区别于善意收购。虽然从理论上讲，敌意收购所得收益主要来源于替换了不合格的管理者，善意收购所得收益主要来源于战略协同效应，但是单纯从经济条件上进行对比，并不能清晰地区分敌意收购和善意收购，敌意收购也可能是出于战略考虑而作出的选择。因此，后文中对于战略特征的选择不再将敌意收购与善意收购纳入考察范围。

罗西和沃尔平（Rossi and Volpin，2004）的研究指出，在投资者保护程度越高的国家，并购活动越频繁，国内投资者保护环境质量是建立一个活跃的并购市场的重要条件。在跨国并购交易中，相比于并购方而言，被并购方更可能来自投资者保护水平较差的国家。这一研究的重要意义在于，跨国并购活动可能成为提升公司内部投资者保护水平的重要力量，并可能促进国际范围内的公司治理机制趋同。

巴杰伦等（Bargeron et al.，2008）的研究考察了并购方是上市公司和非上市公司时，并购溢价的差异。上市公司作为并购方时给出的并购溢价显著高于非上市公司作为并购方时给出的溢价，进一步区分上市公司管理层持股水平高低发现，管理层持股水平越低时，并购溢价的差异越大。并且，上市公司的并购溢价随着目标企业管理层持股和机构持股水平而增加。

德沃斯等（Devos et al.，2009）以1980～2004年非管制行业的264起大规模并购作为样本，对比了税收、市场力量、协同效应等对并购中价值创造的贡献度，发现总体而言，并购的价值创造达到10.03%，其中，税收节约仅贡献了1.64%的额外价值，经营协同效应贡献了8.38%。经营协同效应主要在集中化并购中提供收益，而税收节约主要在多元化并购中提供收益。经营协同效应来自资本投资的节约，还并非增加了营业利润。上述研究显示，这一时期的并购活动主要靠资源配置产生收益，而不是税收结余或提升并购后的市场力量。前文中多次提到，并购活动的发生及其特点和经济后果是特定时间特定条件下，多种因素综合作用的结果。不同时期，决定并购溢价和并购绩效的主要因素也会有所不同，从上述文献中便可略窥一二。

进入21世纪之后，新兴市场国家在国际并购市场中扮演着越来越重要的角色。联合国贸易和发展会议（UNCTAD）于2017年6月7日发布的《2017年世界投资报告：投资和数字经济》显示，2016年的全球外国直接投资（FDI）下降了2%，尤其是亚洲发展中国家的FDI流入量下降幅度更大（15%），而发达经济体增长了5%，北美增长了6%。2016年，中国的对外投资规模增长44%，达1830亿美元，首次成为全球第二大对外投资国。2015年之后，跨国公司的利润开始恢复增长，随着企业利润的增长和

公司股价的上升，跨国并购交易规模也显著提高。仅2017年第一季度，跨国并购规模接近6000亿美元。从第2章的数据也可以看出，以中国为代表的新兴市场国家在全球并购中所占比重逐渐上升，其并购行为越来越受到国际社会的广泛关注，来自新兴经济体的对外直接额投资的大规模增长成为近年来全球经济增长的重要引擎，关于新兴经济体的研究也在日益丰富。

新兴经济体在全球跨国并购中的比重增长，对发达经济体的绝对地位构成了一定的挑战，也对过去适用于发达经济体的相关理论提出了新的挑战。桑等（Sun et al.，2012）提出了一个新的理论分析框架，比较所有权优势（comparative ownership advantage framework），用以解释21世纪出现的新兴市场的崛起对全球并购活动带来的改变。其分析框架包含五大特质：（1）国家－行业禀赋（national-industrial factor endowments）；（2）动态学习（dynamic learning）；（3）价值创造（value creation）；（4）价值链重构（reconfiguration of value chain）；（5）制度便利与约束（institutional facilitation and constraints）。作者对2000～2008年来自中国和印度的1526起跨国并购的分析为上述分析框架提供了现实证据。

邓和杨（Deng and Yang，2015）从资源依赖理论出发，对新兴市场国家通过并购实现其国际化的现象进行了比较研究。作者以来自9个新兴经济体的2000～2012年的面板数据为样本，研究发现，来自新兴市场的企业获取关键资源的强度增加了其进行跨国并购的可能性，并且这一正向影响受到东道国政府效率等制度因素的负向调节作用。

李等（Li et al.，2017）从合法性角度出发，阐述了跨国并购中国家安全方面的重要问题。来自其他国家的国有企业发起的并购，往往被认为与国家的政治意图相关（Globerman and Shapiro，2009；Cui and Jiang，2012）。其研究发现，在美国的跨国并购样本中，来自其他国家的国有企业的并购与其他类型企业的并购在完成的可能性上没有显著差异，但国有企业需要经历更长时间才能完成其并购活动。而且，当目标企业拥有较多的研发同盟时，国有企业的并购更不可能完成。他们在东道国的并购经验和联盟经验可以增加完成的可能性，但只有联盟经验有助于缩短完成时间。

3.3.2.2 企业并购与信息环境

信息是经济活动中必不可少的影响因素，甚至在某种程度上决定着一项重大交易的成败，尤其在企业并购这项复杂工程中，信息不对称问题广泛存在，从并购对价、控制权问题、溢价和绩效表现等各个方面增加了交易成本，因此，对于并购活动的研究离不开对信息要素的重点考察。已有研究也证实，信息披露行为对缓解信息不对称、降低融资成本、提升企业价值等具有显著的促进作用。如希利和帕勒普（Healy and Palepu，2001）认为，外部投资者通过信息披露可以预知企业未来的经营导向，因而对主动公开信息的企业投注“货币选票”，拉动企业股价上涨，降低企业融资成本。钟马和徐光华（2017）对中国上市公司的研究结果显示，社会责任信息披露有助于提升企业投资效率。维里克查尔（Verrecchia，2001）基于信息经济学的理论视角指出，发布社会责任报告弱化了市场与企业之间信息不对称程度，从而有利于降低企业资本成本、促进市场高效运行。相反，理查德森和韦尔克（Richardson and Welker，2001）实证检验发现，社会责任信息披露反而引起企业资本成本的上升，他们将这种与预设相悖的结论归因于信息发布中的偏差。由此可见，信息成本的高低与信息发布的时点密切相关。因此，对于信息环境的考察，一方面应关注信息的获取，另一方面应关注信息的披露。

要想在并购过程中尽可能地获取更多高质量信息，需要寻求企业之外的信息来源。最新研究表明，不透明性能够为中国国有企业出海收购的“屡屡折戟”提供解释。此外，如果国有企业能够通过公开上市、聘请公认的审计师等方式增加更多可信信息，则能够缩小与非国有企业在并购成功率方面的差距，有助于国有企业解决“不透明性的劣势”（Li et al.，2019）。外部信息来源，除了公认审计师之外，分析师和风险投资人是市场中最重要的信息中介。分析师调研上市公司可以显著提高其预测准确度（Han et al.，2018），说明分析师能够通过对上市公司进行实地调研获得信息优势。风险资本的声誉来自以往在某些特定行业的投资经验，每一项投资都能够拓展风险资本的信息网络，使其获得社会网络关系或者某个特定行业的交易或监督经验（Neus and Walz，2005；Sorenson and Stuart，2001）。许（2004）从风险资本的信息经纪人角色出发，提出了关系市场（Market for Affiliation）的概念。创业企业家为了与声誉更高的风险资本建立联系，愿意接受一个估值上更高的折价。研究发现，在所有的融资要约中，创业企业家更愿意选择高声誉低估值的风险资本，而不是低声誉高估值的风险

资本。风险资本的社会关系网络有助于促进信息的传播，使得原本受限于地理距离和行业差异的跨区域和跨行业的投资交易更可能发生，关系网络的第二重身份是一个隐性的信息传播网络。

3.3.2.3 企业并购与宏观经济发展

早期的研究主要关注于对并购活动本身特征的考察，尚未延伸至企业并购与宏观经济的内在联系，近年来，随着并购研究的日益丰富，研究视野也逐渐拓展至微观企业行为与宏观经济发展之间的必要联系。董小君（1996）的研究从资源配置的角度提出，我国经济发展的非均衡性导致产业结构失衡、投资增量有限，此时，企业并购成为调整产业结构、提高资源配置和使用效率的重要机制。杨振华和任宝元（1997）在强调企业并购重组对深化企业改革的重要作用的基础之上，提出了建立适合我国国情的并购基金的重要意义。陈信元等（2003）的研究提出，在并购的相关政策滞后于经济发展周期的转变时，企业可能会采取机会主义资产重组的方式规避刚性管制。刘笑萍等（2009）基于产业周期理论的研究发现，企业并购绩效与并购类型和并购双方的产业周期都有相关性，在一定程度上解释了多元化并购溢价之谜。曾颖（1999）详细分析了成熟期企业的特点及其资本营运战略的特定条件和财务特征，并在此基础上系统地论述了成熟期企业应如何利用自身优势设计并实施其并购战略。

并购企业处于特定的产业当中，而不同的产业汇总在一起才能成为经济发展的有机整体。因此，上述研究为企业并购活动与宏观经济发展之间建立了非常有意义的联结点，从而能够从更宏观的视角考察企业并购活动的战略价值。除此之外，包括经济行为所处的法律环境、社会网络理论等在内的新的研究视角不断涌现，体现了在这次全球性并购浪潮的影响下，并购的战略价值不仅在于企业自身，更在于企业所处的宏观环境。陈仕华、卢昌崇（2013）和陈仕华等（2013）将社会网络理论引入企业并购绩效的研究，发现企业间高管联结形成的网络关系能够显著影响公司高管的并购溢价决策，董事联结形成的网络关系对目标公司选择和长期并购绩效有显著的正向影响。随后，万良勇和郑小玲（2014）基于结构洞理论的研究，万良勇和胡璟（2014）关于独立董事网络位置与并购行为的研究，进一步丰富了社会网络理论与企业并购的研究内容。刘春等（2015）的研究也进一步证实独立董事的咨询功能对于提升异地并购绩效的积极作用，并且，独立董事主要是通过本地关系网络发挥咨询功能，而政府干预和国企自身的代理问题是影响独立董事发挥作用的重要障碍。在地区分割的现状下，将独立董事的咨询功能作为重要的替代性制度安排具有重要意义。

社会网络理论应用于企业并购的研究，离不开对于信息要素的关注。李善民等（2015）以股东的社会网络为基础，发现关系网络所带来的信息优势能够转化为信息资源，从而降低并购前后的不确定性风险，对并购发起行为和并购绩效产生正面影响。刘健和刘春林（2016）的研究则发现，关联股东网络的并购经验对并购绩效有促进作用。黎文飞等（2016）同样基于信息传递理论，以产业集群内外企业的知识和信息共享为视角，证实产业集群内的上市企业并购频率更高，并购绩效得到更好的提升。万良勇等（2016）考察了并购决策中的行业同群效应，即并购决策是否受到同行业其他公司并购行为的影响。研究发现，并购决策中确实存在同群效应，同群者并购绩效越好、具有相同产权性质时，同群效应越明显，并且信息获取性模仿和竞争性模仿是形成同群效应的重要内在机制。

此外，法律环境与投资者保护确保并购目标得以实现重要保护机制。张亚芸和潘建亭（1999）关注到我国反垄断法立法的必要性和现实考虑，并从实体规范、程序规范、执行机构及监控体系四个方面对反垄断立法提出了相应的参考建议。张亚芸（2001）则详细分析了在并购活动中关于少数股东权益的法律保护问题，并提出从完善股东会决议制度、建立购回请求权制度和专家审查制度等方面完善《公司法》对少数股东权益的保护措施。唐建新和陈冬（2010）的研究以2003~2008年上市公司作为收购方的异地非关联并购为样本，发现目标公司所在地区的投资者保护水平越高时，并购公司获得的并购收益越大，而且，当目标公司所在地区的投资者保护水平高于并购公司所在地区的差距越大时，并购公司获得的并购收益越大，但地区投资者保护产生的并购协同效应仅存在与民营企业样本中。由此可见，加强对并购活动的法律保护，仍然是任重道远的一项任务。

3.3.2.4　风险资本与企业并购

无论从风险资本的价值增值服务能力，还是从其广泛的关系网络和信

息获取能力等角度考虑，风险资本有动机参与被投资企业的并购决策，有能力深度介入并购过程的各个环节，在帮助企业实现既定目标的同时，能够使自己的投资获得尽可能高的回报。但现有研究仅仅考察了风险资本介入对企业并购绩效的影响（李曜和宋贺，2017），显然并未深入探索并购这项复杂的系统工程内部的作用机制，有关风险资本与企业并购的文献相对缺乏。

当信息不对称程度和不确定性风险较高时，企业更倾向于聘用专业咨询机构。例如，当企业缺乏能够用来评价目标企业价值的有效信息和知识时，专业咨询机构的信息和知识储备可以提供帮助。孙铁和武常岐（2012）的研究强调了专业咨询机构在并购中管理不确定性和控制风险的重要作用。当进行跨行业并购、缺乏投资经验和面临管理困境时，并购的不确定性风险和整合风险较高，专业咨询机构的经验储备则成为有效的风险控制机制。陈仕华和李维安（2016）的研究指出，除了管理者过度自信的非理性因素外，锚定效应也是并购中的非理性因素。聘请咨询顾问有助于缓解并购溢价决策中的锚定效应。

周绍妮等（2017）发现，交易型机构投资者持股与国有企业的并购绩效显著正相关。杨丹辉和渠慎宁（2009）系统地分析了私募基金主导的跨国并购的动机、优势及其影响，并对我国私募基金未来的发展提出了政策性建议。李曜和宋贺（2017）的研究发现，风险投资对短期和长期并购绩效有显著促进作用，风险投资的参与度和声誉能够进一步促进绩效提升。作者进一步分析了风险投资提高企业并购绩效相关机制，主要是通过缓解并购中的信息不对称程度，降低并购溢价和增强内部控制有效性、优化并购后资源整合，提高并购绩效两个途径实现，但并未进行深入探究。本书的研究初衷与李曜和宋贺（2017）基本一致，希望以企业并购活动为切入点，通过系统的研究分析，证实风险投资的咨询能力、监督与控制职能、信息和关系网络等独特优势是其对被投资企业提供价值增值服务的重要内容，并将通过提升企业的整体效益为宏观经济发展贡献力量，积极引导风险投资参与企业并购重组是未来行业发展的必然趋势。

也有一部分文献开始关注到，风险资本参与企业并购能够促进企业创新能力提升和创新资源共享。如林和佩纳斯（2017）首次从建立吸收能力（内部创新能力和外部获取能力）的角度考察了风险资本与企业创新策略之间的关系，为考察风险资本与企业创新提供了更加深入细致的视角；刘娥平等（2018）发现，在行业间，风险投资通过技术扩散提升上下游产业的技术水平，产生了垂直溢出效应；冈萨雷斯乌里韦（2019）从投资组合角度证实风险投资组合内部的创新资源共享普遍存在，并且组合内部的创新回报显著更高。

同时，国内外学者从不同角度证实了企业并购活动对创新的积极影响。如于开乐和王铁民（2008）结合现实案例指出，基于并购的开放式创新对企业自主创新有可能产生积极影响；跨国并购对并购方企业研发支出具有显著正向影响（Stiebale，2013）；冼国明和明秀南（2018）发现，我国企业海外并购显著提高了企业的创新水平；企业发起跨国并购很可能是出于获取创新机会的动机（Hsu et al.，2013），这也促使我们重新思考，在研究企业创新时，应该回归到对行为动机的考察。吴先明和苏志文（2014）的研究证实，后发企业技术寻求型海外并购是一个精心设计、带有冒险特征的能力更新过程，通过海外并购，一些企业不仅跨越了技术创新的鸿沟，实现了技术的进一步追赶，而且推动了战略转型，形成了真正意义上的国际竞争力。王艳（2016）的研究也指出，聚焦创新能力开展并购整合，通过融合资本与生产要素，可有效解决企业价值再发现和实现途径的问题，为我国经济实现创新驱动发展提供了有力的依据。

并购产生的创新溢出效应也具有非常重要的理论和现实意义。陈玉罡等（2015）发现，外资并购对目标公司所属行业的其他竞争者的科技创新指标具有显著促进作用；吴先明和张雨（2019）的研究也证实，中国企业海外并购有效提升了产业技术创新绩效；纵向并购和协作研发活动都可以通过降低企业风险来激励企业创新，其中，纵向并购的正向作用更加明显（Zhou et al.，2019）。

私募基金在跨国并购中扮演着重要角色（Humphery - Jenner et al.，2017），由于面临着比国内并购更为严重的信息不对称，跨国并购通常会面临严重的逆向选择问题，此时，私募基金过去积累的经验和关系网络能够帮助企业在选择合作伙伴和谈判中更有利，传递一个好的声誉信号。这些研究都为本书构建企业并购视角下的研究框架提供了非常好的理论基础。

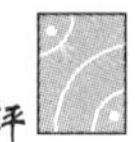

3.3.2.5 其他企业并购相关话题

国内关于企业并购的研究起步于 20 世纪 90 年代，大约比风险投资的研究提前 10 年。相关研究的发展历程与风险投资的研究大致相似，从早期对相关理论和主要问题的探索，到进入 21 世纪后实证研究的逐渐丰富，关于并购的研究体现了由表及里、由浅入深的发展过程。

（1）理论探索。早期的理论探索从两个方面进行：一是关于经济活动的理论基础的探讨。例如，在对国有企业进行改革的过程中，必不可少的是对现代企业制度的充分认识；二是随着国外并购理论逐渐引入国内，相关理论与应用的探讨也在逐渐丰富。总体来看，国内的研究在世纪之交的十年间主要是以引进西方的成熟经验为主，随后，逐渐在现有研究领域中拓展出具有中国特色的研究话题。以下将就主要的研究领域进行综合分析。

在经济活动的理论基础方面，费方域（1996）、张维迎（1996）、周其仁（1996）等对现代企业制度进行了充分的探讨，对指导我国的企业现代化改革具有重要意义。曹凤岐（1996）指出，国有企业改革要求建立现代企业制度，而公司并购重组是成功实现现代化改革的重要途径。企业并购是市场行为，必须建立产权市场来实现。而要进行大规模的并购重组，则必须尽快建立完善的资本市场。作者还强调了中介机构在企业并购中的重要作用，发展资本市场的同时，也应该建立和健全中介体系。证券市场效率衡量了市场中信息的分布和流动质量、市场交易的透明度及规范程度，也在一定程度上反映了证券市场的成熟度，吴世农（1996）对当时我国资本市场效率的现状进行了详细的分析。此后，众多学者针对我国证券市场有效性问题进行了热烈的讨论（张人骥等，1998；赵宇龙，1998；沈艺峰和吴世农，1999）。张兵和李晓明（2003）的研究采用适用于转轨经济体的渐进有效性检验方法，详细论述了市场有效性的动态演进，并认为中国证券市场从 1997 年开始呈现出弱式有效性。

在并购理论及应用方面，关于效率理论的研究主要在早期阶段的研究中更为集中。沈云祥和顾新华（1995）对西方发达国家已有的并购理论进行了整理分析，并系统地分析了效率性动机、机会性动机、战略性动机等 11 种企业兼并动机。邵建云（1997）首次从企业并购的基本概念界定出发，详细地介绍了我国当前企业并购的发展现状及中外企业并购的特征对比，并对我国并购市场（控制权市场）当前存在的问题进行了深刻剖析，并提出了相应的政策建议。国内学者们也对并购相关的理论进行了分析，例如，张秋生和周琳（2003）对并购协同效应的国内外研究状况作了详细分析，并在此基础上提出了结合我国实际情况的发展方向。

关于代理理论的研究则相对更为丰富。金雪军和潘丽春（2003）以案例研究的方式分析了代理权竞争作为有效的外部治理机制，对提升公司绩效和增加股东财富的重要性，并倡导应对代理权竞争和控制权市场给予充分重视，加强对我国公司代理权竞争的引导和规范，完善控制权市场，从而更有效地提升公司治理效率，保护投资者权益。马晓军和沈勍晔（2004）从私人利益的角度对公司并购效率和控制权折价问题进行了分析，并提到，提高控股股东在并购后的持股比例，提高了现金流收益，当现金流利益相对于私人利益越大时，越有利于实现帕累托最优，从而有助于改善并购效率。李姝和柴明洋（2017）研究了董事会决策权配置中的代理问题，发现董事会的集权决策有损于并购效率。

王培林等（2007）从并购行为表现证实了上市公司存在着代理问题和自由现金流的浪费。吴超鹏等（2008）的研究提出，管理者学习能力和管理者过度自信是影响并购绩效的正反两个方向的因素，综合作用的结果取决于这两方面的影响。

李燕萍等（2008）对高管薪酬激励与公司绩效的研究发现，年薪报酬和持股报酬有完全不同的影响，为高管薪酬激励方式的设计和改善公司治理结构提供了证据。赵息和张西栓（2013）的研究提出，内部控制是高管权力的制衡机制，可以约束高管的私人利益动机，对并购绩效的实现有重要作用。肖明与李海涛（2017）的研究表明，管理层能力提升有助于提升并购绩效，并且这一效果因地区、时间、最终控制人性质和行业层面而表现出一定的差异性。东部地区、2011～2014 年、制造类企业和非国有控股企业等条件下，管理层能力能够提升上市公司并购绩效，国有控股企业的并购行为反而降低了企业绩效。

李青原（2006）的研究体现了交易成本理论的思想。作者从交易费用的角度分析了公司并购绩效与公司边界的关系，在此理论的基础之上，构

建了一个综合性的分析框架，发现资产专用性、影响成本以及协同效应都能够对公司的边界调整和并购绩效产生决定性影响，同时，这一影响的大小又受到治理结构、融资工具和组织结构等众多因素的影响。

廖理等（2009）以外资并购事件为例证实了并购中的信号传递效应，体现了信号理论的基本思想。他们的研究发现，外资并购传递了竞争压力加剧的深层信息，并购的成功实施促使目标企业在盈利能力和流动性等方面的实力逐渐提升（廖理等，2009）。

从最初引入外国直接投资并购中国企业，到如今中国企业越来越频繁的跨国并购，关于企业并购的多方位、多角度的研究始终与并购市场的发展一路同行。关于并购的话题中，并购本身的财务会计处理、并购的可预测性、并购支付方式等行为特征、并购溢价和并购绩效是主要的关注点，此外，随着企业并购市场（控制权市场）的逐渐成熟，研究话题逐渐扩展至更多相关领域，例如，宏观方面主要有产业政策、产业周期与企业生命周期、法律环境与投资者保护等领域，微观方面主要有控制权转移、政治关联和政府干预、中国企业跨国并购的国际化战略、社会网络理论与企业并购、媒体报道和媒体监督以及机构投资者和咨询顾问等领域。

（2）外商投资。在外商投资方面，宋小佳（1995）、余光胜（1996）对外国直接投资并购我国国有企业的现象及当时的热点问题进行了探讨，对外商进入中国的原因及趋势，以及外资并购国有企业的积极作用以及相关的负面效应，进行了详细分析和政策建议。李盾（2005）的研究介绍了外资控股并购国有企业的现状，同时对出现的典型问题作了详细分析，如国有资产流失问题、制度障碍和法律问题、文化冲突、缺乏有经验的中介机构等，并提出了相应的对策建议。陈玉罡等（2015）的研究发现，外资并购对目标公司的研发强度和专利申请数等科技创新指标未能产生显著影响，但对同行业的其他竞争者的相关指标具有显著促进作用。

（3）并购相关财务会计处理。在并购相关的财务会计处理方面，胡玲（1998）对比了中外并购中采用的主要支付方式及使用条件，并提出了改进中国企业并购支付方式的具体措施。陈信元和原红旗（1998）关注到，虽然很多企业在重组之后迅速提升了业绩，但也存在众多会计处理上的问题，作者对不同类型资产重组中所出现的共性问题和特殊问题进行了详细分析，并提出了具有针对性的改进建议。杨有红（1999）同样关注到日益盛行的并购活动对传统财务会计的冲击，以及由于基本会计假设的松动而带来的会计理论及处理方法等方面的变化。

（4）并购的可预测性。在并购的可预测性方面，赵勇和朱武祥（2000）首次以实证的方法对我国上市公司并购可预测性进行了分析，其模型对并购的发生具有较强的解释力，但并不足够令人满意。并购的可预测性体现了公开信息的可获得程度，是证券市场半强势有效的有力证据。此前，孙永祥和黄祖辉（1999）根据对1994~1998年样本的分析结果认为，股权结构分散程度与并购正相关。邱明（2002）分析了造成我国并购成功率低下的原因，除了发展时间相对较短，宏观环境、实践经历、和相关条件不够成熟之外，涉足新行业的高风险、高成本现象和文化冲突等也是重要原因。此后，陈玉罡和李善民（2007）基于交易成本视角考察了并购公司的可预测性。

（5）业绩表现。在业绩表现方面，陈信元和张田余（1999）以实证的方法分析了资产重组的市场反应及其对公司价值的影响，发现采用方差模型时，在重组公告日确实存在市场反应，但采用超额收益模型的检验未能观察到显著结果，仅能观察到不同类型的资产重组之间股价变动趋势有所不同。

冯根福和吴林江（2001）提出，以财务指标为基础的并购绩效衡量方法更适合我国的现实情况，并发现并购类型和时期不同会导致并购绩效的差异。洪锡熙和沈艺峰（2001）的研究也认为，在我国当时的市场条件下，并不能有效发挥并购的控制作用从而创造收益。

朱宝宪和王怡凯（2002）的研究同样采用会计指标衡量的并购效果，并发现业绩较差的公司更愿意出让控股权，同时，作者还发现了并购的战略性特征，而并购类型和并购方式的不同会造成并购效果的差异。李善民和陈玉罡（2002）则采用事件研究法发现并购方股东获得了显著的财富增加，而并购类型也会造成财富效应的差异。李心丹等（2003）的研究也发现了并购对经营管理效率的提升作用，并且股权结构类型是影响并购效率的重要因素。范从来和袁静（2002）认为，企业所处产业周期阶段能够对并购绩效产生影响，并且在横向并购、纵向并购和混合并购中有不同的绩

效表现。

张新（2003）同时采用事件研究法和会计研究法考察并购重组是否为公司创造了价值，发现目标公司价值显著提升，但并购方却受到负向影响，总体效益不能确定。费一文（2003）的研究结果略有不同，对1997～2000年上交所58个股权收购案例的分析发现，目标公司的业绩在收购前后表现出明显的改善，但是从证券市场的反应中却没有表现出对股权收购公告的积极反应。此外，业绩较差的公司更容易成为目标公司，并且在收购后，目标公司大量高级管理人员被更换。

李善民和李珩（2003）的研究采用主成分分析的方法考察上市公司资产重组的绩效问题，但除了收缩类公司在重组后两年出现绩效改善外，并没有发现公司绩效显著改善的证据。李善民等（2004）从并购双方配对组合的角度考察，有助于绩效改善的配对组合各方面特征，最后提出收购公司与目标公司之间的“强－弱”搭配是有助于改善绩效的配对组合，并且并购双方绩效改善的来源有所不同。

宋晓华等（2016）关注目标公司特征对并购绩效的影响，发现标的公司是否为公众公司不会显著影响短期与长期绩效，当标的公司为公众公司时，相对规模与短期绩效有正相关关系。

张学勇等（2017）的研究考察了并购双方的创新能力如何影响并购绩效，发现目标公司的创新能力对短期和长期绩效都有提升作用，但并购公司的创新能力仅有助于提升长期绩效，并且，并购双方创新能力的不同组合带来的绩效也不同。

（6）产业政策、产业周期与企业生命周期。在产业政策、产业周期与企业生命周期方面，董小君（1996）的研究从资源配置的角度提出，我国经济发展的非均衡性导致产业结构失衡、投资增量有限，此时，企业并购成为调整产业结构、提高资源配置和使用效率的重要机制。杨振华和任宝元（1997）在强调企业并购重组对深化企业改革的重要作用的基础之上，提出了建立适合我国国情的并购基金的重要意义。陈信元等（2003）的研究提出，在并购的相关政策滞后于经济发展周期的转变时，企业可能会采取机会主义资产重组的方式规避刚性管制。

刘笑萍等（2009）基于产业周期理论的研究发现，企业并购绩效与并购类型和并购双方的产业周期都有相关性，在一定程度上解释了多元化并购溢价之谜。曾颖（1999）详细分析了成熟期企业的特点及其资本营运战略的特定条件和财务特征，并在此基础上系统地论述了成熟期企业应如何利用自身优势设计并实施其并购战略。

（7）法律环境与投资者保护。在法律环境与投资者保护方面，张亚芸和潘建亭（1999）关注到我国反垄断法立法的必要性和现实考虑，并从实体规范、程序规范、执行机构及监控体系四个方面对反垄断立法提出了相应的参考建议。张亚芸（2001）则详细分析了在并购活动中关于少数股东权益的法律保护问题，并提出从完善股东会决议制度、建立购回请求权制度和专家审查制度等方面完善《公司法》对少数股东权益的保护措施。

唐建新和陈冬（2010）的研究以2003~2008年上市公司作为收购方的异地非关联并购为样本，发现目标公司所在地区的投资者保护水平越高时，并购公司获得的并购收益越大，而且，当目标公司所在地区的投资者保护水平高于并购公司所在地区的差距越大时，并购公司获得的并购收益越大，但地区投资者保护产生的并购协同效应仅存在与民营企业样本中。

（8）控制权转移。在控制权转移方面，唐宗明和蒋位（2002）的研究发现，股权转让中的控制权溢价成为大股东侵害的途径。张宗新和季雷（2003）将信息经济学和博弈论引入并购中利益的动态博弈分析，以理论和实证相结合的方式，证实中国证券市场中也存在着“购并公司股东损益之谜”。

周晓苏和唐雪松（2006）的研究发现，控制权转移有助于短期内提升公司业绩，但不具有持久性，短期的业绩提升主要依靠短期业绩增长，而企业盈利能力始终没有提高。此外，并购中控制权转移的财务性特征高于战略性特征。奚俊芳和于培友（2006）的考察也得出了类似的结论，控制权转移并不能显著提升公司业绩。

（9）政治关联与政府干预。在政治关联和政府干预方面，李增泉等（2005）考察了控股股东和地方政府的掏空或支持动机对并购公司长期绩效的影响，研究发现，掏空动机有损公司价值，而支持动机有助于在短期内提升会计业绩。潘红波等（2008）的研究发现，公司原本的盈利情况会导致地方政府干预目的的差异，并进一步产生对并购绩效的影响方向的不同，

同时，政治关联有助于提升盈利公司的并购绩效，从而成为一种有效的法律保护的替代机制，规避政治干预的损害。方军雄（2008）的研究也证实了企业并购活动中政府干预的存在，也为我国存在市场的地区分割现象提供了证据。

潘红波和余明桂（2011）通过分析国有企业和民营企业进行异地并购的概率和经济后果，为政府“支持之手”观点提供了进一步的证据。张雯等（2013）的研究也得出类似结论，政治关联企业的并购频率和并购规模更大，但对并购绩效的影响显著为负，从而得出政治关联导致资源错配和浪费的结论。从更深层意义上讲，这也是非市场机制的危害性。胡国柳等（2015）的研究指出，从短期绩效来看，政府控制对并购绩效的影响中“掠夺”效应占主导，而从长期绩效来看，则是“支持”效应占主导。政府在行使职权时，应当对上述影响有充分的考虑。

此外，王凤荣和高飞（2012）在政府干预的基础上，进一步纳入对企业所处生命周期阶段对并购绩效的影响，发现政府干预下的企业因为所处生命周期阶段的不同而存在绩效上的差异。江若尘等（2013）基于社会网络理论将政治关联划分为广度和深度两个维度，考察了其对民营企业跨地区并购能力的正向作用机制，以及所在地区市场化程度的负向调节效应。王砚羽等（2014）的研究认为，政治基因对企业并购的控制倾向有正向影响，并且非理性的控制倾向会降低并购绩效。

（10）媒体报道与媒体监督。在媒体报道和媒体监督方面，黄俊等（2015）的研究为媒体的舆论监督职能提供了直接证据。作者提出，在价值有损型并购中，媒体报道数量越多，公司放弃执行并购的概率越大，并且主要通过负面新闻报道发挥作用，而当公司放弃执行价值有损型并购时，存在正的累计超额收益。同时，并购宣告日市场反应越差、并购公司为国有企业时，媒体报道的上述作用越明显，并且，媒体报道有助于弱化政治关联对并购决策的不利影响。陈泽艺等（2017）的研究也得到类似结论，发现媒体负面报道在上市公司重大资产重组中发挥了重要的监督和治理作用，并提出，不同时段的媒体报道有明显的时效性。

（11）国际化战略。在中国企业跨国并购的国际化战略方面，“促进跨国公司对华投资政策”课题组（2001）的报告分析了90年代中期以来，受到全球跨国并购的趋势影响，并购投资逐渐成为我国吸引外资的重要方式，也对推进国有企业改革等社会经济建设做出了重要贡献，并提出了促进外商并购投资的政策建议，以期改善外商在华并购投资环境。余晓东和胡峰（2003）以经济学的框架对外资在中国进行并购投资的社会利益最大化进行了深入分析。韩世坤和陈继勇（2002）从智力支持与组织创新的角度提出了推动中国企业进行跨国并购的重要意义。

王珏（2006）首先分析了中小企业进行国际化战略并购的优势，并通过对 TCL 的跨国并购的深入分析，提出了中小企业如何优化其国际化战略。王海（2007）的研究基于联想的并购案例提出中国企业海外并购的“赢家诅咒”仍然难以克服，并针对中国企业海外并购的现实问题，提出了具有建设性的政策建议。

李杰等（2011）对我国低端下游企业进行跨国垂直并购的研究提出，并购战略的成功实施离不开对时机选择和对决定因素的正确判断。刘莉亚等（2016）的研究指出，生产率的提高对国内并购和跨境并购都具有重要的促进作用，国内股市增长能显著促进跨境并购，但对波动性较大的国内并购的促进作用不够稳健。李诗与吴超鹏（2016）从政治和文化角度考察了 1997 ~ 2010 年影响我国企业跨国并购成功率的主要因素，发现涉及政治敏锐性行业时，并购成功的可能性较低；中国同东道国外交关系越密切、东道国国民的诚信程度越高、中国与东道国的历史交战次数越少，并购交易完成的可能性越高。孙淑伟等（2017）的研究发现，在中国企业的海外并购中，国有产权性质、敏感行业、文化差异对并购溢价有正向影响，且彼此间有交互效应。作者进一步指出，中国企业支付的溢价越高，海外并购业绩就越低。

赵海龙等（2016）首次考察了中国公司进行海外并购对于改善自身公司治理水平的效果，发现当目标公司所在国家的投资者保护水平越高、起源于普通法系、股东权利保护较好时，海外并购对中国公司改善自身公司治理有积极作用，具体表现在 QFII 持股比例显著增加、更可能选择大规模会计师事务所以及董事长和总经理两职兼任的情况显著减少等方面，同时，并购后公司的投资效率得到提升而现金持有水平下降。蒋冠宏（2017）的研究发现，我国企业的跨国并购对促进生产率进步和研发投入增长有持续推动作用。

刘青等（2017）从中国企业海外并购的区位选择和投资规模角度考察

了中国企业海外并购的主要动因。研究发现，市场、矿产金属资源、战略资产和制度环境等都是我国企业海外并购的重要动因，尤其是在进入新时期之后，逐渐重视对战略资产的寻求。在区位选择上对东道国政治、经济风险考虑不足，在投资规模上表现出风险追逐特征，但比较重视交易成本，倾向于进入腐败程度较低的国家。双边投资协定对我国海外并购的区位选择和投资规模总体上没有显著影响。中国海外并购符合主流文献总结的基本模式，也符合我国当前经济发展所处阶段的特定需求。

（12）社会网络理论与企业并购。在社会网络理论与企业并购方面，陈仕华、卢昌崇（2013）和陈仕华等（2013）将社会网络理论引入企业并购绩效的研究，发现企业间高管联结形成的网络关系能够显著影响公司高管的并购溢价决策，董事联结形成的网络关系对目标公司选择和长期并购绩效有显著的正向影响。随后，万良勇和郑小玲（2014）基于结构洞理论的研究，和万良勇和胡璟（2014）关于独立董事网络位置与并购行为的研究，进一步丰富了社会网络理论与企业并购的研究内容。刘春等（2015）的研究也进一步证实独立董事的咨询功能对于提升异地并购绩效的积极作用，并且，独立董事主要是通过本地关系网络发挥咨询功能，而政府干预和国企自身的代理问题是影响独立董事发挥作用的重要障碍。在地区分割的现状下，将独立董事的咨询功能作为重要的替代性制度安排具有重要意义。

李善民等（2015）以股东的社会网络为基础，发现关系网络所带来的信息优势能够转化为信息资源，从而降低并购前后的不确定性风险，对并购发起行为和并购绩效产生正面影响。刘健和刘春林（2016）的研究则发现，关联股东网络的并购经验对并购绩效有促进作用。黎文飞等（2016）同样基于信息传递理论，以产业集群内外企业的知识和信息共享为视角，证实产业集群内的上市企业并购频率更高，并购绩效得到更好地提升。

万良勇等（2016）考察了并购决策中的行业同群效应，即并购决策是否受到同行业其他公司并购行为的影响。研究发现，并购决策中确实存在同群效应，同群者并购绩效越好、具有相同产权性质时，同群效应越明显，并且，信息获取性模仿和竞争性模仿是形成同群效应的重要内在机制。

表3.2为企业并购主要文献。

表 3.2 企业并购主要文献

研究领域		相关文献
企业并购经济特征	企业并购交易特征	Duesenberry (1958); Manne (1965); Reid (1968); Hogarty (1970); Lorie and Halpern (1970); Weston and Mansinghka (1971); Markham (1973); Nielsen and Melicher (1973); Spence (1973); Spence (1974); Dodd and Ruback (1977); Jim and McConnell (1977); Roll (1977); Dodd (1980); Fama (1980); Asquith (1983); Bradley et al. (1983); Fama and Jesnsen (1983); Jensen and Ruback (1983); Auerbach and Reishus (1986); Danis and McConnell (1986); McDaniel (1986); Roll (1986); Huang and Walkling (1987); Bradley et al. (1988); Bull (1988); Jarrell et al. (1988); Ruback (1988); Caves (1989); Jarrell and Poulsen (1989); Kaplan (1989); Lang et al. (1989); Smith (1990); Servaes (1991); Slusky and Caves (1991); Healy et al. (1992); 唐宗明和蒋位 (2002); 奚俊芳和于培友 (2006); 周晓苏和唐雪松 (2006); 周小春和李善民 (2008); 翟进步等 (2011); 孙世攀等 (2013); 葛结根 (2015); 武恒光和郑方松 (2017)
	企业并购的经济效益	Asquith and Jim (1982); Bradley et al. (1983); Bradley et al. (1988); Jarrell et al. (1988)
	并购特征与绩效表现	Dodd and Ruback (1977); Asquith et al. (1987); Travlos (1987); Healy et al. (1992); Black (2000); Schwert (2000); Rossi and Volpin (2004); Bargeron et al. (2008); Devos et al. (2009); Globerman and Shapiro (2009); Cui and Jiang (2012); Sun et al. (2012); Deng and Yang (2015); Li et al. (2017)
企业并购与信息环境		Healy and Palepu (2001); Richardson and Welker (2001) Sorenson and Stuart (2001); Verrecchia (2001); Neus and Walz (2005); 钟马和徐光华 (2017); Han et al. (2018); Li et al. (2019)
企业并购与宏观经济发展		董小君 (1996); 杨振华和任宝元 (1997); 张亚芸和潘建亭 (1999); 曾颖 (1999); 张亚芸 (2001); 陈信元等 (2003); 刘笑萍等 (2009); 唐建新和陈冬 (2010); 陈仕华和卢昌崇 (2013); 陈仕华等 (2013); 万良勇和胡璟 (2014); 万良勇和郑小玲 (2014); 刘春等 (2015); 李善民等 (2015); 刘健和刘春林 (2016); 黎文飞等 (2016); 万良勇等 (2016)
风险资本与企业并购		于开乐和王铁民 (2008); 杨丹辉和渠慎宁 (2009); 孙铁和武常岐 (2012); Hsu et al. (2013); Stiebale (2013); 吴先明和苏志文 (2014); 陈玉罡等 (2015); 陈仕华和李维安 (2016); 王艳 (2016); Humphery - Jenner et al. (2017); Rin and Penas (2017); 李曜和宋贺 (2017); 周绍妮等 (2017); 刘娥平等 (2018); 冼国明和明秀南 (2018); González - Uribe (2019); Zhou et al. (2019)

续表

<table>
<tr><th colspan="2">研究领域</th><th>相关文献</th></tr>
<tr><td rowspan="12">其他企业并购相关话题</td><td>理论探索</td><td>经济活动的理论基础：费方域（1996）；张维迎（1996）；周其仁（1996）；曹凤岐（1996）；吴世农（1996）；张人骥等（1998）；赵宇龙（1998）；沈艺峰和吴世农（1999）；张兵和李晓明（2003）
并购理论及应用：沈云祥和顾新华（1995）；邵建云（1997）；金雪军和潘丽春（2003）；张秋生和周琳（2003）；马晓军和沈勍晔（2004）；李青原（2006）；王培林等（2007）；李燕萍等（2008）；吴超鹏等（2008）；廖理等（2009）；赵息和张西栓（2013）；李姝和柴明洋（2017）；肖明与李海涛（2017）</td></tr>
<tr><td>外商投资</td><td>宋小佳（1995）；余光胜（1996）；李盾（2005）；陈玉罡等（2015）</td></tr>
<tr><td>并购相关财务会计处理</td><td>胡玲（1998）；陈信元和原红旗（1998）；杨有红（1999）</td></tr>
<tr><td>并购的可预测性</td><td>孙永祥和黄祖辉（1999）；赵勇和朱武祥（2000）；邱明（2002）；陈玉罡和李善民（2007）</td></tr>
<tr><td>业绩表现</td><td>陈信元和张田余（1999）；冯根福和吴林江（2001）；范从来和袁静（2002）；李善民和陈玉罡（2002）；朱宝宪和王怡凯（2002）；费一文（2003）；李善民和李珩（2003）；李心丹等（2003）；张新（2003）；李善民等（2004）；宋晓华等（2016）；张学勇等（2017）</td></tr>
<tr><td>产业政策、产业周期与企业生命周期</td><td>董小君（1996）；杨振华和任宝元（1997）；曾颖（1999）；陈信元等（2003）；刘笑萍等（2009）</td></tr>
<tr><td>法律环境与投资者保护</td><td>张亚芸和潘建亭（1999）；张亚芸（2001）；唐建新和陈冬（2010）</td></tr>
<tr><td>控制权转移</td><td>唐宗明和蒋位（2002）；张宗新和季雷（2003）；奚俊芳和于培友（2006）；周晓苏和唐雪松（2006）</td></tr>
<tr><td>政治关联与政府干预</td><td>李增泉等（2005）；方军雄（2008）；潘红波等（2008）；潘红波和余明桂（2011）；王凤荣和高飞（2012）；江若尘等（2013）；张雯等（2013）；王砚羽等（2014）；胡国柳等（2015）；陈仕华等（2015）</td></tr>
<tr><td>媒体报道与媒体监督</td><td>黄俊等（2015）；陈泽艺等（2017）</td></tr>
<tr><td>国际化战略</td><td>“促进跨国公司对华投资政策”课题组（2001）；韩世坤和陈继勇（2002）；余晓东和胡峰（2003）；王珏（2006）；李杰等（2011）；李诗与吴超鹏（2016）；刘莉亚等（2016）；赵海龙等（2016）；蒋冠宏（2017）；刘青等（2017）；孙淑伟等（2017）</td></tr>
<tr><td>社会网络理论与企业并购</td><td>陈仕华和卢昌崇（2013）；陈仕华等（2013）；万良勇和胡璟（2014）；万良勇和郑小玲（2014）；李善民等（2015）；刘春等（2015）；黎文飞等（2016）；刘健和刘春林（2016）；万良勇等（2016）</td></tr>
</table>

3.3.3 文献述评

现阶段，我国经济发展正在经历从“中国制造”向“中国创造”的转型升级，创新已经成为寻求经济高质量发展的必经之路，风险资本行业诞生之初即定位于做经济发展的“活力之源”，因此，风险资本的价值增值能力不再仅仅体现于公司治理架构的中观层面，而是逐渐渗透到企业创新等微观肌理层面，只有如此，风险资本才能成为新时期我国经济转型升级的有效助力。同时，在我国总的全要素生产率（TFP）水平的下降中，资源错配的影响占到了30%～50%，其中仅资本错配的影响就占到了资源错配总影响的20%（Wu，2018）。风险资本作为金融市场中参与资源配置的重要一环，更应该发挥引导资源有效配置的积极作用。企业间的并购重组是进行资源重新配置的重要契机，因此，探索风险资本在企业并购过程中的重要作用，能够为风险投资行业发展提供新的思路，也能够为充分发挥风险资本的价值增值能力提供新的视角。

首先，风险资本除了作为金融中介发挥协调资源配置的功能之外，对于风险资本的职业能力，如监督、控制以及增值服务等应当有更为深入的认识。监督作用可以看作一种“不作为”的表现，以获取信息优势为主要目的，对被投资公司而言，实质性的帮助尚且有限，而赫尔曼和普里（2002）的创新之处在于提出风险资本会积极参与公司治理，这是“作为”的表现。以往文献主要关注风险资本对初创期或早期阶段公司的影响，而塞利克雅特等（2014）提出风险资本对上市多年的成熟公司也会产生重要影响，主要在于风险资本作为董事发挥作用。实践中风险资本确实为其投资的公司提供了资本之外的众多增值服务，并且这些服务不仅对初创公司具有重要意义，对于已上市的成熟公司也有重大影响。但风险资本对初创公司和成熟的上市公司的影响机制略有不同，初创公司的不确定性更高，风险资本的作用更多地体现在监督和控制，而成熟的上市公司的需求主要在于风险资本的监督和咨询功能。对于成熟的上市公司而言，风险投资的资本支持没有太多吸引力，因此，双方的财务利益约束没有那么紧密，成熟的上市公司看重的是风险资本的关系网络和职业判断。而对于初创公司而言，由于风险资本投入大量资本支持公司发展，因此，其对初创公司的控制程度会更强。

不同成长阶段的公司对风险资本的需求不同，也可以用资源依赖理论来解释。根据资源依赖理论，企业家对风险资本的资本、关系网络和专业技能都有很强的依赖性，而不同发展阶段的公司，所需的资源是有差异的，因此，对风险资本的选择也会有变化。初创期的企业更缺乏帮助企业成长的资本和关系资源，对专业技能可能并不太看重，因此，对本土风险资本和外资风险资本的选择可能更侧重本土风险资本。而企业发展到更高的阶段后，更需要专业技能的支持，因此，对外资风险资本更青睐。另外，从风险资本的地域聚集性来看，对于本地风险资本和外地风险资本，初创期的企业可能更看重本地市场，更可能与本地风险资本达成合作，因此，有学者观察到风险资本投资的本地偏好。但是当企业发展到一定阶段后（可能很快就能达到），需要寻求外地市场的发展，因而更可能寻求外地风险资本的合作和支持。因此，在研究中有必要对风险资本公司的类型进行细分研究，才能得到更加科学合理的结论。

其次，风险投资公司的异质性，主要体现在人的异质性和组织结构的异质性。人的异质性决定了投资风格（行业或地区偏好等）的异质性，而组织结构的异质性主要影响决策过程和内部管理。外资背景的风险资本的组织形式更有利于合伙人发挥个人能力（Guo，2008；Guo and Jiang，2013）。

早期关于风险投资的研究，主要关注于契约和组织结构等因素对业绩的影响，随后，研究者开始注意到人的因素，人的主观能动性决定了其行为选择的差异，从而导致不同的经济后果（Gompers et al.，2005；Dimov and Shepherd，2005）。需要注意的是，人的因素既包括风险资本家，又包括创业企业家，一项交易的双方都会对交易的结果产生至关重要的影响。创业企业家的人力资本会对业绩产生重要影响（Puri and Robinson，2007）。因此，今后的研究应该更多地关注人的因素在整个经济活动中的重要作用，如此才能对某些既定的现象找到更加全面合理的解释，如业绩的差异性和持续性等。

目前，关于风险资本对被投资公司的影响的研究尚有许多值得深入研究的话题。例如，当公司面临困境时往往会更换CEO，而且实践中财务困境和声誉困境往往同时出现，那么针对这些问题，有必要考察具备什么特征的CEO更不可能在公司面临困境时被替换，而是被委以重任。或者说CEO要想不被替换，应该具备哪些能力。公司在决定替换还是委以重任时又是出于对哪些因素的考虑。

再次，从国内关于风险资本的研究历程来看，早期的研究主要集中于理论架构的探讨，以高屋建瓴的视角，为我国的风险投资事业构建了长足发展的基础。21世纪第一个十年，在理论研究的基础之上，基于初步建成的基本数据库，逐渐出现一些具有开创性的实证研究，以现实数据为基础，从正反两方面探讨了风险资本对于企业发展和经济建设的影响。进入21世纪第二个十年后，已经逐渐有研究开始关注到风险资本不仅仅深入创业企业目标群，更能够对已上市的成熟企业发挥积极的辅助作用，以其敏锐的职业判断能力为企业建言献策，从而在帮助企业发展壮大的同时，也为经济结构调整和企业转型升级贡献了重要力量。但关于主板上市公司的研究仍然非常缺乏，大多数研究集中于中小板和上市前后较短的时期，这些样本仍以创业企业为主，无法全面覆盖风险投资的目标群，也无法全面真实地反映风险投资的发展现状和趋势。早在十年前，已经有研究者注意到，风险投资范围早已不再局限于科技型企业或创业企业，而是将投资目标扩展至包括化工、钢铁、装备制造等在内的传统领域（杨丹辉和渠慎宁，2009）。不可否认，风险投资诞生之初的定位确实是致力于为高科技领域中小企业和创业企业服务，但事过境迁，风险投资行业的发展速度之快，迫切要求我们将关于风险投资的研究扩展至对主板上市公司的考察。

中国的风险投资事业的稳健发展以及学术研究与国际上风险投资事业的发展以及相关学术探讨之间基本上是求同存异的，以共通的发展历程为基础，又能够立足本国国情而发展出独具一格的行业景象。未来的学术研究，仍要在紧随时代潮流的同时，为我国乃至世界的风险投资事业提供前瞻性的学术指导。

最后，并购活动已经成为企业战略布局中越来越重要的投资活动，将一次并购活动的完成过程看作一个复杂的系统工程或许更有助于我们对相关研究的全面理解和考察，其中涉及并购后整合有效性问题、代理问题、管理困境、经验缺失问题、管理者非理性和信息不对称等一系列问题。相

应的，风险资本的能力储备和资源储备能够有效弥补企业所难以克服的短板。

从效率理论角度来看，企业并购中面临的并购后整合有效性问题、管理困境等问题都将对企业效率产生不利影响，而风险资本是积极参与公司经营的投资者（Barry et al.，1990），能够为公司提供增值投入，帮助企业建立规范的内部组织结构和现代企业制度，促使企业积极改善公司治理水平、提升企业效率，发挥“支持角色”和“教练”角色作用（Hellmann and Puri，2002；Battazzi et al.，2008）。

从市场布局角度来看，并购的战略布局必然考虑到行业内外的各种因素，其中涉及经验缺失等问题，也将对并购的成功实现产生不利影响。风险资本基于丰富的行业经验和投资经验，能够胜任企业的“战略顾问”，风险资本对企业以及行业的深度调研和剖析能力与合理估值能力，以及对未来发展前景的基本预判能力，都能够在战略布局中发挥重要作用，体现了风险资本的“参谋”和“顾问”角色。

从代理理论角度来看，企业任何经济行为几乎都绕不开管理者非理性、两权分离带来的代理问题和信息不对称等问题。关于风险资本的大量研究则有力地证实了风险资本的监督与控制职能能够对管理者行为形成有力的约束（Barney et al.，1989），风险资本与管理层之间的互动频率随不确定性的增加而增加（Sapienza and Gupta，1994），当无法实现对管理者的有效约束时，也将促使企业尽快更换CEO，以降低对企业效率和利益的损害（Lerner，1995）。风险资本在缓解代理冲突、降低代理成本中发挥着非常重要的“控制角色”作用，体现了风险资本的“教练”和“顾问”角色。

从信息与信号理论角度来看，并购中可能涉及的信息不对称问题、获取信息的难度等问题，都将对并购的全过程产生重大影响。风险资本被称为市场中的“信息中介”，从信息的挖掘和有效传播来看，风险资本具有广泛的关系网络和敏锐的信息捕捉能力，能够帮助企业获取有效信息，促进产品市场与资本市场中的信息流动，在资源合理配置方面也能够发挥重要作用（Sorenson and Stuart，2001；Hsu，2004；Neus and Walz，2005）。从信号传递角度来看，风险资本出于维护和扩展现有网络资源和声誉资本的考虑，将对任何有损其声誉的潜在风险实施有效的控制措施，同时，风险资本对被投资企业的选择行为本身对市场来说，就是一个积极的信号，是风险资本声誉的认证作用（Megginson and Weiss，1991），体现了风险资本的“参谋”和“顾问”角色。

风险资本作为金融市场中的重要一环，应当为资源的优化配置发挥应有的作用，而企业并购活动作为资源再分配的重要方式，能够为风险资本发挥作用提供不可替代的契机。创新是企业实现可持续发展的根本所在。出于企业长期战略的需要，尤其是提升创新能力的现实需求，风险资本帮助企业转变发展模式的一个重要方式，就是帮助企业寻求创新机会，更快地获得创新能力的有效提升。

相关研究从不同视角证实了风险资本对企业创新的促进作用。从投资偏好来看，风险资本的参与能够促使这些公司成功实施创新导向和成长导向的投资策略（Celikyurt et al.，2014）；风险资本参与能够引导上市公司减少金融性投资等短期投机行为，增加实体投资规模，引导企业“脱虚向实”（雷光勇等，2017）。从更为细化的创新机制来看，风险资本对企业创新策略的影响可以细化到企业吸收能力（Rin and Penas，2017）。从创新动机来看，聚焦创新能力开展并购整合，通过融合资本与生产要素，能够有效解决企业价值再发现和实现途径的问题，为我国经济实现创新驱动发展提供有力依据（王艳，2016）。

风险资本在帮助企业顺利完成并购过程中的作用主要体现在以下几个方面：其一，企业谋求长期发展离不开持续充足的资金支持。考虑到风险资本的声誉资产具有认证效应，有风险资本支持的企业将具备更优的信用背书（Megginson and Weiss，1991）。其二，风险资本获取信息的能力可以帮助企业最大限度地规避信息不对称带来的逆向选择问题（Humphery - Jenner et al.，2017）。其三，风险资本的关系网络有助于为其支持的企业寻找更多更优的并购目标，风险资本的咨询能力也将为企业获取更有利的谈判条件提供帮助（Humphery - Jenner et al.，2017）。

在任何一项经济活动中，信息都占据着不可替代的重要地位。风险资本自身也非常重视信息披露（康永博等，2017），已有研究发现，风险资本能够在企业经济活动中提升信息质量，有效缓解信息不对称所带来的交易风险（Agrawal and Cooper，2010；雷光勇等，2016），降低交易成本，帮助企业顺利实现既定目标，提升经济效益。同时，风险资本的经验积累和关

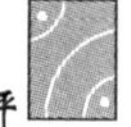

系网络资源能够在企业并购过程中发挥重要作用，从而获得更优的并购效果（Humphery - Jenner et al.，2017；González - Uribe，2019）。因此，我们有充分的理由相信，在企业并购过程中，风险资本有动机、有能力充分发挥其增值服务作用，帮助企业顺利实现并购战略目标。

第 4 章

风险投资与企业并购可能性

当前我国经济正处于从高速增长向高质量发展转型的关键时期，经济的高质量发展需要有源源不断的创新活力，而风险投资从诞生之初即定位于为最具创新潜力的企业提供全方位支持和服务。因此，从风险投资自身属性和当前经济发展现实需求考虑，风险投资将成为我国经济转型升级的有效助力。风险资本的作用不仅仅体现在为企业提供必要的资本支持，更重要的是为企业提供价值增值服务，包括完善的公司治理机制、为公司提供必要的信息支持和广泛的社会资源支持等。由于在经济发展中始终存在的资源错配问题影响着各种资源的有效利用，进而对经济效率和创新效率产生不利影响，风险资本的增值服务作用就显得尤为重要，充分发挥风险资本引导资源合理配置的能力，成为促进经济创新转型的必要手段。同时，企业获取资源的一个重要方式就是通过企业间的并购重组活动，因此，探索风险资本在企业并购过程中如何发挥应有的引导作用，能够为经济发展资源的有效配置提供新的研究视角。

改革开放 40 多年来，我国不仅仅创造了举世瞩目的“中国奇迹”，同时也在中国创造了一个行业的从无到有，从 0 到 1，这个行业见证了中国经济的腾飞，也有幸从改革之初即参与其中，并借助于改革的浪潮，迅速成长为中国金融板块中一颗闪光的新星，这个行业就是当前被广泛看好的风口——风险投资。然而鲜花和掌声只是对过往成绩的肯定方式，未来的道路仍需理智与清醒的判断力作为指引。从近期看，当前中国面临着如何跨过“中等收入陷阱”的现实命题，从长远看，中国未来的百年大计将向何处去更是关系到国计民生的根本命题。因此，当前的“大众创业万众创新”和“供给侧结构性改革”成为中国经济保持长期稳定发展的奠基之策。与此同时，风险投资行业的发展也已然走到了一个新的阶段。2018 年 10 月 19 日，证监会主席有关领导公开表示，鼓励私募股权基金参与上市公司并购重组，同时，中国证券投资基金业协会也确认支持。这一信息无疑为风险投资行业的发展提出了新的要求和方向。风险投资行业从产生之初就定位于为经济发展服务，当前的发展诉求不同于 40 年前，风险投资行业的发展方向自然也随之改变，但万变不离其宗，风险投资行业始终致力于扶持有价值有需求的公司成长发展，从而为经济发展提供源源不断的活力，已有众多研究肯定了风险投资在提升企业创新能力、公司治理能力等方面的积极作用（Hellmann and Puri，2002；Bottazziet al.，2008；Rin and Penas，2016；温军和冯根福，2018）。从当前风险投资行业以及整体经济发展的诉求出发，风险资本作为培育经济新动能的有效助力，需要发挥更加广泛的作用和影响。

历史上任何一种经济形态的出现，都是“应运而生”，是一种基于需求的从无到有的创新。风险投资这一行业的产生和发展，也遵循着这一自然规律。但是，随着时代的发展进步，需求变得越来越复杂多样，对于需求这一概念的理解，需要我们重新审视。风险投资在产生之初，致力于为中小企业和高科技企业提供新的融资渠道，这是从市场供求的需求方出发而产生的一种需求式供给。自进入 21 世纪第 2 个十年以来，尤其是中央明确提出“供给侧结构性改革”之后，从实体经济到金融界，无不在重新审视自身定位和创新视角。中国的风险投资行业虽然还是一个年轻的行业，但已经从 30 年的发展历程中，逐渐总结出真正适合自己的发展方向。自 2013 年以来，中国的风险投资行业正式进入 2.0 时代，这意味着，风险投资从最初为中小企业服务，发展到如今的全产业链模式、全生命周期的规模，服务对象不再局限于中小企业，而是为包括天使期乃至成熟期的企业服务；这一理念的转变，是基于风险投资行业本身作为供给方的变革需求，并完美地契合了当前中国经济的改革与发展理念。从供给侧进行结构性改革，已经成为中国经济保持活力与可持续发展动力的根本策略，也是风险投资行业未来很长一段时间内要坚持的发展理念。风险资本作为非正式制度安排的重要组成部分，正在发挥越来越重要的作用。让风险资本真正成为连接资本市场与实体经济的桥梁，是实现我国经济转型与实体经济发展的必要手段。因此，鼓励风险资本参与上市公司并购重组，是真正实现其中介桥梁作用的重要方式之一。

4.1 理论分析与研究假设

从世界范围内来看，企业并购已有超过120年的发展史，从最初受经济和行业发展的推动，到如今企业主动调整发展战略，并购活动已经成为企业实现长远发展的战略布局中不可或缺的组成部分。并购活动作为一项复杂的系统工程，涉及诸多问题，本身即对企业综合能力的考验。在并购的各个阶段，均有可能存在经验缺失问题、代理问题和信息不对称等一系列问题。相应的，风险资本的能力储备和资源储备，能够有效地弥补企业所难以克服的短板。因此，风险资本与企业之间存在最基本的供求关系。

在并购前的决策中，存在经验缺失、信息不对称和代理冲突等问题。

从行业经验角度来看，并购的战略布局涉及对行业内外各种因素的综合考查，任何一个环节的失误，都将对并购的成功实现产生不利影响。市场环境复杂多变，缺乏经验的企业往往容易出现“当局者迷”的状况，难以对市场情形作出客观准确的判断。风险资本专注于不同的行业，在行业经验上具有相对优势（Barry et al.，1990）。同时，风险资本本身专职从事投资活动，在投资经验上具有绝对优势。当企业的并购决策面临较大不确定性时，需要风险资本作为“参谋”帮助企业制订最优计划（De Clercq and Sapienza，2001）。基于丰富的行业经验和投资经验，风险资本有能力胜任“咨询”与“战略顾问”角色，风险资本对企业以及行业的深度调研和剖析能力与合理估值能力，以及对未来发展前景的基本预判能力，都能够在战略布局中发挥重要作用。

从信息不对称角度来看，并购的战略布局需要大量的信息支持，包括公开市场上可获取的信息和无法从公开市场获取的信息。风险资本被称为市场中的“信息经纪人”，从信息的挖掘和有效传播来看，风险资本具有敏锐的信息捕捉能力和深度挖掘能力，能够帮助企业获取有效信息，促进信息在市场中的自由流动，在资源合理配置方面也能够发挥重要作用（Sorenson and Stuart，2001；Hsu，2004；Neus and Walz，2005）。风险资本的信息获取能力在一定程度上基于其广泛的关系网络和声誉资本，出于维护和扩

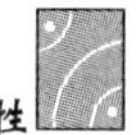

展现有网络资源和声誉资本的考虑，将对任何有损其声誉的潜在风险实施有效的控制措施。

从代理问题角度来看，企业并购决策往往是决定未来发展前景的重大决策，不可避免地要特别注意管理者非理性、两权分离带来的代理问题。关于风险资本的大量研究证明，风险资本具备优秀的监督与控制职能，能够对管理者行为形成有力的约束（Barney et al.，1989），风险资本与管理层之间的互动频率随不确定性的增加而增加（Sapienza and Gupta，1994），当无法实现对管理者的有效约束时，也将促使企业尽快更换CEO，以降低对企业效率和利益的损害（Lerner，1995）。风险资本在缓解代理冲突、降低代理成本中发挥着非常重要的"控制角色"作用，体现了风险资本的"教练"和"顾问"角色。

当并购决策所面临的上述问题能够得到有效解决时，企业将更有信心实施并购计划。基于上述分析，提出基本假设4.1。

假设4.1：在其他情况不变的条件下，相比于没有风险资本参与的企业而言，有风险资本参与的企业，其并购可能性显著更强。

4.2 研究设计

4.2.1 样本选择与数据来源

以往对于风险资本的考察大多数仅关注于处于上市前阶段的创业企业或者在中小板上市的以创业企业为主的样本，但随着风险投资行业的迅速发展，其投资范围早已不再局限于中小企业或者单纯的高科技行业，而是逐步将投资视野扩展至包括机械电子、化工、钢铁、装备制造、食品加工等传统领域（杨丹辉和渠慎宁，2009）。不可否认，风险投资诞生之初致力于为创新型中小企业和创业企业服务，但时移势易，风险投资行业的迅速崛起迫切需要我们将关于风险投资的研究扩展至对主板上市公司的考察。同时，对并购绩效的衡量涉及并购实施前后两年的数据，而个别数据只能获得2007～2016年的有效数据，因此，样本的选择期间设定为2009～2014年。

基于上述考虑，本书选择2009～2014年全部A股主板上市公司为初始样本，考察风险资本对上市公司并购行为及绩效的影响。风险资本相关数据来自清科数据库和手工收集整理，并购相关数据来自国泰安数据库（CSMAR），并以万得资讯（Wind）数据库作为补充，其他数据来自国泰安数据库（CSMAR）。

为进一步确保研究的稳健性，对数据样本进行了如下处理：（1）保留并购方为上市公司且并购成功的样本，考虑到国泰安数据库（CSMAR）中的并购类型分类标准，将并购类型限定为资产收购、吸收合并、要约收购与股权转让四类，不将资产剥离、资产置换、债务重组和股权回购纳入考查范围；（2）考虑到金融类公司的特殊性，剔除金融类公司样本；（3）剔除相关重要变量数据缺失的公司样本；（4）剔除ST、PT等特殊情况的公司样本；（5）为降低极端值的影响，对本书的主要连续变量，上下1%的样本进行Winsorize处理，缺漏值以均值代替。

4.2.2 研究模型与变量定义

针对假设4.1，采用模型（4.1）检验风险投资对企业并购可能性的影响：

$$M\&A\_Dum = \alpha_0 + \alpha_1 \times VC + \sum \alpha_i \times Control_i + \varepsilon \tag{4.1}$$

预期，模型（4.1）中 $\alpha_1 > 0$。相关变量定义如下。

4.2.2.1 因变量

并购可能性（M&A_Dum）：本书将M&A_Dum定义为一个二元虚拟变量，用来衡量企业在会计年度内进行并购的可能性。如果上市公司在特定年份发起了至少一次成功的并购交易，则M&A_Dum赋值为1，否则，赋值为0。

4.2.2.2 自变量

风险投资（VC）：VC是一个虚拟变量，衡量企业是否有风险资本参与。当上市公司有风险资本参与时，VC赋值为1，否则，赋值为0。

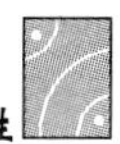

4.2.2.3 控制变量

$Control_i$ 代表本书选择的控制变量。参考已有文献的处理方法（吴超鹏等，2008；陈仕华等，2015），本书选择的控制变量如下：公司规模（Scale）、自由现金流量（FCF）、财务杠杆比率（Lev）、账面市值比（BM）、股权集中度（ShaCon）、董事会独立性（Ind_Perc）、两职兼任情况（Duality）、企业产权性质（SOE）。

此外，为避免内生性的影响，所有控制变量采用滞后一期处理。为控制行业特征和年度间宏观因素对企业并购可能性的影响，所有实证检验过程均控制了年份固定效应（Year）和行业固定效应（Industry）。所有变量的详细定义见表4.1。

表4.1　　　　变量定义

变量代码	变量名称	变量定义
因变量		
M&A_Dum	并购可能性	如果上市公司在特定年份发起了至少一次成功的并购交易，则赋值为1；否则，赋值为0
自变量		
VC	风险投资	当上市公司有风险资本参与时，赋值为1；否则，赋值为0
JVC	联合投资	当风险资本进行联合投资时，赋值为1；否则，赋值为0
GVC	国有背景	当风险资本具有国有背景时，赋值为1；否则，赋值为0
FVC	外资背景	当风险资本具有外资背景时，赋值为1；否则，赋值为0
控制变量		
Scale	公司规模	当年年末总资产取自然对数
FCF	自由现金流量	自由现金流量=(经营活动现金净流量-资本支出)/总资产
Lev	财务杠杆比率	资产负债率=总负债/总资产
BM	账面市值比	总资产/所有流通股市值

续表

变量代码	变量名称	变量定义
控制变量		
ShaCon	股权集中度	第一大股东持股比例
Ind_Perc	董事会独立性	独立董事占董事会人数的比例
Duality	两职兼任情况	若存在董事长与总经理两职兼任情况，则赋值为1；否则，赋值为0
SOE	企业产权性质	当上市公司为国有企业时，赋值为1；否则，赋值为0

4.3 实证检验与结果分析

4.3.1 风险投资与企业并购可能性

4.3.1.1 描述性统计

表4.2中列示了对全样本的基本统计信息。在全部7455个有效样本中，发生并购的公司样本为1161，大约占全样本的15.6%，采用现金支付的样本为836，在全样本中占比约为11.2%，聘请专业咨询机构的样本为297，在全样本中占比为3.98%，发生控制权转移的样本为3509，在全样本中占比为8.61%，涉及关联交易的样本占比47.1%。总并购次数3401次，平均并购规模约为31.34，即相当于前一年末总资产规模的31倍，平均溢价水平约为0.31，即并购的交易价值相当于目标公司资产账面价值的1.31倍。短期和长期并购绩效在并购前后没有表现出明显的变化，但以ROA衡量的并购绩效波动性较大，以EPS衡量的并购绩效波动性较小。

在全样本中，有风险资本参与的样本有1517个，占比约为20.3%，进行联合投资的样本占比约为9.52%，具有国有背景的风险资本样本占比约为10.2%，具有外资背景的样本占比约为4.06%。全样本的资产负债率平均水平约为 54.8%，第一大股东持股比例平均为 36.19%，独立董事在董事会人数占比平均达到 36.8%，最低水平为 28.6%，董事会独立性基本达标，两职兼任的比例约为 13.3%。

表 4.2　　描述性统计

变量	样本数	求和	均值	中位数	标准差	最小值	最大值
并购可能性	7455	1161	0.156	0	0.363	0	1
并购频率	7455	3401	0.456	0	1.809	0	24
并购规模	7455	233607	31.34	0	2649	0	228656
现金支付	7455	836	0.112	0	0.316	0	1
控制权转移	7455	642	0.086	0	0.281	0	1
聘请专业咨询机构	7455	297	0.040	0	0.196	0	1
关联交易	7455	3509	0.471	0	0.499	0	1
并购溢价	7455	2357	0.316	0	2.697	-39.61	87.19
并购短期绩效_ROA0	7455	-23454	-3.146	-0.001	272.9	-23562	110.4
并购短期绩效_ROA1	7455	-23632	-3.170	-0.003	272.3	-23513	51.33
并购长期绩效_ROA2	7455	-11748	-1.576	-0.006	136.2	-11756	53.13
并购短期绩效_EPS0	7455	148.2	0.0199	0.010	0.593	-11.77	18.86
并购短期绩效_EPS1	7455	-31.80	-0.004	0.004	0.647	-11.05	22.47
并购长期绩效_EPS2	7455	-35.12	-0.005	0	0.574	-5.595	17.94

续表

变量	样本数	求和	均值	中位数	标准差	最小值	最大值
风险投资	7455	1517	0.203	0	0.403	0	1
联合投资	7455	710	0.095	0	0.294	0	1
外资背景	7455	303	0.041	0	0.197	0	1
国有背景	7455	762	0.102	0	0.303	0	1
公司规模	7455	164256	22.03	21.93	1.398	18.58	26.00
自由现金流量	7455	-61.54	-0.008	-0.006	0.091	-0.299	0.245
财务杠杆比率	7455	4087	0.548	0.543	0.254	0.081	1.890
账面市值比	7455	8792	1.179	0.862	1.025	0.084	5.529
股权集中度	7455	269815	36.19	33.77	16.04	8.497	76.95
董事会独立性	7455	2742	0.368	0.333	0.053	0.286	0.571
两职兼任	7455	990	0.133	0	0.339	0	1
产权性质	7455	1654	0.222	0	0.416	0	1

4.3.1.2 Pearson 相关系数

表4.3列示了相关变量的Pearson相关系数检验结果。由结果可知，企业并购可能性（M&A_Dum）与风险资本参与（VC）显著正相关，与公司规模、杠杆比率、市值账面比率、国有产权性质显著正相关，初步验证了假设4.1的预期。

表4.3　　Pearson 相关系数

变量	并购可能性	风险投资	公司规模	自由现金流量	财务杠杆比率	账面市值比
并购可能性	1					
风险投资	0.044***	1				
公司规模	0.026**	0.157***	1			

续表

变量	并购可能性	风险投资	公司规模	自由现金流量	财务杠杆比率	账面市值比
自由现金流量	-0.008	-0.081***	-0.052***	1		
财务杠杆比率	0.025**	-0.062***	0.061***	-0.118***	1	
账面市值比	0.027**	0.034***	0.586***	-0.124***	0.312***	1
股权集中度	0.018	-0.053***	0.360***	0.039***	-0.034***	0.147***
董事会独立性	-0.003	0.037***	0.064***	-0.013	0.025**	0.044***
两职兼任	-0.015	-0.003	-0.127***	-0.01	-0.002	-0.083***
产权性质	0.020*	0.027**	0.123***	-0.007	0.016	0.084***
变量	股权集中度	董事会独立性	两职兼任	产权性质		
股权集中度	1					
董事会独立性	0.043***	1				
两职兼任	-0.130***	0.027**	1			
产权性质	0.141***	-0.011	-0.075***	1		

注：*** 代表在 1% 的水平上显著，** 代表在 5% 的水平上显著，* 代表在 10% 的水平上显著。

4.3.1.3　单变量差异 T 检验

表 4.4 列示的单变量差异 T 检验的结果显示，并购可能性的均值水平在有风险资本（VC = 1）和没有风险资本（VC = 0）的两组间存在显著差异，没有风险资本参与的样本的并购可能性均值水平显著低于有风险资本参与的样本。

表 4.4　　单变量差异 T 检验

变量	均值		t 值	p 值
	无风险投资	有风险投资		
并购可能性	0.1479	0.1872	-3.7916	0.0001
样本数	5938	1517		

4.3.1.4 多元回归检验

表4.5中的多元回归结果显示，不加入控制变量时，企业并购可能性与风险资本参与显著正相关（第1列，$\alpha_1 = 0.034^{***}$），加入控制变量后，上述相关关系仍然显著（第2列，$\alpha_1 = 0.037^{***}$）。进一步验证了假设4.1的预期，有风险资本参与时，企业的并购可能性显著更强。初步证实了风险资本在帮助企业降低并购的信息成本、代理成本等相关成本和控制风险方面的积极作用。

表4.5 风险投资与企业并购可能性

变量	(1) OLS 回归	(2) OLS 回归
风险投资	0.034 *** (3.25)	0.037 *** (3.37)
公司规模		-0.002 (-0.35)
自由现金流量		0.006 (0.13)
财务杠杆比率		0.043 ** (2.39)
账面市值比		-0.002 (-0.30)
股权集中度		0.000 (0.54)
董事会独立性		-0.061 (-0.76)

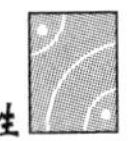

续表

变量	(1) OLS 回归	(2) OLS 回归
两职兼任		-0.012 (-0.93)
产权性质		0.013 (1.24)
常数项	0.014 (0.04)	0.039 (0.10)
年份固定效应	控制	控制
行业固定效应	控制	控制
样本数	7455	7455
拟合优度 R^2	0.016	0.017
p 值	0.000	0.000

注：括号内为 t 值，*** 代表在 1% 的水平上显著，** 代表在 5% 的水平上显著，* 代表在 10% 的水平上显著。

4.3.2 稳健性检验

4.3.2.1 更换回归方法

由于因变量并购可能性（M&A_Dum）是二元虚拟变量，因此，采用 Logit 回归作为回归方法上的稳健性检验。由表 4.6 中的回归结果可知，在更换了更稳健的回归方法之后，企业并购可能性与风险资本参与的正相关关系依然显著，并且回归系数的大小与 OLS 回归下的系数相比更大（第 1 列，$\alpha_1 = 0.250^{***}$；第 2 列，$\alpha_1 = 0.269^{***}$）。由此可以看出，风险资本对企业并购可能性的影响显著存在，并且具有一定程度的重要性，为假设 4.1 的预期提供了更稳健的证据。

表 4.6　稳健性检验——更换回归方法（并购可能性）

变量	(1) Logit 回归	(2) Logit 回归
风险投资	0.250*** (3.21)	0.269*** (3.35)
公司规模		-0.012 (-0.36)
自由现金流量		0.024 (0.07)
财务杠杆比率		0.333** (2.45)
账面市值比		-0.015 (-0.35)
股权集中度		0.001 (0.55)
董事会独立性		-0.454 (-0.73)
两职兼任		-0.094 (-0.94)
产权性质		0.099 (1.25)
常数项	-11.493 (-0.03)	-11.304 (-0.03)
年份固定效应	控制	控制
行业固定效应	控制	控制
样本数	7449	7449
伪 R^2（Pseudo R^2）	0.018	0.020
p 值	0.000	0.000

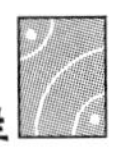

4.3.2.2 采用风险资本滞后一期变量

考虑到风险投资对企业的影响效果可能需要一定的磨合时间，因此，对自变量的稳健性检验采用滞后一期处理，重新进行模型（4.1）的回归，以降低内生性的影响。第 1 列和第 2 列是采用 OLS 进行回归的结果，第 3 列和第 4 列是进一步采用 Logit 模型回归的结果，第 1 列和第 3 列未加入控制变量，第 2 列和第 4 列是加入控制变量的结果。由表 4.7 的结果可知，采用滞后一期的风险投资变量时，企业的并购可能性与风险投资之间仍具有显著的正相关关系（第 1 列，$\alpha_1 = 0.021^{*}$；第 2 列，$\alpha_1 = 0.023^{**}$；第 3 列，$\alpha_1 = 0.154^{*}$；第 4 列，$\alpha_1 = 0.173^{**}$），因此，为假设 4.1 的结论提供了更加稳健的证据。

表 4.7 稳健性检验——风险投资滞后项（并购可能性）

变量	(1) OLS 回归	(2) OLS 回归	(3) Logit 回归	(4) Logit 回归
风险投资滞后项	0.021 * (1.86)	0.023 ** (2.01)	0.154 * (1.84)	0.173 ** (2.00)
公司规模		-0.000 (-0.12)		-0.004 (-0.11)
自由现金流量		0.001 (0.02)		-0.012 (-0.03)
财务杠杆比率		0.042 ** (2.34)		0.325 ** (2.40)
账面市值比		-0.002 (-0.41)		-0.021 (-0.46)
股权集中度		0.000 (0.42)		0.001 (0.43)

续表

变量	(1) OLS 回归	(2) OLS 回归	(3) Logit 回归	(4) Logit 回归
董事会独立性		-0.059 (-0.74)		-0.448 (-0.72)
两职兼任		-0.012 (-0.92)		-0.092 (-0.92)
产权性质		0.014 (1.34)		0.107 (1.35)
常数项	0.015 (0.04)	0.018 (0.05)	-11.489 (-0.03)	-11.466 (-0.03)
年份固定效应	控制	控制	控制	控制
行业固定效应	控制	控制	控制	控制
样本数	7455	7455	7449	7449
拟合优度 R^2	0.015	0.016		
伪 R^2（Pseudo R^2）			0.017	0.019
p 值	0.000	0.000	0.000	0.000

4.3.2.3 倾向得分匹配法

为进一步控制内生性的影响，排除选择效应的干扰，本书进一步借鉴已有研究的做法（Chemmanur et al.，2011；Guo and Jiang，2013），采用倾向得分匹配法（propensity score matching，PSM）作为对内生性问题的稳健性检验。配对比例采用1∶1配比，以全部控制变量作为配对协变量。表4.8列示了采用倾向得分匹配后的配对结果，表4.9是用匹配后的样本重新进行模型（4.1）的回归结果。由表4.8的结果可以看出，匹配前后，实验组（Treated）和对照组（Controls）的并购可能性均具有显著差异，匹配前两组样本的并购可能性差异为0.0395，在1%水平上显著（t=3.79），匹配后两组样本的差异为0.0442，在1%水平上显著（t=2.97）。在配对样本

中，实验组有 2 个样本不在共同取值范围内，对照组有 10 个不在共同取值范围内，绝对多数的样本都满足共同取值假说。此外，平衡性检验结果良好，配对后协变量偏差均在 10% 以内。

表 4.8　　稳健性检验——倾向得分匹配结果（并购可能性）

变量	样本	实验组	对照组	组差	标准差	t 值
并购可能性	未匹配样本	0.187	0.148	0.0395	0.0104	3.79***
	匹配样本	0.187	0.143	0.0442	0.0149	2.97***
	共同范围外	2	10			
	共同范围内	1515	5928			

表 4.9　　稳健性检验——倾向得分匹配回归结果（并购可能性）

变量	(1) OLS 回归	(2) OLS 回归	(3) Logit 回归	(4) Logit 回归
风险投资	0.053*** (3.00)	0.051*** (2.91)	0.387*** (2.99)	0.382*** (2.93)
公司规模		-0.005 (-0.58)		-0.042 (-0.61)
自由现金流量		-0.029 (-0.28)		-0.225 (-0.29)
财务杠杆比率		0.064 (1.33)		0.458 (1.35)
账面市值比		-0.015 (-1.21)		-0.104 (-1.15)
股权集中度		0.001* (1.75)		0.008* (1.77)

续表

变量	(1) OLS 回归	(2) OLS 回归	(3) Logit 回归	(4) Logit 回归
董事会独立性		-0.173 (-1.03)		-1.387 (-1.07)
两职兼任		-0.030 (-1.13)		-0.240 (-1.16)
产权性质		0.018 (0.87)		0.129 (0.88)
常数项	0.200*** (2.92)	0.326 (1.59)	-1.455*** (-3.27)	-0.449 (-0.30)
年份固定效应	控制	控制	控制	控制
行业固定效应	控制	控制	控制	控制
样本数	1922	1922	1915	1915
拟合优度 R^2	0.028	0.033		
伪 R^2（Pseudo R^2）			0.028	0.033
p 值	0.000	0.001	0.001	0.001

从表 4.9 中的回归结果可以看出，采用匹配后的样本重新对模型（4.1）进行回归后，企业并购可能性与风险投资的正相关关系仍然在 1% 的水平上显著，并且系数比表 4.5 和表 4.6 中更大，说明风险资本对企业并购可能性的影响确实显著存在，且不受内生性等因素的影响而有所改变。

4.3.3 拓展研究

4.3.3.1 对风险资本投资方式和背景的考察

考虑到风险资本的投资方式和背景特征可能存在的差异，本书取风险

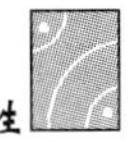

资本联合投资（JVC）、外资背景（FVC）和国有背景（GVC）三个变量考察是否对企业并购可能性具有不同的影响。表 4.10 列示了采用 OLS 线性回归方法对模型（4.1）进行回归的结果。由表 4.10 结果可以看出，企业并购可能性与风险资本的联合投资方式之间具有显著的正相关关系（第 1 列和第 2 列），说明采取联合投资的风险资本能够更有效地发挥出对企业的积极影响。但对风险资本背景特征的检验结果则不具有统计意义上的显著性。这一结果可能在某种程度上说明，随着国内风险投资行业的迅速成长，国有背景的风险资本与外资背景的风险资本之间的差异逐步缩小，其背景来源已经不再是具有决定性的特征。

表 4.10　　风险资本投资方式和背景（并购可能性）

变量	(1) OLS 回归	(2) OLS 回归	(3) OLS 回归	(4) OLS 回归	(5) OLS 回归	(6) OLS 回归
联合投资	0.041*** (2.82)	0.042*** (2.83)				
外资背景			0.015 (0.69)	0.016 (0.74)		
国有背景					0.012 (0.85)	0.013 (0.90)
公司规模		-0.000 (-0.09)		0.001 (0.12)		0.001 (0.12)
自由现金流量		0.002 (0.04)		-0.007 (-0.15)		-0.004 (-0.08)
财务杠杆比率		0.041** (2.29)		0.040** (2.22)		0.041** (2.25)
账面市值比		-0.002 (-0.32)		-0.003 (-0.49)		-0.003 (-0.43)

续表

变量	(1) OLS 回归	(2) OLS 回归	(3) OLS 回归	(4) OLS 回归	(5) OLS 回归	(6) OLS 回归
股权集中度		0.000 (0.29)		0.000 (0.21)		0.000 (0.25)
董事会独立性		-0.060 (-0.75)		-0.057 (-0.71)		-0.053 (-0.66)
两职兼任		-0.012 (-0.95)		-0.012 (-0.94)		-0.012 (-0.96)
产权性质		0.013 (1.22)		0.014 (1.38)		0.014 (1.32)
常数项	0.016 (0.04)	0.020 (0.05)	0.016 (0.04)	-0.001 (-0.00)	0.016 (0.04)	-0.002 (-0.00)
年份固定效应	控制	控制	控制	控制	控制	控制
行业固定效应	控制	控制	控制	控制	控制	控制
样本数	7455	7455	7455	7455	7455	7455
拟合优度 R^2	0.016	0.017	0.015	0.016	0.015	0.016
p 值	0.000	0.000	0.000	0.000	0.000	0.000

4.3.3.2 对制度效率地区差异的考察

考虑到地区差异对并购活动的影响，现有研究也已经分别从地理位置、投资者保护以及社会信任水平等方面考察了地区差异带来的影响（唐建新和陈冬，2010；肖明与李海涛，2017；武恒光和郑方松，2017），本书选择将制度效率的地区差异纳入进一步考察的范围，探讨制度效率的地区差异是否会影响风险资本对企业并购可能性的影响。以樊纲和王小鲁（2011）《中国市场化指数——各地区市场化相对进程 2011 年度报告》中的“中国各地区市场化指数”为基础，参考李慧云和刘镝（2016）的处理方法，设

定二元虚拟变量 InstEffi 作为制度效率变量，将 2004 ~ 2009 年连续 6 年排名前六位的广东、上海、浙江、江苏、北京和天津六个省份作为制度效率比较高的地区，赋值为 1，其他省份赋值为 0。由表 4.11 中的回归结果可以看出，在制度效率较高的地区，企业并购可能性与风险资本的正相关关系显著更强，而在制度效率较低的地区，这一关系的显著性并不稳定。因此，对制度效率较低的地区而言，加强风险投资以及并购相关的制度建设至关重要。

表 4.11　　　　制度效率地区差异（并购可能性）

变量	(1) 低效率地区	(2) 低效率地区	(3) 高效率地区	(4) 高效率地区
风险投资	0.019 (1.40)	0.026* (1.78)	0.059*** (3.60)	0.057*** (3.38)
公司规模		−0.003 (−0.46)		0.002 (0.38)
自由现金流量		0.078 (1.27)		−0.098 (−1.32)
财务杠杆比率		0.062*** (2.76)		0.012 (0.40)
账面市值比		−0.000 (−0.05)		−0.009 (−0.91)
股权集中度		−0.000 (−0.02)		0.001 (1.18)
董事会独立性		−0.088 (−0.85)		0.016 (0.13)
两职兼任		−0.026 (−1.52)		0.008 (0.39)

续表

变量	(1) 低效率地区	(2) 低效率地区	(3) 高效率地区	(4) 高效率地区
产权性质		0.004 (0.27)		0.026 (1.57)
常数项	0.121 *** (3.06)	0.188 (1.39)	0.128 (0.35)	0.028 (0.07)
年份固定效应	控制	控制	控制	控制
行业固定效应	控制	控制	控制	控制
样本数	4369	4369	3086	3086
拟合优度 R^2	0.016	0.019	0.025	0.028
p 值	0.000	0.000	0.000	0.000

4.3.3.3 对企业产权性质差异的考察

在并购活动中，企业的产权性质也具有非常重要的影响，国有企业和民营企业在并购概率、并购经济表现等方面的表现很可能出现差异（Li et al.，2017；潘红波和余明桂，2011）。黄俊等（2015）发现，在并购公司为国有企业时，媒体报道对并购的监督作用更加明显。因此，本书将企业产权性质纳入进一步考察范围，探索在国有企业和民营企业间，风险资本对企业并购可能性的影响是否有所不同。由表4.12中的结果可以看出，企业并购可能性与风险资本的正相关关系在民营企业中更加显著，而在国有企业中，这一影响尚未达到统计上的显著性。风险资本的影响主要体现在民营企业，这一结果的解释可能存在多种情况。有可能国有企业自身的综合实力已经足够强大，也有可能国有企业的固有特征决定了风险资本的影响无法真正实现。但无论是哪种可能性，我们最希望的结果是，无论哪一种产权性质的企业，都可以在不断发展的过程中，获得可持续的成长力。

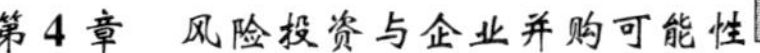

表 4.12　　企业产权性质差异（并购可能性）

变量	(1) 民营企业	(2) 民营企业	(3) 国有企业	(4) 国有企业
风险投资	0.041*** (3.41)	0.046*** (3.69)	0.004 (0.18)	0.004 (0.15)
公司规模		-0.005 (-0.97)		0.006 (0.62)
自由现金流量		-0.007 (-0.14)		0.072 (0.67)
财务杠杆比率		0.033* (1.71)		0.078 (1.64)
账面市值比		0.001 (0.18)		-0.013 (-1.02)
股权集中度		0.000 (1.03)		-0.000 (-0.61)
董事会独立性		-0.148 (-1.64)		0.277 (1.56)
两职兼任		-0.012 (-0.88)		-0.012 (-0.37)
常数项	0.139*** (3.64)	0.264** (2.43)	0.005 (0.01)	-0.210 (-0.49)
年份固定效应	控制	控制	控制	控制
行业固定效应	控制	控制	控制	控制
样本数	5801	5801	1654	1654
拟合优度 R^2	0.017	0.018	0.027	0.031
p 值	0.000	0.000	0.005	0.011

4.4 本章结论与启示

本章通过对风险资本与企业并购可能性的考察，初步验证了风险资本能够对企业并购可能性产生积极影响，并且相关的假设检验具有多方面的稳健性。这为本书在后续章节中进一步检验风险资本对企业并购的行为特征以及最终并购绩效的影响提供了基本的前提条件。

从本章的检验结果中，本书希望能够为学术研究及风险投资行业发展提供以下几点启发。

首先，风险资本对企业并购可能性的正向影响说明风险资本的职业能力是获得了广泛认可的，这也提示我们要积极地引导风险资本的发展方向，提升风险资本在资本市场和产品市场中的角色价值，为我国新时期的产业转型升级增添助力。我们有足够的信心相信风险投资行业在我国未来的经济发展中将真正实现成思危先生所期许的“大有可为”。

其次，在风险资本特征的研究中，联合投资方式对企业并购可能性有显著正向影响，但背景特征的影响不具有显著性。这一结果说明，风险资本的联合投资方式是一种有效的投资方式，基本上克服了“搭便车”的短视效应，因此，有必要鼓励风险资本通过联合投资的方式形成“取长补短”的学习模式。虽然风险资本的背景特征不再构成显著影响，这也提醒我们，本土风险资本的迅速崛起已经推动中国的风险投资行业初步实现与国际市场接轨，本土风险资本的成长是行业内外有目共睹的。

再次，在制度效率地区差异的研究中，在制度效率较高的地区，企业并购可能性与风险资本的正相关关系显著更强，而在制度效率较低的地区，这一关系的显著性不够稳定，说明制度效率较差的地区，在相关制度建设方面仍然“任重道远”，但并非“遥不可及”，高效率地区的成功经验值得借鉴。

最后，对企业产权性质差异的研究中，风险资本对企业并购可能性的显著影响主要体现在民营企业样本中，这一结果使我们认识到民营企业在未来的行业发展中也大有可为。虽然风险资本对国有企业的影响能力十分有限，但也可能国有企业自身的实力决定了其具有较好的风险控制能力，国有企业基于自身优越的历史条件更应该“百尺竿头，更进一步”。

第 5 章

风险投资与企业并购行为特征

现阶段我国经济发展正在经历从“中国制造”向“中国创造”的转型升级，创新已经成为寻求经济高质量发展的必经之路，风险资本行业诞生之初即定位于做经济发展的“活力之源”，因此，风险资本的价值增值能力不再仅仅体现于公司治理架构的中观层面，而是逐渐渗透到企业创新等微观肌理层面，只有如此，风险资本才能成为新时期我国经济转型升级的有效助力。同时，在我国总的全要素生产率（TFP）水平的下降中，资源错配的影响占到了30%～50%，其中仅资本错配的影响就占到了资源错配总影响的20%（Wu，2018）。风险资本作为金融市场中参与资源配置的重要一环，更应该发挥引导资源有效配置的积极作用。企业间的并购重组是进行资源重新配置的重要契机，因此，探索风险资本在企业并购过程中的重要作用，能为风险投资行业发展提供新的思路，也能为充分发挥风险资本的价值增值能力提供新的视角。

并购活动是一项庞大而复杂的系统工程，更是关乎企业发展战略能否成功实现的关键所在，任何一个微小失误都可能牵一发而动全身，最终导致整个计划失败。然而，并购失败的案例比比皆是，代理问题、经验缺失、信息不对称、制度障碍、文化差异、市场壁垒等，在企业并购活动发展的120年里，这些问题始终存在，却从未真正被解决。这也促使在学术研究中，关于企业并购的话题长盛不衰。对企业而言，一次重大并购事项可能就是决定命运的赌注，成功者自然额手称庆，失败者则只能黯然退场，并购的全过程无不体现着对企业综合能力的考验。进入21世纪以来，全球的经济一体化进入深度发展阶段，企业并购的全球性和战略性成为关键词。经历过六次并购潮流的推陈出新，并购中企业所面临的问题也是在不断变化的，针对这些问题，企业所采取的对策也在不断调整。探索此次并购浪潮真正的特点和规律，寻找风险资本促进企业发展的有效路径，是本书最基本的出发点。

中国风险投资行业起步与并购活动发展几乎同步，也有30余年的发展史。在30年里，经历过跟在外资机构身后蹒跚学步的辛苦，经历过独木难支的辛酸，但始终没有停止过发展的脚步。风险投资行业在30年的发展中，从萌芽之初致力于为高科技中小企业和创业企业服务，到如今全面支持国家发展政策，几乎实现了全行业覆盖、全生命周期渗透的规模，在促进企业创新、提升投资效率、完善治理机制和优化信息环境等方面都发挥了关键作用，为企业长久发展、产业转型升级以及经济的深度改革，贡献了绝无仅有的力量。

当前正逢风险投资行业与企业并购市场都发展到了一个历史的关键节点，风险投资在企业并购市场中的重要性越来越突出，这对学术研究也提出了新的要求。企业在并购中面临众多不确定风险的考验，而风险资本的能力储备和资源储备能够有效弥补企业所难以克服的短板。企业在重大项目决策中需要风险投资建言献策，同时，风险投资作为积极参与公司治理的投资者，基于其优秀的咨询服务能力、监督控制能力和信息获取能力等优势，能够为企业发展提供有价值的增值服务。因此，将两者融合到一个框架内考察，成为本书最初的研究框架。国内关于风险投资与企业并购活动的研究相对缺乏，无法对两者之间的关系进行全面系统的考察。尤其对企业并购的考察局限于局部视角，无法形成系统的框架。学术研究如果无法紧跟行业发展的脚步，也将失去重要价值。基于上述考虑，本书在理论与现实背景的基础上，将风险投资与企业并购活动纳入统一框架，进行深入系统的考察，以期对当前相关领域的学术研究与实务工作有所贡献。

5.1 理论分析与研究假设

在并购过程中，企业的并购行为特征往往最受关注。不同时期、不同发展阶段、不同的决策者类型，甚至不同的行业和地域背景等，都会表现在企业行为特征的差异中。虽然对行为特征的分析更多地像是在探索一个

"黑箱"，我们永远无法准确地定位到究竟是哪种影响途径占据主导，但我们能够通过对多种可能性的分析来无限接近真相。另外，有关企业并购行为特征的研究往往仅限于对某一个特征的考察，关于风险资本与企业并购的研究也不多见，而且只有李曜和宋贺（2017）考察了创业板样本中，风险资本对并购溢价和并购绩效的影响。现有研究很难系统性地对企业并购行为进行全面而深入的理解，因而也无法全面地反映出风险资本对企业并购行为特征的影响如何体现。因此，为避免"一叶障目"之缺憾，本书将可获取有效衡量方法的并购行为特征全部纳入考察范围。具体而言，从并购频率、并购规模、支付方式、是否聘请专业咨询机构、是否发生控制权转移、是否涉及关联交易和并购溢价等方面，考察风险资本是否能够对相关特征产生影响，以及影响的方向和显著性是否存在差异。

5.1.1 并购频率

从并购频率方面考虑，现有研究尚未对此进行过全面的考察。张雯等（2013）从政治关联影响资源配置的角度发现，政治关联企业的并购频率和并购规模更大，但对并购绩效的影响显著为负，并指出政治关联导致了资源的错配和浪费。相比之下，风险资本作为市场中的"金融中介"和"信息经纪人"，其最重要的作用之一就在于引导市场资源的有效配置。因此，从资源合理配置和确保并购绩效的角度来看，我们有理由预期，风险资本对并购频率的影响将是负向的，更不可能放任企业在较短的时间内进行过度的并购活动，也将控制并购规模处于合理的范围内。黎文飞等（2016）的研究基于信息传递理论，从产业集群内外企业的知识和信息共享的角度发现，产业集群内的上市企业并购频率更高，并购绩效的表现也更好。相比之下，风险资本获取信息的能力或许会弱于产业集群内部效应，但仍然高于一般投资者。因此，从信息共享的角度来看，如果风险资本认为自己具有绝对信息优势，则可能对并购频率产生正向影响，并进而促进并购绩效的提升。如果风险资本没有信心获取绝对优势，则可能促使企业采取保守策略，降低并购次数，以确保现有的并购活动能顺利实现预期效果。

此外，从协同效应和公司治理角度来看，如果在一年内发生过多的并购行为，将对公司治理能力造成极大的考验，而风险资本的精力有限，几乎不可能实现多次并购的公司治理水平得到同样的改善。同时，从管理者过度自信角度来看，高管才是并购决策的主要角色，随着并购次数的增长，过度自信的心理效应可能更加膨胀，此时，信息的正向作用几乎被埋没，过高的并购次数也将降低成功实现协同效应的概率。从风险资本严格的筛选条件和确保项目成功率的角度考虑，将更有可能促使企业在适度的频率范围内进行并购。综合上述分析，提出假设5.1。

假设5.1：在其他情况不变的条件下，相比于没有风险资本参与的企业而言，有风险资本参与的企业，并购频率显著更低。

5.1.2 并购规模

从并购规模方面考虑，一方面，前文中对并购频率的分析认为，有政治关联的企业，其并购频率和并购规模更大（张雯等，2013），因此，从资源合理配置和确保并购绩效的角度来看，风险资本更不可能放任企业在较短的时间内进行过度的并购活动，也将控制并购规模处于合理的范围内。另一方面，对并购规模的分析与并购频率有所不同。通常对并购规模的衡量采用并购交易价值相对于企业资产规模或营业收入规模的大小。在资产规模一定的情况下，则主要取决于并购交易价值的大小。此时，对交易价值的判断将直接影响并购规模的表现。有研究认为，并购规模越大时，代理问题也越严重，越可能因为管理者私利动机而产生过高的估值（Grinstein and Hribar，2004；Harford and Li，2007；姚晓林，2016）。此时，风险资本的监督和控制作用将有助于降低并购中的代理成本，使并购规模保持在合理范围内。也有研究认为，大规模并购的复杂程度较高，董事会和管理层的谨慎程度也较高（Alexandridis et al.，2013；姚晓林，2016），同时，规模越大时，越有利于降低竞价程度，越不可能出现过高的估值（Gorton et al.，2009）。此时，风险资本的项目评估能力将有助于企业和管理层对并购目标进行合理估值。

但从管理者过度自信角度来看，高管才是并购决策的主要角色，随着并购规模的增长，过度自信的心理效应可能更加膨胀，此时，风险资本的引导作用几乎被埋没，并购规模随着管理者的过度自信而出现不合理增长。从风险资本自身的投资策略来看，对投资风险的控制通常不是以压低交易价格实现的，而是通过投后管理和严苛的对赌条款促使企业努力实现既定的业绩目标。此时，风险资本对规模的控制意愿并不明显，甚至会为更好地投资机会提供更高的估值。以上正反两方面的作用都有存在的可能，也有相互抵消的可能。

对并购规模是否合理的判断也具有主观性。如果风险资本和管理层均认为好的并购目标值支付更高的估值，那么并购规模已经处于合理的范围内，也就不存在规模过高的问题，风险资本的影响也就无从谈起。综合上述分析，对并购规模的影响不作事前假定。

5.1.3　支付方式

从支付方式考虑，现有研究中，孙世攀等（2013）发现，高管持股对现金支付比例有正向影响，而股东持股影响股票支付比例。债务容量代表了企业的举债能力，现金支付比例与债务容量正相关。武恒光和郑方松（2017）发现，目标公司的审计质量和并购公司所在地区的社会信任水平都对现金支付概率有正向影响，并且，高社会信任度对目标公司审计质量与并购公司现金支付概率的正相关关系有正向调节作用。

风险资本能够通过两种途径增加企业采用现金支付的比例。首先，风险资本为企业提供资本和增值服务已经成为惯例（Hellmann and Puri，2002），风险资本自身的资金实力能够成为企业投资的内在动力。其次，风险资本的关系网络和声誉效应，能够提升企业的融资能力，增加企业的债务容量，从而提高现金支付比例。综合上述分析，提出如下基本假设。

假设5.2：在其他情况不变的条件下，相比于没有风险资本参与的企业而言，有风险资本参与的企业，更可能采用现金支付方式。

5.1.4　聘请专业咨询机构

现有研究中，孙轶和武常岐（2012）的研究提出了专业咨询机构对控制风险和不确定性的重要作用。一方面，当企业缺乏能够用来评价目标企业价值的有效信息和知识时，信息不对称程度和不确定性风险较高，专业咨询机构的信息和知识储备可以提供帮助。另一方面，当进行跨行业并购、缺乏投资经验或面临管理困境时，不确定性风险和整合风险较高，专业咨询机构的经验储备则成为有效的风险控制机制。陈仕华和李维安（2016）的研究也指出，聘请咨询顾问有助于缓解并购溢价决策中的锚定效应。从上述专业咨询机构的积极作用来看，风险资本更愿意建议企业聘请专业的咨询机构，以确保并购活动的成功实现。从能力的相似性来看，由于风险资本已经具备相应的咨询和风险控制能力，风险资本的角色已经充分体现了专业咨询机构的作用，因此，存在替代效应的情况下，有风险资本参与的企业也可能更不需要再聘请专业咨询机构。因此，在对是否聘请专业咨询机构的考察中，将不再设定相关假设。

5.1.5 控制权转移

控制权转移对缓解代理冲突、降低代理成本具有重要意义。在代理理论中，当公司现有管理层因为无效率或者代理问题而导致公司绩效落后时，将进一步导致公司成为被并购或接管的目标，从而通过要约收购或者代理权之争，将现有管理层替换为外部管理者，决策权甚至控制权均会转移到更优的管理者手中，而更优的管理者不仅会有效降低公司的代理成本，更将从整体上提升企业效率和企业价值。控制权转移到更有效率的管理者手中而创造的收益是并购溢价产生的重要原因（Manne，1965），因此，发生控制权转移时，并购方支付的溢价可能会更高，此时，并购溢价是市场对相关交易所赋予的额外价值，也是控制权的价值所在。上述分析与风险资本降低代理成本的作用相一致，可以预期，风险资本也更有可能支持企业在并购中获得目标公司的控制权。因此，提出如下基本假设。

假设 5.3：在其他情况不变的条件下，相比于没有风险资本参与的企业而言，有风险资本参与的企业，更可能发生控制权转移。

5.1.6 关联交易

国内关于关联交易的研究中，葛结根（2015）的研究发现，关联交易是改善绩效的重要因素，关联方之间的并购可以有效降低相关的交易成本，也更有助于实现预期的协同效应。因此，从有利的角度考虑，对于无法有

效降低成本的企业而言，风险资本也乐于支持企业通过关联交易实现成本-效益的最优选择。但从不利的一面考虑，关联交易的质量未经过市场检验，同时，当风险资本的增值服务能力足够帮助企业降低并购中的相关成本时，这些企业也更有信心和能力去并购非关联的目标企业。基于以上考虑，将不对关联交易的影响设定事前假设。

5.1.7　并购溢价

从并购溢价方面考虑，对并购后协同效应的预期、竞价者之间的过度竞争、管理者的盲目自信以及信息的不对称等都可能导致并购公司支付过高的溢价（Nielsen，1973；Slusky and Caves，1991；Roll，1986；Barney，1988；Sirower，1997）。虽然无法准确地定位风险资本对企业并购溢价的影响究竟以哪种方式占主导，但我们仍然可以从各种可能的角度去探索。有利的一面在于，风险资本在信息挖掘和传播能力方面具有相对优势，有助于并购企业获取充分有效的信息（Sorenson and Stuart，2001；Hsu，2004；Neus and Walz，2005），为企业的合理估值提供了可用的信息来源。同时，风险资本在项目筛选和价值评估方面的专业能力也可以为企业进行合理估值提供参考。此外，风险资本的监督和控制职能在约束管理者私利行为方面具有重要作用（Barney et al.，1989）。

从不利的一面来看，从对并购后可实现的协同效应的乐观预期来讲，由于风险资本自身进行投资活动时，往往愿意为高风险项目支付更高的价格，风险资本对投资风险的控制更多的是通过严苛的对赌协议条款设置实现的，而不是通过压低支付价格实现的，因此，如果风险资本对并购项目怀有同样的积极预期，将很可能不会刻意压低并购对价。同时，竞价者之间的竞争，或许也意味着被并购企业的价值所在，而对过度竞争的界定又是因人而异的，因此，如果风险资本和并购企业均认为这是一个积极的信号，将无法降低溢价水平，反而可能提升溢价水平。此外，对管理者过度自信也很难实施有效控制。由第3章的理论分析可知，管理者的自负假说与一般意义上的代理问题有着本质不同，管理者自负造成的决策失误并非基于管理者的私利动机，而是过度自信的心理效应。个人主观判断的非完全理性往往会造成决策偏差，而外在的约束措施无法对人的主观意志进行有效干预。

此外，除了单纯考虑风险资本的直接影响外，还应该注意到企业并购规模、支付方式、是否聘请专业咨询机构和控制权转移等特征的变化也会进一步影响并购的溢价水平。

现有研究中，对于并购规模与绩效之间的关系尚未达成一致。有的研究认为，并购规模越大时，并购方更可能进行过度支付，因此也越可能承受损失（Loderer and Martin，1990）。同时，并购规模越大的并购中，代理问题也越严重，管理者出于个人私利更可能支付较高的溢价（Grinstein and Hribar，2004；Harford and Li，2007）。也有研究认为，大规模并购的复杂程度较高，董事会和管理层的谨慎程度也较高，越不可能发生过度支付（Alexandridis et al.，2013）。同时，规模越大时，越有利于降低竞价程度，从而降低溢价水平（Gorton et al.，2009）。因此，关于并购规模对溢价水平的影响无法作出事前假定。

关于并购支付方式和并购溢价的研究也未能得出一致结论。有的研究指出，与股票支付相比，现金支付的溢价程度更高，因为目标公司股东能够在现金支付中获得税收补偿（Huang and Walkling，1987；Savor and Lu，2009；姚晓林，2016）。但相反的观点认为，现金支付能够减少竞价者之间的竞争，从而降低溢价水平（Slusky and Caves，1991；Alexandridis et al.，2013；姚晓林，2016）。从而，现金支付比例的提高对并购溢价水平的影响也无法作出事前假定。

关于是否聘请专业咨询机构与并购溢价的研究则认为，聘请财务顾问有助于缓解并购溢价决策中的锚定效应，降低并购溢价（Haunschild and Miner，1997；Kim et al.，2011；陈仕华和李维安，2016）。控制权转移与并购溢价的研究认为，控制权转移到更有效率的管理者手中而创造的收益是并购溢价产生的重要原因（Manne，1965），因此，发生控制权转移时，并购方支付的溢价可能会更高，此时，并购溢价是市场对相关交易所赋予的额外价值，也是控制权的价值所在。另外，国内也有研究发现，业绩较差的公司更愿意出让控股权（朱宝宪和王怡凯，2002），这些公司由于业绩表现欠佳而无法获得较好的溢价支付，也是一个可能的情况。

综合上述分析，由于风险资本可控和不可控的因素均有可能存在，我们无法确知风险资本对并购溢价的影响究竟是哪种因素占主导，也无法确知是否正负两种作用最终会相互抵消，因此，对并购溢价的考察将不作事前假定。

表 5.1 中列示了上述研究预期的统计结果，以便查阅。

表 5.1　　风险投资与企业并购行为特征的研究预期

变量	研究预期	相关研究假设
并购频率	–	假设 5.1
并购规模	±	不做事前假定
现金支付	+	假设 5.2
控制权转移	+	假设 5.3
聘请专业咨询机构	±	不做事前假定
关联交易	±	不做事前假定
并购溢价	±	不做事前假定

5.2　研究设计

5.2.1　样本选择与数据来源

以往对于风险资本的考察大多数仅关注于处于上市前阶段的创业企业或者在中小板上市的以创业企业为主的样本，但随着风险投资行业的迅速发展，其投资范围早已不再局限于中小企业或者单纯的高科技行业，而是逐步将投资视野扩展至包括机械电子、化工、钢铁、装备制造、食品加工等传统领域（杨丹辉和渠慎宁，2009）。不可否认，风险投资诞生之初致力于为创新型中小企业和创业企业服务，但时移势易，风险投资行业的迅速崛起迫切需要我们将关于风险投资的研究扩展至对主板上市公司的考察。同时，对并购绩效的衡量涉及并购实施前后两年的数据，而个别数据只能获得 2007 ~ 2016 年的有效数据，因此，样本的选择期间设定为 2009 ~ 2014 年。

基于上述考虑，本书选择2009～2014年全部A股主板上市公司为初始样本，考察风险资本对上市公司并购行为及绩效的影响。风险资本相关数据来自清科数据库和手工收集整理，并购相关数据来自国泰安数据库（CSMAR），并以万得资讯（Wind）数据库作为补充，其他数据来自国泰安数据库（CSMAR）。

为进一步确保研究的稳健性，对数据样本进行了如下处理：（1）保留并购方为上市公司且并购成功的样本，考虑到国泰安数据库（CSMAR）中的并购类型分类标准，将并购类型限定为资产收购、吸收合并、要约收购与股权转让四类，不将资产剥离、资产置换、债务重组和股权回购纳入考查范围；（2）考虑到金融类公司的特殊性，剔除金融类公司样本；（3）剔除相关重要变量数据缺失的公司样本；（4）剔除ST、PT等特殊情况的公司样本；（5）为降低极端值的影响，对本书的主要连续变量，上下1%的样本进行Winsorize处理，缺漏值以均值代替。

5.2.2 研究模型与变量定义

针对本章研究假设，采用模型（5.1）检验风险投资对企业并购行为特征的影响，并进一步采用模型（5.2）检验风险资本通过其他并购特征影响并购绩效的可能性：

$$M\&A\_Var = \alpha_0 + \alpha_1 \times VC + \sum \alpha_i \times Control_i + \varepsilon \tag{5.1}$$

$$M\&A\_Prem = \beta_0 + \beta_1 \times VC + \beta_2 \times M\&A\_Var + \sum \beta_i \times Control_i + \varepsilon \tag{5.2}$$

根据前文的分析，由于因变量涉及多个特征变量，并且风险投资对上市公司并购行为的影响在特定的方面，影响的方向和显著性都有所差异，因此，对于系数的方向和显著性不作具体限定。相关变量定义如下。

5.2.2.1 因变量

模型（5.1）中M&A_Var代表本书选择的并购行为特征变量。为了尽可能全面地观察风险资本对上市公司并购行为的影响，本书选择所有能够获得有效衡量方法的行为特征变量作为考察对象，具体包括并购频率

(M&A_Freq)、并购规模 (M&A_Scale)、现金支付 (M&A_Cash)、是否聘请专业咨询机构 (M&A_Cons)、是否发生控制权转移 (M&A_Trans)、是否涉及关联交易 (M&A_Relv) 以及并购溢价 (M&A_Prem) 等方面。模型(5.2) 中因变量为并购溢价 (M&A_Prem)。

并购频率 (M&A_Freq)：上市公司在特定年份成功发起的并购次数。

并购规模 (M&A_Scale)：上市公司在特定年份发起并购交易金额总额/并购前一年总资产。

现金支付 (M&A_Cash)：如果并购支付方式采用现金支付，则赋值为1；否则，赋值为0。

控制权转移 (M&A_Trans)：如果并购交易发生控制权转移，则赋值为1；否则，赋值为0。

聘请专业咨询机构 (M&A_Cons)：如果并购活动聘请专业咨询机构，则赋值为1；否则，赋值为0。

关联交易 (M&A_Relv)：如果并购活动涉及关联交易，则赋值为1；否则，赋值为0。

并购溢价 (M&A_Prem)：对并购溢价的衡量主要有两种方法，一种方法是基于目标公司股价的测量方法，并购溢价 =(每股收购价格 - 每股市值)/每股市值。这一方法对于目标公司为非上市公司的并购活动不适用，因为缺乏准确的股价信息 (Haunschild and Miner, 1997; Kim et al., 2011; Alexandridis et al., 2013; 姚晓林, 2016)；另一种方法基于目标公司的账面价值，并购溢价 =(交易价值 - 目标公司账面价值)/目标公司账面价值 (Shawky et al., 1996; Brewer et al., 2000; Diaz et al., 2004; 姚晓林, 2016)。我国学者的研究中大多采用基于账面价值的方法 (唐宗明和蒋位, 2002; 陈仕华等, 2013; 姚晓林, 2016)，本书借鉴第二种衡量方法。

5.2.2.2　自变量

风险投资 (VC)：VC 是一个虚拟变量，衡量企业是否有风险资本参与。当上市公司有风险资本参与时，VC 赋值为 1，否则，赋值为 0。

并购行为特征 (M&A_Var)：模型 (5.2) 中的 M&A_Var 代表除了并购溢价之外的其他行为特征变量。

5.2.2.3 控制变量

$Control_i$ 代表本书选择的控制变量。参考已有文献的处理方法（吴超鹏等，2008；陈仕华等，2015），本书选择的控制变量如下：公司规模（Scale）、自由现金流量（FCF）、财务杠杆比率（Lev）、账面市值比（BM）、股权集中度（ShaCon）、董事会独立性（Ind_Perc）、两职兼任情况（Duality）、企业产权性质（SOE）。

此外，为避免内生性的影响，所有控制变量采用滞后一期处理。同时，为控制行业特征和年度间宏观因素对企业并购行为特征的影响，所有实证检验过程均控制了年份和行业固定效应（Year，Industry）。所有变量的详细定义见表 5.2。

表 5.2　变量定义

变量代码	变量名称	变量定义
因变量		
M&A_Freq	并购频率	上市公司在特定年份成功发起的并购交易次数
M&A_Scale	并购规模	上市公司在特定年份发起并购交易金额总额/并购前一年总资产
M&A_Cash	现金支付	如果并购支付方式采用现金支付，则赋值为 1；否则，赋值为 0
M&A_Trans	控制权转移	如果并购交易发生控制权转移，则赋值为 1；否则，赋值为 0
M&A_Cons	聘请专业咨询机构	如果并购交易聘请专业咨询机构，则赋值为 1；否则，赋值为 0
M&A_Relv	关联交易	如果并购交易涉及关联交易，则赋值为 1；否则，赋值为 0
M&A_Prem	并购溢价	(交易价值 - 账面价值)/账面价值

续表

变量代码	变量名称	变量定义
自变量		
VC	风险投资	当上市公司有风险资本参与时，赋值为1；否则，赋值为0
JVC	联合投资	当风险资本进行联合投资时，赋值为1；否则，赋值为0
GVC	国有背景	当风险资本具有国有背景时，赋值为1；否则，赋值为0
FVC	外资背景	当风险资本具有外资背景时，赋值为1；否则，赋值为0
控制变量		
Scale	公司规模	当年年末总资产取自然对数
FCF	自由现金流量	自由现金流量 =（经营活动现金净流量 - 资本支出）/总资产
Lev	财务杠杆比率	资产负债率 = 总负债/总资产
BM	账面市值比	总资产/所有流通股市值
ShaCon	股权集中度	第一大股东持股比例
Ind_Perc	董事会独立性	独立董事占董事会人数的比例
Duality	两职兼任情况	若存在董事长与总经理两职兼任情况，则赋值为1；否则，赋值为0
SOE	企业产权性质	当上市公司为国有企业时，赋值为1；否则，赋值为0

5.3 实证检验与结果分析

5.3.1 风险投资与企业并购行为特征

5.3.1.1 描述性统计

表5.3是并购样本的描述性统计结果。由统计结果可知，在全部并购样本中，平均每家公司每年发生约2.929次并购，约有72%的并购采用现金支付，可见现金支付方式占据绝对多数的比重。约有55.3%的并购交易发生了控制权转移，25.6%的并购聘请了专业的咨询机构，82.7%的并购涉及关联交易。并购规模的变动非常大，并购溢价水平平均在2.03，即交易价值高于账面价值的溢价部分相当于账面价值的2.03倍。

所有并购样本中，有风险资本参与的比例为24.5%，其中将近一半的风险资本采取了联合投资方式。国有背景的样本多于外资背景的样本，或许也反映了近年来本土风险资本的迅速发展。并购样本总体的自由现金流平均水平低于0，资产负债率平均约为55.4%，第一大股东持股比例平均为36.85%，独立董事占董事会人数的比例平均为36.7%，最低水平为28.6%，董事会独立性基本达标，两职兼任的比例约为12.1%。

表5.3 描述性统计

变量	样本数	求和	均值	中位数	标准差	最小值	最大值
并购频率	1161	3401	2.929	1	3.713	1	24
并购规模	1161	233607	201.2	0.026	6711	2.28e-10	228656
现金支付	1161	836	0.720	1	0.449	0	1
控制权转移	1161	642	0.553	1	0.497	0	1

续表

变量	样本数	求和	均值	中位数	标准差	最小值	最大值
聘请专业咨询机构	1161	297	0.256	0	0.437	0	1
关联交易	1161	960	0.827	1	0.379	0	1
并购溢价	1161	2357	2.030	0.577	6.578	-39.610	87.190
风险投资	1161	284	0.245	0	0.430	0	1
联合投资	1161	141	0.121	0	0.327	0	1
外资背景	1161	52	0.0448	0	0.207	0	1
国有背景	1161	132	0.114	0	0.318	0	1
公司规模	1161	25680	22.12	22.05	1.423	18.58	26.00
自由现金流量	1161	-11.64	-0.010	-0.007	0.088	-0.299	0.245
财务杠杆比率	1161	653.7	0.563	0.554	0.263	0.081	1.890
账面市值比	1161	1443	1.243	0.888	1.090	0.084	5.529
股权集中度	1161	42788	36.85	35.50	15.82	8.497	76.95
董事会独立性	1161	426.7	0.367	0.333	0.054	0.286	0.571
两职兼任	1161	140	0.121	0	0.326	0	1
产权性质	1161	280	0.241	0	0.428	0	1

表5.4中列示了并购样本按照是否有风险资本参与划分之后的基本统计信息。由统计结果可以看出，在1161个并购样本中，有风险资本参与的样本数共284个，占比约为24.46%。没有风险资本参与的样本数为877，总并购次数为2663次，即平均每家公司每年进行3.04次并购；有风险资本参与的样本数为284，总并购次数为738次，即平均每家公司每年进行2.60次并购；全部并购样本中样本数为1161，总并购次数为3401次，即平均每家公司每年进行2.93次并购。有风险资本参与的样本中，并购频率略低于全样本平均水平，更低于没有风险资本参与的样本。同样的，与没有风险资本参与的并购样本相比，有风险资本参与的并购样本中，现金支付比例和发生控制权转移的比例略高，聘请专业咨询机构的比例略低，涉

及关联交易的比例略低。并购规模较低，并购溢价平均水平略高，并购绩效表现不太稳定，与没有风险资本参与的样本之间不相上下。

表 5.4　　并购样本按是否有风险资本参与划分

变量	无风险投资		有风险投资		全样本	
	求和	均值	求和	均值	求和	均值
并购可能性	877	1	284	1	1161	1
并购频率	2663	3.04	738	2.60	3401	2.93
并购规模	230000	266.1	266.5	0.94	230000	201.2
现金支付	611	0.70	225	0.79	836	0.72
控制权转移	471	0.54	171	0.60	642	0.55
聘请专业咨询机构	232	0.26	65	0.23	297	0.26
关联交易	742	0.85	218	0.77	960	0.83
并购溢价	1740	1.98	616.6	2.17	2357	2.03
并购短期绩效_ROA0	-23000	-26.66	0.200	0	-23000	-20.14
并购短期绩效_ROA1	-23000	-26.76	-1.59	-0.01	-23000	-20.22
并购长期绩效_ROA2	-12000	-13.37	-3.65	-0.01	-12000	-10.10
并购短期绩效_EPS0	46.30	0.05	-2.11	-0.01	44.19	0.04
并购短期绩效_EPS1	25.57	0.03	-16.04	-0.06	9.53	0.01
并购长期绩效_EPS2	27.95	0.03	-22.26	-0.08	5.69	0

表 5.5 中列示了并购样本按照年份划分之后的基本统计信息。从企业是否进行并购来看，2009~2011 年，企业并购的意愿没有明显变动，总并购次数甚至在下降，平均每家公司每年并购次数随之略有降低；2012~2014 年，企业并购可能性逐渐提升，总并购次数也重新呈现增长趋势，每家公司平均次数也重新回到 3 次以上。同样的，现金支付和发生控制权转移的比例也呈现出先增后降的趋势，涉及关联交易的比例基本上逐渐增加，聘请专业咨询机构的比例也在增加。并购溢价和并购绩效的表现则不太稳定。

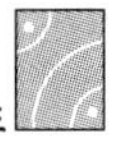

表 5.5　　　　并购样本按年份划分（2009 ~ 2014）

变量	2009 年		2010 年		2011 年	
	求和	均值	求和	均值	求和	均值
并购可能性	155	1	156	1	156	1
并购频率	513	3. 310	504	3. 230	430	2. 760
并购规模	230000	1500	115. 7	0. 740	23. 70	0. 150
现金支付	100	0. 650	118	0. 760	129	0. 830
控制权转移	71	0. 460	66	0. 420	89	0. 570
聘请专业咨询机构	30	0. 190	12	0. 080	18	0. 120
关联交易	129	0. 830	135	0. 870	135	0. 870
并购溢价	244. 2	1. 580	280. 9	1. 800	285. 9	1. 830
并购短期绩效_ROA0	-24000	-151. 7	-10. 85	-0. 070	28. 90	0. 190
并购短期绩效_ROA1	-23000	-151. 3	-11. 70	-0. 080	2. 130	0. 010
并购长期绩效_ROA2	-12000	-75. 67	-4. 750	-0. 030	1. 500	0. 010
并购短期绩效_EPS0	8. 210	0. 050	13. 71	0. 090	11. 84	0. 080
并购短期绩效_EPS1	27. 77	0. 180	13. 05	0. 080	-12. 44	-0. 080
并购长期绩效_EPS2	26. 68	0. 170	14. 15	0. 090	-1. 510	-0. 010

变量	2012 年		2013 年		2014 年	
	求和	均值	求和	均值	求和	均值
并购可能性	217	1	222	1	255	1
并购频率	501	2. 310	683	3. 080	770	3. 020
并购规模	365. 9	1. 690	461. 8	2. 080	112. 1	0. 440
现金支付	170	0. 780	157	0. 710	162	0. 640
控制权转移	128	0. 590	124	0. 560	164	0. 640
聘请专业咨询机构	54	0. 250	71	0. 320	112	0. 440
关联交易	184	0. 850	175	0. 790	202	0. 790
并购溢价	479. 0	2. 210	355. 8	1. 600	710. 9	2. 790
并购短期绩效_ROA0	-3. 020	-0. 010	110. 6	0. 500	0. 690	0

续表

变量	2012 年		2013 年		2014 年	
	求和	均值	求和	均值	求和	均值
并购短期绩效_ROA1	-1.600	-0.010	1.280	0.010	-2.640	-0.010
并购长期绩效_ROA2	0.570	0	-0.980	0	1.850	0.010
并购短期绩效_EPS0	-11.87	-0.050	20.87	0.090	1.440	0.010
并购短期绩效_EPS1	-14.42	-0.070	10.19	0.050	-14.62	-0.060
并购长期绩效_EPS2	-27.59	-0.130	-5.510	-0.020	-0.520	0

5.3.1.2 Pearson 相关系数

表 5.6 列示了 Pearson 相关系数检验结果，为方便对比不同并购行为特征与风险资本之间相关关系的异同，将各个因变量的相关系数检验结果进行了简化处理，仅以最简单的方式列入表 5.6 中。由检验结果可知，并购频率（M&A_Freq）与风险资本参与（VC）之间呈显著负相关，现金支付（M&A_Cash）与风险资本参与（VC）之间显著正相关。并购的控制权转移（M&A_Trans）与风险资本参与（VC）显著正相关，但关联交易（M&A_Relv）与风险资本参与（VC）显著负相关。此外，虽然并购规模（M&A_Scale）、聘请专业咨询机构（M&A_Cons）与风险资本显示为负相关，并购溢价水平（M&A_Prem）与风险资本显示为正相关，但均不具有显著的统计意义。初步验证了研究假设中的预期。由前文中的分析可知，风险资本对并购规模、是否聘请专业咨询机构以及并购溢价的影响有正反两方面的众多考虑，如果无法形成显著的正向作用，可能说明，风险资本对并购规模的控制能力无法与管理层决策力相抗衡；当风险资本自身具有优秀的咨询能力时，企业对聘请专业咨询机构的需求相应有所降低；而并购溢价的变动更为复杂，不仅存在风险资本对溢价水平的直接影响，更有可能通过其他并购行为特征的变化而间接导致溢价水平的上升。例如，现金支付比例的提高和控制权转移都可能提升溢价水平。

表 5.6　**Pearson 相关系数**

变量	并购频率	并购规模	现金支付	控制权转移
风险投资	-0.051*	-0.017	0.091***	0.056*
公司规模	-0.160***	-0.075**	0.320***	0.044
自由现金流量	0.006	0.087***	-0.011	-0.018
财务杠杆比率	0.053*	0.151***	-0.162***	-0.005
账面市值比	-0.031	-0.031	0.109***	-0.014
股权集中度	-0.029	-0.043	0.161***	0.030
董事会独立性	0.0190	0.018	-0.021	0.003
两职兼任	0.065**	-0.010	-0.046	-0.002
产权性质	0.008	-0.017	-0.052*	0.049*
变量	聘请专业咨询机构	关联交易	并购溢价	
风险投资	-0.035	-0.089***	0.012	
公司规模	-0.298***	0.058**	-0.023	
自由现金流量	-0.029	0.045	0.029	
财务杠杆比率	0.110***	0.089***	0.014	
账面市值比	-0.110***	0.069**	-0.020	
股权集中度	-0.167***	0.100***	-0.035	
董事会独立性	0.024	-0.011	0.027	
两职兼任	0.038	0.002	0.036	
产权性质	-0.008	0.066**	-0.024	

注：*** 代表在 1% 的水平上显著，** 代表在 5% 的水平上显著，* 代表在 10% 的水平上显著。

5.3.1.3　单变量差异 T 检验

表 5.7 中的单变量差异 T 检验的结果与相关系数检验结果基本一致，对并购频率和关联交易的检验结果中，有风险资本参与组（VC = 1）的均值水平均显著低于没有风险资本参与组（VC = 0），对现金支付方式和控制

权转移的检验结果中，有风险资本参与组（VC＝1）的均值水平显著高于没有风险资本参与组（VC＝0），而并购规模、聘请专业咨询机构和并购溢价水平的差异性均不显著。

表5.7　　单变量差异T检验

变量	均值		t值	p值
	无风险投资	有风险投资		
并购频率	3.0365	2.5986	1.7289*	0.0420**
并购规模	266.0663	0.9384	0.5784	0.2815
现金支付	0.6967	0.7923	－3.1279***	0.0009***
控制权转移	0.5371	0.6021	－1.9179**	0.0277**
聘请专业咨询机构	0.2645	0.2289	1.1969	0.1158
关联交易	0.8461	0.7676	3.0468***	0.0012***
并购溢价	1.9842	2.1710	－0.4157	0.3388
样本数	877	284		

5.3.1.4　多元回归检验

在回归分析中，先采用模型（5.1）对全部并购行为特征进行初步考察，再以模型（5.2）考察风险资本通过除溢价水平之外的其他特征变量而影响溢价水平的变化，详细结果见表5.8～表5.11。

无论是否加入控制变量，并购频率和并购规模与风险资本之间的相关系数均不显著（见表5.8），而在Pearson相关系数和T检验部分，并购频率与风险资本显著负相关，因此，这一负相关关系在统计上不具有完全的显著性，无法完全验证假设5.1的预期，仅能为风险资本有助于约束企业的过度并购提供初步的证据。现金支付和控制权转移与风险资本显著正相关（见表5.9），为假设5.2和假设5.3的研究预期提供了进一步的证据，证明风险资本的参与对企业的现金支付能力和获得目标公司的控制权均有积极影响。在不加入控制变量时，聘请专业咨询机构与风险资本显著负相关，但加入控制变量后，这一负相关关系的显著性锐减（见表 5.10），或许也在一定程度上证明，风险资本提供信息咨询和控制风险的能力，与专业咨询机构之间存在一定的替代关系，但聘请专业咨询机构是对多种因素综合考虑的结果。关联交易的比例与风险资本的负相关关系在 5% 水平上显著（见表 5.10），说明风险资本的支持有助于降低并购中的相关成本，使企业更有信心和能力并购非关联关系的目标企业。对并购溢价的考察则未发现显著证据，虽然溢价水平对风险资本的回归系数为正，但不具有统计意义上的显著性。这与前文的研究分析也基本相符，溢价水平的高低受到多种因素的共同影响，例如，当发生控制权转移时，溢价水平也将更高，而关联交易则有助于降低溢价水平。

综合上述检验结果的分析，或许可以初步发现，风险资本在企业的并购活动中有其关注的特定方面，在并购频率、并购规模和并购溢价水平方面，风险资本的作用有限，也可能是因为风险资本的关注点更多地在于并购的战略价值。企业的现金支付比例更高、更可能寻求控制权的转移、更不可能进行关联方并购，都体现了进入 21 世纪后的全球化并购浪潮中并购活动更强调的战略意义，企业的眼光不再局限于有关联关系的目标，也有更强的实力采用现金支付，并将获得目标企业的控制权作为战略布局中的必要手段。对于更少聘请专业咨询机构的结果而言，也在一定程度上证明了风险资本的职业能力获得了市场和企业的认可，从而对专业咨询机构产生了替代效应。

表 5.8　　风险投资与企业并购行为特征（并购频率，并购规模）

变量	(1) 并购频率	(2) 并购频率	(3) 并购规模	(4) 并购规模
风险投资	−0.427 (−1.64)	−0.144 (−0.55)	−362.294 (−0.77)	30.198 (0.06)
公司规模		−0.561*** (−5.10)		−198.387 (−1.00)

续表

变量	(1) 并购频率	(2) 并购频率	(3) 并购规模	(4) 并购规模
自由现金流量		-0.044 (-0.03)		7410.060*** (3.27)
财务杠杆比率		0.730 (1.63)		4642.350*** (5.77)
账面市值比		0.317** (2.22)		-323.110 (-1.26)
股权集中度		0.011 (1.39)		-1.504 (-0.11)
董事会独立性		1.248 (0.61)		1792.637 (0.49)
两职兼任		0.357 (1.05)		-411.290 (-0.67)
产权性质		0.096 (0.37)		-351.581 (-0.75)
常数项	4.124*** (4.56)	14.175*** (5.84)	1604.849 (0.98)	3235.710 (0.74)
年份固定效应	控制	控制	控制	控制
行业固定效应	控制	控制	控制	控制
样本数	1161	1161	1161	1161
拟合优度 R^2	0.040	0.070	0.038	0.077
p 值	0.003	0.000	0.007	0.000

注：括号内为 t 值，*** 代表在 1% 的水平上显著，** 代表在 5% 的水平上显著，* 代表在 10% 的水平上显著。

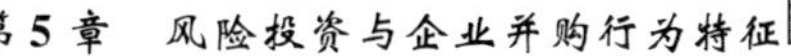

表5.9 风险投资与企业并购行为特征（现金支付，控制权转移）

变量	(1) 现金支付	(2) 现金支付	(3) 控制权转移	(4) 控制权转移
风险投资	0.105*** (3.38)	0.040** (2.41)	0.045* (1.81)	0.036* (1.67)
公司规模		0.105*** (8.45)		0.024 (1.58)
自由现金流量		-0.041 (-0.29)		-0.004 (-0.02)
财务杠杆比率		-0.318*** (-6.31)		0.048 (0.78)
账面市值比		-0.001 (-0.04)		-0.040** (-2.06)
股权集中度		0.001 (1.23)		0.000 (0.41)
董事会独立性		-0.089 (-0.39)		-0.103 (-0.37)
两职兼任		0.030 (0.80)		0.007 (0.15)
产权性质		-0.092*** (-3.12)		0.068* (1.93)
常数项	0.608*** (5.62)	-1.371*** (-5.01)	0.569*** (4.70)	0.106 (0.32)
年份固定效应	控制	控制	控制	控制
行业固定效应	控制	控制	控制	控制
样本数	1161	1161	1161	1161
拟合优度 R^2	0.061	0.191	0.038	0.047
p值	0.000	0.000	0.006	0.008

表 5.10　风险投资与企业并购行为特征（聘请专业咨询机构，关联交易）

变量	(1) 聘请专业咨询机构	(2) 聘请专业咨询机构	(3) 关联交易	(4) 关联交易
风险投资	-0.084*** (-2.86)	-0.024 (-0.85)	-0.062** (-2.32)	-0.058** (-2.15)
公司规模		-0.097*** (-8.24)		0.000 (0.02)
自由现金流量		-0.040 (-0.29)		0.201 (1.55)
财务杠杆比率		0.248*** (5.19)		0.111** (2.40)
账面市值比		-0.008 (-0.49)		0.018 (1.23)
股权集中度		-0.001 (-1.33)		0.002*** (2.86)
董事会独立性		0.004 (0.02)		-0.087 (-0.42)
两职兼任		-0.058 (-1.61)		0.038 (1.08)
产权性质		0.063** (2.23)		0.034 (1.25)
常数项	0.301*** (2.95)	2.199*** (8.47)	0.763*** (8.23)	0.647*** (2.58)
年份固定效应	控制	控制	控制	控制
行业固定效应	控制	控制	控制	控制
样本数	1161	1161	1161	1161
拟合优度 R^2	0.116	0.229	0.027	0.048
p 值	0.000	0.000	0.159	0.005

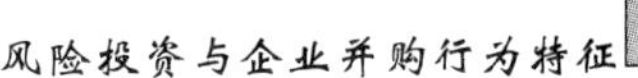
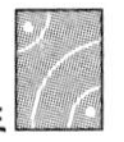

表 5.11　　风险投资与企业并购行为特征（并购溢价）

变量	(1) 并购溢价	(2) 并购溢价	(3) 并购溢价
风险投资	0.175 (0.38)	0.214 (0.45)	0.211 (0.45)
公司规模		-0.013 (-0.06)	0.131 (0.64)
自由现金流量		1.679 (0.74)	1.796 (0.79)
财务杠杆比率		0.858 (1.06)	0.350 (0.42)
账面市值比		-0.041 (-0.16)	0.038 (0.15)
股权集中度		-0.015 (-1.07)	-0.011 (-0.80)
董事会独立性		2.248 (0.61)	2.340 (0.64)
两职兼任		0.543 (0.89)	0.685 (1.12)
产权性质		-0.370 (-0.78)	-0.565 (-1.19)
并购频率			-0.087 (-1.41)
并购规模			-0.000 (-0.07)

续表

变量	(1) 并购溢价	(2) 并购溢价	(3) 并购溢价
现金支付			-0.773 (-1.04)
控制权转移			0.874** (2.13)
聘请专业咨询机构			1.360* (1.86)
关联交易			-0.399 (-0.76)
常数项	0.409 (0.25)	-0.034 (-0.01)	-2.684 (-0.59)
年份固定效应	控制	控制	控制
行业固定效应	控制	控制	控制
样本数	1161	1161	1161
拟合优度 R^2	0.030	0.035	0.052
p 值	0.072	0.147	0.011

5.3.2 稳健性检验

5.3.2.1 更换回归方法

由于因变量中并购频率为序列变量，可以采用 Ordered Logit 回归作为回归方法上的稳健性检验，并购规模为大于 0 的连续变量，可以采用归并回归（Tobit 模型）作为稳健性检验，现金支付、控制权转移、聘请专业咨询机构和关联交易均为二元虚拟变量，回归方法上可以采用 Logit 回归作为稳健性检验。详细结果见表 5.12、表 5.13 和表 5.14。更换回归方法的检

验结果与前文中的检验结果相一致，对并购频率和并购规模的检验仍然不显著（见表 5.12），现金支付、控制权转移与风险资本显著正相关（见表 5.13），关联交易与风险资本显著负相关，聘请专业咨询机构与风险资本的单独回归显著负相关（见表 5.14）。

表 5.12　　稳健性检验——更换回归方法（并购频率，并购规模）

变量	(1) 并购频率	(2) 并购频率	(3) 并购规模	(4) 并购规模
风险投资	-0.164 (-1.19)	-0.074 (-0.52)	-355.164 (-0.76)	34.808 (0.07)
公司规模		-0.155*** (-2.66)		-191.871 (-0.98)
自由现金流量		-0.081 (-0.12)		7405.136*** (3.31)
财务杠杆比率		0.498** (2.16)		4644.481*** (5.85)
账面市值比		0.058 (0.78)		-330.130 (-1.30)
股权集中度		0.004 (0.88)		-2.143 (-0.16)
董事会独立性		-0.094 (-0.09)		1689.129 (0.47)
两职兼任		0.222 (1.24)		-409.248 (-0.68)
产权性质		-0.027 (-0.19)		-371.188 (-0.80)

续表

变量	(1) 并购频率	(2) 并购频率	(3) 并购规模	(4) 并购规模
常数项			1609.124 (0.99)	3174.794 (0.74)
年份固定效应	控制	控制	控制	控制
行业固定效应	控制	控制	控制	控制
样本数	1161	1161	1161	1161
伪 R^2 (Pseudo R^2)	0.009	0.014	0.002	0.004
p 值	0.134	0.029	0.006	0.000

表 5.13　稳健性检验——更换回归方法（现金支付，控制权转移）

变量	(1) 现金支付	(2) 现金支付	(3) 控制权转移	(4) 控制权转移
风险投资	0.581*** (3.36)	0.229** (2.24)	0.187* (1.80)	0.152* (1.69)
公司规模		0.656*** (7.82)		0.100 (1.60)
自由现金流量		-0.105 (-0.12)		-0.007 (-0.01)
财务杠杆比率		-1.792*** (-4.98)		0.197 (0.78)
账面市值比		-0.036 (-0.34)		-0.168** (-2.09)
股权集中度		0.008 (1.43)		0.002 (0.42)

续表

变量	(1) 现金支付	(2) 现金支付	(3) 控制权转移	(4) 控制权转移
董事会独立性		-0.295 (-0.21)		-0.430 (-0.37)
两职兼任		0.192 (0.85)		0.028 (0.15)
产权性质		-0.568*** (-3.20)		0.293* (1.95)
常数项	0.388 (0.69)	-12.285*** (-6.78)	0.313 (0.59)	-1.654 (-1.19)
年份固定效应	控制	控制	控制	控制
行业固定效应	控制	控制	控制	控制
样本数	1160	1160	1160	1160
伪 R^2 (Pseudo R^2)	0.050	0.169	0.028	0.034
p 值	0.000	0.000	0.005	0.006

表 5.14　稳健性检验——更换回归方法（聘请专业咨询机构，关联交易）

变量	(1) 聘请专业咨询机构	(2) 聘请专业咨询机构	(3) 关联交易	(4) 关联交易
风险投资	-0.477*** (-2.73)	-0.078 (-0.40)	-0.405** (-2.30)	-0.399** (-2.17)
公司规模		-0.699*** (-7.75)		-0.010 (-0.12)
自由现金流量		-0.163 (-0.18)		1.429 (1.50)

续表

变量	(1) 聘请专业咨询机构	(2) 聘请专业咨询机构	(3) 关联交易	(4) 关联交易
财务杠杆比率		1.311*** (4.03)		0.853** (2.28)
账面市值比		0.062 (0.58)		0.147 (1.24)
股权集中度		-0.008 (-1.45)		0.016*** (2.81)
董事会独立性		-0.150 (-0.10)		-0.541 (-0.36)
两职兼任		-0.397* (-1.66)		0.276 (1.08)
产权性质		0.439** (2.28)		0.286 (1.37)
常数项	-0.864 (-1.52)	12.862*** (6.66)	1.200** (2.08)	0.589 (0.33)
年份固定效应	控制	控制	控制	控制
行业固定效应	控制	控制	控制	控制
样本数	1160	1160	1160	1160
伪 R^2（Pseudo R^2）	0.105	0.220	0.029	0.053
p 值	0.000	0.000	0.106	0.002

5.3.2.2 采用风险资本滞后一期变量

考虑到风险投资对企业的影响效果可能存在时间上的滞后性，因此，对自变量的稳健性检验采用滞后一期处理（L_VC），以降低内生性的影响。详细结果见表5.15～表5.18。检验结果仍然与前文的结果相一致，并购频

率和并购规模的检验中仍未发现风险资本的显著影响（见表 5.15），现金支付和控制权转移与风险资本的正相关关系仍然显著（见表 5.16），为假设 5.2 和假设 5.3 提供更加稳健的证据。聘请专业咨询机构和关联交易与风险资本的负相关关系仍然显著（见表 5.17），为证明风险资本的专业咨询能力和帮助企业进行非关联并购的能力提供了更加稳健的证据。并购溢价与风险资本的回归系数由负转正，但仍然不具有统计上的显著性，因此，无法得到风险资本能够显著影响并购溢价的有效证据。

表 5.15　　稳健性检验——风险投资滞后项（并购频率，并购规模）

变量	(1) 并购频率	(2) 并购频率	(3) 并购规模	(4) 并购规模
风险投资滞后项	-0.268 (-1.05)	0.050 (0.18)	-403.692 (-0.80)	6.305 (0.01)
公司规模		-0.576 *** (-5.24)		-196.441 (-0.99)
自由现金流量		0.007 (0.01)		7404.206 *** (3.26)
财务杠杆比率		0.747 * (1.67)		4640.166 *** (5.76)
账面市值比		0.323 ** (2.27)		-324.000 (-1.26)
股权集中度		0.011 (1.46)		-1.564 (-0.11)
董事会独立性		1.229 (0.60)		1794.084 (0.49)
两职兼任		0.341 (1.00)		-409.113 (-0.67)

续表

变量	(1) 并购频率	(2) 并购频率	(3) 并购规模	(4) 并购规模
产权性质		0.097 (0.37)		-351.086 (-0.74)
常数项	4.020*** (3.17)	14.400*** (5.92)	1566.018 (0.96)	3209.107 (0.73)
年份固定效应	控制	控制	控制	控制
行业固定效应	控制	控制	控制	控制
样本数	1161	1161	1161	1161
拟合优度 R^2	0.039	0.070	0.038	0.077
p 值	0.039	0.000	0.007	0.000

表 5.16　稳健性检验——风险投资滞后项（现金支付，控制权转移）

变量	(1) 现金支付	(2) 现金支付	(3) 控制权转移	(4) 控制权转移
风险投资滞后项	0.102*** (3.03)	0.028* (1.73)	0.052* (2.01)	0.049* (1.85)
公司规模		0.106*** (8.52)		0.023 (1.52)
自由现金流量		-0.043 (-0.31)		0.001 (0.01)
财务杠杆比率		-0.320*** (-6.33)		0.048 (0.80)
账面市值比		-0.001 (-0.08)		-0.040** (-2.06)

续表

变量	(1) 现金支付	(2) 现金支付	(3) 控制权转移	(4) 控制权转移
股权集中度		0.001 (1.20)		0.000 (0.47)
董事会独立性		-0.090 (-0.39)		-0.107 (-0.39)
两职兼任		0.032 (0.84)		0.007 (0.15)
产权性质		-0.091*** (-3.07)		0.071** (1.99)
常数项	0.623*** (5.78)	-1.382*** (-5.03)	0.573*** (4.75)	0.125 (0.38)
年份固定效应	控制	控制	控制	控制
行业固定效应	控制	控制	控制	控制
样本数	1161	1161	1161	1161
拟合优度 R^2	0.059	0.190	0.038	0.047
p 值	0.000	0.000	0.006	0.007

表 5.17　稳健性检验——风险投资滞后项（聘请专业咨询机构，关联交易）

变量	(1) 聘请专业咨询机构	(2) 聘请专业咨询机构	(3) 关联交易	(4) 关联交易
风险投资滞后项	-0.083*** (-2.63)	-0.017 (-0.54)	-0.065** (-2.28)	-0.058** (-1.99)
公司规模		-0.098*** (-8.29)		-0.000 (-0.00)

续表

变量	(1) 聘请专业咨询机构	(2) 聘请专业咨询机构	(3) 关联交易	(4) 关联交易
自由现金流量		-0.038 (-0.28)		0.199 (1.53)
财务杠杆比率		0.249*** (5.21)		0.111** (2.41)
账面市值比		-0.007 (-0.47)		0.019 (1.26)
股权集中度		-0.001 (-1.32)		0.002*** (2.81)
董事会独立性		0.005 (0.02)		-0.083 (-0.39)
两职兼任		-0.059 (-1.63)		0.037 (1.05)
产权性质		0.062** (2.20)		0.031 (1.15)
常数项	0.289*** (2.84)	2.206*** (8.47)	0.755*** (8.17)	0.642** (2.56)
年份固定效应	控制	控制	控制	控制
行业固定效应	控制	控制	控制	控制
样本数	1161	1161	1161	1161
拟合优度 R^2	0.115	0.229	0.026	0.048
p 值	0.000	0.000	0.165	0.005

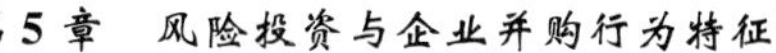
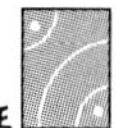

表 5.18　　　稳健性检验——风险投资滞后项（并购溢价）

变量	(1) 并购溢价	(2) 并购溢价	(3) 并购溢价
风险投资滞后项	-0.192 (-0.38)	-0.202 (-0.39)	-0.222 (-0.43)
公司规模		0.020 (0.10)	0.164 (0.80)
自由现金流量		1.568 (0.69)	1.687 (0.74)
财务杠杆比率		0.822 (1.02)	0.318 (0.38)
账面市值比		-0.054 (-0.21)	0.025 (0.10)
股权集中度		-0.016 (-1.16)	-0.012 (-0.89)
董事会独立性		2.297 (0.63)	2.391 (0.65)
两职兼任		0.576 (0.94)	0.719 (1.18)
产权性质		-0.376 (-0.79)	-0.571 (-1.21)
并购频率			-0.085 (-1.39)
并购规模			-0.000 (-0.07)

续表

变量	(1) 并购溢价	(2) 并购溢价	(3) 并购溢价
现金支付			-0.757 (-1.02)
控制权转移			0.886** (2.16)
聘请专业咨询机构			1.364* (1.87)
关联交易			-0.426 (-0.81)
常数项	0.536 (0.33)	-0.522 (-0.12)	-3.178 (-0.70)
年份固定效应	控制	控制	控制
行业固定效应	控制	控制	控制
样本数	1161	1161	1161
拟合优度 R^2	0.030	0.035	0.052
p 值	0.072	0.148	0.011

5.3.3 拓展研究

5.3.3.1 对风险资本投资方式和背景的考察

考虑到风险资本的投资方式和背景特征之间的差异，本书取风险资本联合投资（JVC）、外资背景（FVC）和国有背景（GVC）三个变量，考察是否在企业并购行为特征方面具有不同的影响。同时，考虑到在实证检验中，风险资本对企业并购行为特征的影响主要体现在现金支付（M&A_Cash）、控制权转移（M&A_Tran）、聘请专业咨询机构（M&A_Cons）和关

联交易（M&A_Relv）等方面，在拓展研究中，将对上述四个方面进行重点考察。

由表5.19～表5.22的检验结果可知，风险资本的联合投资对现金支付具有显著的正向影响（见表5.19），说明风险资本进行联合投资时，一方面，是资金实力上有叠加效果；另一方面，再提升企业融资能力上也能够实现网络关系的互补。当风险资本的外资背景时，企业在并购中更不可能聘请专业咨询机构（见表5.21），相比于本土风险资本，外资背景的风险资本在咨询能力上更具有相对优势，这在一定程度上进一步证实了风险资本的专业咨询能力降低了企业对咨询机构的需求。对控制权转移和关联交易的考察则没有发现明显差异。

表5.19　风险资本投资方式和背景（现金支付）

变量	(1) OLS回归	(2) OLS回归	(3) OLS回归	(4) OLS回归	(5) OLS回归	(6) OLS回归
联合投资	0.074* (1.82)	0.027 (0.72)				
外资背景			0.094 (1.46)	-0.055 (-0.91)		
国有背景					0.060 (1.44)	0.021 (0.54)
公司规模		0.107*** (8.69)		0.110*** (8.91)		0.107*** (8.67)
自由现金流量		-0.047 (-0.33)		-0.051 (-0.36)		-0.047 (-0.33)
财务杠杆比率		-0.321*** (-6.37)		-0.324*** (-6.42)		-0.321*** (-6.36)

续表

变量	(1) OLS 回归	(2) OLS 回归	(3) OLS 回归	(4) OLS 回归	(5) OLS 回归	(6) OLS 回归
账面市值比		-0.001 (-0.07)		-0.002 (-0.13)		-0.001 (-0.06)
股权集中度		0.001 (1.16)		0.001 (1.10)		0.001 (1.16)
董事会独立性		-0.087 (-0.38)		-0.073 (-0.32)		-0.081 (-0.35)
两职兼任		0.033 (0.87)		0.035 (0.91)		0.032 (0.84)
产权性质		-0.093*** (-3.15)		-0.093*** (-3.15)		-0.093*** (-3.14)
常数项	0.652*** (6.05)	-1.393*** (-5.09)	0.651*** (6.04)	-1.453*** (-5.29)	0.656*** (6.09)	-1.398*** (-5.10)
年份固定效应	控制	控制	控制	控制	控制	控制
行业固定效应	控制	控制	控制	控制	控制	控制
样本数	1161	1161	1161	1161	1161	1161
拟合优度 R^2	0.054	0.190	0.053	0.190	0.053	0.190
p 值	0.000	0.000	0.000	0.000	0.000	0.000

表 5.20　　风险资本投资方式和背景（控制权转移）

变量	(1) OLS 回归	(2) OLS 回归	(3) OLS 回归	(4) OLS 回归	(5) OLS 回归	(6) OLS 回归
联合投资	0.065 (1.43)	0.049 (1.07)				

续表

变量	(1) OLS 回归	(2) OLS 回归	(3) OLS 回归	(4) OLS 回归	(5) OLS 回归	(6) OLS 回归
外资背景			-0.002 (-0.03)	-0.011 (-0.15)		
国有背景					0.025 (0.53)	0.004 (0.08)
公司规模		0.024 (1.64)		0.027* (1.81)		0.026* (1.77)
自由现金流量		-0.005 (-0.03)		-0.013 (-0.07)		-0.012 (-0.07)
财务杠杆比率		0.046 (0.75)		0.044 (0.72)		0.045 (0.73)
账面市值比		-0.039** (-2.03)		-0.041** (-2.12)		-0.041** (-2.10)
股权集中度		0.000 (0.40)		0.000 (0.32)		0.000 (0.33)
董事会独立性		-0.102 (-0.37)		-0.097 (-0.35)		-0.099 (-0.36)
两职兼任		0.009 (0.19)		0.010 (0.22)		0.010 (0.21)
产权性质		0.066* (1.87)		0.069* (1.93)		0.069* (1.92)
常数项	0.588*** (4.89)	0.108 (0.33)	0.588*** (4.88)	0.059 (0.18)	0.589*** (4.90)	0.069 (0.21)
年份固定效应	控制	控制	控制	控制	控制	控制
行业固定效应	控制	控制	控制	控制	控制	控制

续表

变量	(1) OLS 回归	(2) OLS 回归	(3) OLS 回归	(4) OLS 回归	(5) OLS 回归	(6) OLS 回归
样本数	1161	1161	1161	1161	1161	1161
拟合优度 R^2	0.039	0.047	0.037	0.046	0.037	0.046
p 值	0.006	0.008	0.010	0.010	0.009	0.010

表 5.21　　风险资本投资方式和背景（聘请专业咨询机构）

变量	(1) OLS 回归	(2) OLS 回归	(3) OLS 回归	(4) OLS 回归	(5) OLS 回归	(6) OLS 回归
联合投资	-0.046 (-1.21)	-0.003 (-0.09)				
外资背景			-0.114* (-1.88)	0.024 (0.42)		
国有背景					-0.047 (-1.18)	-0.013 (-0.33)
公司规模		-0.099*** (-8.47)		-0.100*** (-8.54)		-0.098*** (-8.40)
自由现金流量		-0.034 (-0.25)		-0.034 (-0.25)		-0.036 (-0.27)
财务杠杆比率		0.251*** (5.24)		0.251*** (5.25)		0.250*** (5.22)
账面市值比		-0.007 (-0.45)		-0.007 (-0.44)		-0.007 (-0.48)
股权集中度		-0.001 (-1.26)		-0.001 (-1.26)		-0.001 (-1.29)

续表

变量	(1) OLS 回归	(2) OLS 回归	(3) OLS 回归	(4) OLS 回归	(5) OLS 回归	(6) OLS 回归
董事会独立性		0.002 (0.01)		-0.003 (-0.02)		-0.001 (-0.00)
两职兼任		-0.060* (-1.66)		-0.061* (-1.67)		-0.059 (-1.63)
产权性质		0.063** (2.23)		0.063** (2.24)		0.063** (2.25)
常数项	0.265*** (2.61)	2.224*** (8.56)	0.266*** (2.63)	2.242*** (8.61)	0.262*** (2.58)	2.215*** (8.53)
年份固定效应	控制	控制	控制	控制	控制	控制
行业固定效应	控制	控制	控制	控制	控制	控制
样本数	1161	1161	1161	1161	1161	1161
拟合优度 R^2	0.111	0.228	0.112	0.229	0.111	0.229
p 值	0.000	0.000	0.000	0.000	0.000	0.000

表 5.22　　风险资本投资方式和背景（关联交易）

变量	(1) OLS 回归	(2) OLS 回归	(3) OLS 回归	(4) OLS 回归	(5) OLS 回归	(6) OLS 回归
联合投资	-0.047 (-1.35)	-0.042 (-1.20)				
外资背景			0.050 (0.91)	0.046 (0.82)		
国有背景					-0.022 (-0.62)	-0.006 (-0.16)

续表

变量	(1) OLS 回归	(2) OLS 回归	(3) OLS 回归	(4) OLS 回归	(5) OLS 回归	(6) OLS 回归
公司规模		-0.003 (-0.23)		-0.006 (-0.52)		-0.004 (-0.38)
自由现金流量		0.209 (1.61)		0.215* (1.66)		0.214* (1.65)
财务杠杆比率		0.115** (2.49)		0.118** (2.55)		0.116** (2.50)
账面市值比		0.019 (1.27)		0.020 (1.37)		0.020 (1.33)
股权集中度		0.002*** (2.97)		0.002*** (3.06)		0.002*** (3.02)
董事会独立性		-0.090 (-0.43)		-0.102 (-0.49)		-0.093 (-0.44)
两职兼任		0.034 (0.96)		0.032 (0.92)		0.033 (0.94)
产权性质		0.035 (1.30)		0.034 (1.27)		0.034 (1.24)
常数项	0.737*** (7.99)	0.676*** (2.70)	0.737*** (7.99)	0.743*** (2.96)	0.736*** (7.97)	0.708*** (2.82)
年份固定效应	控制	控制	控制	控制	控制	控制
行业固定效应	控制	控制	控制	控制	控制	控制
样本数	1161	1161	1161	1161	1161	1161
拟合优度 R^2	0.023	0.046	0.023	0.045	0.022	0.045
p 值	0.293	0.010	0.341	0.012	0.363	0.014

5.3.3.2　对制度效率地区差异的考察

地区间的差异往往对并购活动有着重要影响，无论是单纯从地理位置考虑，还是从地区间投资者保护水平差异和社会信任水平差异等角度，都会对并购活动产生影响（唐建新和陈冬，2010；肖明与李海涛，2017；武恒光和郑方松，2017），因此，本书对制度效率地区差异是否造成风险资本对企业并购行为的差异性影响进行了进一步考察。与前文一致，以樊纲和王小鲁（2011）《中国市场化指数——各地区市场化相对进程 2011 年度报告》中的“中国各地区市场化指数”为基础，参考李慧云和刘镝（2016）的处理方法，设定二元虚拟变量 InstEffi 作为制度效率变量，将 2004 ~ 2009 年连续 6 年排名前六位的广东、上海、浙江、江苏、北京和天津六个省份作为制度效率比较高的地区，赋值为 1，其他省份赋值为 0。详细结果见表 5. 23 ~ 表 5. 26。

由检验结果可知，在制度效率较低的地区，风险资本参与的企业更可能在并购中获取控制权（见表 5. 24）、更不可能进行关联交易（见表 5. 26）；而在制度效率较高的地区，风险资本参与的企业更可能采用现金支付（见表 5. 23），更不需要聘请专业咨询机构（见表 5. 25）。上述结果也进一步证实了，在制度效率较低的地区，不确定性风险进一步增加，企业对获取控制权的需求随之增加，同时，关联交易比例的降低也进一步证实了研究假设中对关联交易质量无法经过市场检验而具有较高的不确定性的分析，尤其是当制度保障不足时，企业对关联交易更加持谨慎态度，这也证明了风险资本在帮助企业控制风险方面发挥了积极作用。在制度效率较高的地区，风险资本的增值服务能力能够发挥更好的效果，因而企业更愿意采用现金支付，对专业咨询机构的需求也随之降低。

表 5. 23　　制度效率地区差异（现金支付）

变量	(1) 低效率地区	(2) 低效率地区	(3) 高效率地区	(4) 高效率地区
风险投资	0. 094 ** (2. 30)	0. 013 (0. 33)	0. 139 *** (2. 83)	0. 099 ** (2. 08)

续表

变量	(1) 低效率地区	(2) 低效率地区	(3) 高效率地区	(4) 高效率地区
公司规模		0.111 *** (6.57)		0.106 *** (5.39)
自由现金流量		-0.153 (-0.83)		0.166 (0.72)
财务杠杆比率		-0.305 *** (-4.94)		-0.296 *** (-3.10)
账面市值比		0.001 (0.03)		-0.022 (-0.74)
股权集中度		0.002 ** (2.05)		-0.000 (-0.00)
董事会独立性		-0.112 (-0.38)		0.034 (0.09)
两职兼任		0.041 (0.79)		0.037 (0.63)
产权性质		-0.090 ** (-2.36)		-0.089 * (-1.87)
常数项	0.507 *** (3.98)	-1.654 *** (-4.45)	0.881 *** (4.30)	-1.126 *** (-2.59)
年份固定效应	控制	控制	控制	控制
行业固定效应	控制	控制	控制	控制
样本数	695	695	466	466
拟合优度 R^2	0.097	0.241	0.094	0.194
p 值	0.000	0.000	0.007	0.000

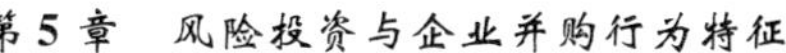

表 5.24　　制度效率地区差异（控制权转移）

变量	(1) 低效率地区	(2) 低效率地区	(3) 高效率地区	(4) 高效率地区
风险投资	0.048 * (1.72)	0.039 * (1.66)	0.041 (0.73)	0.030 (0.53)
公司规模		0.034 * (1.67)		0.028 (1.19)
自由现金流量		0.141 (0.64)		-0.158 (-0.57)
财务杠杆比率		0.147 ** (1.97)		-0.090 (-0.78)
账面市值比		-0.055 ** (-2.30)		-0.036 (-1.00)
股权集中度		0.001 (0.50)		-0.000 (-0.29)
董事会独立性		-0.392 (-1.10)		0.365 (0.81)
两职兼任		0.022 (0.35)		-0.026 (-0.37)
产权性质		0.047 (1.02)		0.085 (1.47)
常数项	0.441 *** (3.10)	-0.174 (-0.39)	0.854 *** (3.63)	0.188 (0.36)
年份固定效应	控制	控制	控制	控制
行业固定效应	控制	控制	控制	控制
样本数	695	695	466	466
拟合优度 R^2	0.057	0.072	0.071	0.085
p 值	0.010	0.010	0.097	0.163

表 5.25　　制度效率地区差异（聘请专业咨询机构）

变量	(1) 低效率地区	(2) 低效率地区	(3) 高效率地区	(4) 高效率地区
风险投资	-0.069* (-1.75)	0.000 (0.01)	-0.120*** (-2.59)	-0.080* (-1.81)
公司规模		-0.095*** (-5.72)		-0.109*** (-5.98)
自由现金流量		-0.002 (-0.01)		-0.184 (-0.86)
财务杠杆比率		0.229*** (3.77)		0.307*** (3.46)
账面市值比		-0.006 (-0.28)		-0.002 (-0.07)
股权集中度		-0.001 (-1.33)		-0.001 (-0.69)
董事会独立性		0.051 (0.18)		-0.066 (-0.19)
两职兼任		-0.042 (-0.83)		-0.093* (-1.70)
产权性质		0.051 (1.36)		0.068 (1.54)
常数项	0.266** (2.18)	2.136*** (5.86)	0.376* (1.94)	2.499*** (6.22)
年份固定效应	控制	控制	控制	控制
行业固定效应	控制	控制	控制	控制
样本数	695	695	466	466
拟合优度 R^2	0.117	0.219	0.154	0.281
p 值	0.000	0.000	0.000	0.000

表 5.26　　制度效率地区差异（关联交易）

变量	(1) 低效率地区	(2) 低效率地区	(3) 高效率地区	(4) 高效率地区
风险投资	-0.087** (-2.54)	-0.092*** (-2.61)	-0.037 (-0.82)	-0.021 (-0.46)
公司规模		0.012 (0.78)		-0.011 (-0.58)
自由现金流量		0.084 (0.51)		0.394* (1.79)
财务杠杆比率		0.103* (1.85)		0.086 (0.94)
账面市值比		0.007 (0.40)		0.049* (1.70)
股权集中度		0.002* (1.70)		0.003** (2.52)
董事会独立性		0.132 (0.50)		-0.398 (-1.11)
两职兼任		0.059 (1.27)		0.030 (0.54)
产权性质		0.025 (0.73)		0.053 (1.16)
常数项	0.708*** (6.65)	0.286 (0.85)	0.882*** (4.67)	1.064** (2.56)
年份固定效应	控制	控制	控制	控制
行业固定效应	控制	控制	控制	控制
样本数	695	695	466	466
拟合优度 R^2	0.033	0.052	0.043	0.083
p 值	0.407	0.204	0.697	0.191

5.3.3.3 对企业产权性质差异的考察

已有研究发现，在国有企业和民营企业间，并购概率、经济表现、媒体对并购的监督作用等都存在差异（Li et al.，2017；潘红波和余明桂，2011；黄俊等，2015）。因此，本书对企业产权性质差异是否造成风险资本对企业并购行为的差异性影响进行了进一步考察，详细结果见表5.27～表5.30。

由检验结果可知，在民营企业样本中，风险资本参与的企业更可能采用现金支付（见表5.27），也更可能寻求控制权转移（见表5.28），但更不可能进行关联方并购（见表5.30）。而对于是否聘请专业咨询机构，则不以产权性质为转移，无论民营企业还是国有企业，当有风险资本参与时，企业对专业咨询机构的需求普遍更低，这也说明风险资本的职业能力获得了充分肯定（见表5.29）。

表5.27 企业产权性质差异（现金支付）

变量	(1) 民营企业	(2) 民营企业	(3) 国有企业	(4) 国有企业
风险投资	0.102*** (2.89)	0.015* (1.67)	0.112 (1.62)	0.083 (1.20)
公司规模		0.112*** (8.00)		0.078*** (2.84)
自由现金流量		0.046 (0.29)		-0.273 (-0.80)
财务杠杆比率		-0.306*** (-5.62)		-0.398*** (-3.02)
账面市值比		0.000 (0.01)		0.003 (0.09)

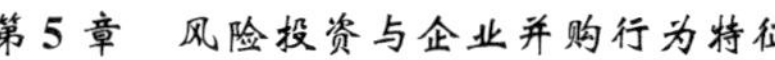

续表

变量	(1) 民营企业	(2) 民营企业	(3) 国有企业	(4) 国有企业
股权集中度		0.000 (0.40)		0.003 (1.45)
董事会独立性		-0.285 (-1.07)		0.273 (0.54)
两职兼任		0.013 (0.31)		0.107 (0.98)
常数项	0.634*** (5.51)	-1.389*** (-4.48)	0.405 (1.21)	-1.257* (-1.96)
年份固定效应	控制	控制	控制	控制
行业固定效应	控制	控制	控制	控制
样本数	881	881	280	280
拟合优度 R^2	0.081	0.220	0.081	0.187
p 值	0.000	0.000	0.420	0.003

表 5.28　　企业产权性质差异（控制权转移）

变量	(1) 民营企业	(2) 民营企业	(3) 国有企业	(4) 国有企业
风险投资	0.072* (1.77)	0.064* (1.68)	-0.053 (-0.72)	-0.041 (-0.54)
公司规模		0.033* (1.88)		-0.009 (-0.30)
自由现金流量		-0.044 (-0.23)		-0.022 (-0.06)

续表

变量	(1) 民营企业	(2) 民营企业	(3) 国有企业	(4) 国有企业
财务杠杆比率		0.030 (0.45)		0.132 (0.90)
账面市值比		-0.066*** (-2.88)		0.009 (0.23)
股权集中度		0.000 (0.27)		-0.000 (-0.05)
董事会独立性		-0.097 (-0.29)		-0.009 (-0.02)
两职兼任		0.017 (0.33)		-0.027 (-0.22)
常数项	0.576*** (4.36)	-0.026 (-0.07)	0.482 (1.37)	0.629 (0.88)
年份固定效应	控制	控制	控制	控制
行业固定效应	控制	控制	控制	控制
样本数	881	881	280	280
拟合优度 R^2	0.047	0.057	0.086	0.091
p 值	0.013	0.013	0.345	0.676

表 5.29　企业产权性质差异（聘请专业咨询机构）

变量	(1) 民营企业	(2) 民营企业	(3) 国有企业	(4) 国有企业
风险投资	-0.073** (-2.15)	0.004 (0.13)	-0.123** (-1.98)	-0.092 (-1.54)

续表

变量	(1) 民营企业	(2) 民营企业	(3) 国有企业	(4) 国有企业
公司规模		-0.098*** (-7.13)		-0.097*** (-4.08)
自由现金流量		-0.082 (-0.53)		0.007 (0.02)
财务杠杆比率		0.221*** (4.14)		0.417*** (3.64)
账面市值比		-0.016 (-0.87)		0.006 (0.21)
股权集中度		-0.001 (-0.58)		-0.003* (-1.82)
董事会独立性		0.052 (0.20)		0.082 (0.19)
两职兼任		-0.043 (-1.06)		-0.146 (-1.53)
常数项	0.319*** (2.87)	2.201*** (7.25)	0.092 (0.30)	2.018*** (3.63)
年份固定效应	控制	控制	控制	控制
行业固定效应	控制	控制	控制	控制
样本数	881	881	280	280
拟合优度 R^2	0.127	0.235	0.136	0.288
p 值	0.000	0.000	0.015	0.000

表 5.30　　企业产权性质差异（关联交易）

变量	(1) 民营企业	(2) 民营企业	(3) 国有企业	(4) 国有企业
风险投资	-0.090*** (-2.82)	-0.093*** (-2.83)	0.038 (0.76)	0.058 (1.15)
公司规模		-0.001 (-0.11)		0.003 (0.14)
自由现金流量		0.156 (1.02)		0.335 (1.34)
财务杠杆比率		0.083 (1.57)		0.245** (2.52)
账面市值比		0.033* (1.86)		-0.011 (-0.43)
股权集中度		0.002* (1.77)		0.004*** (2.78)
董事会独立性		-0.100 (-0.38)		-0.081 (-0.22)
两职兼任		0.041 (1.03)		0.023 (0.28)
常数项	0.793*** (7.59)	0.741** (2.45)	0.483** (2.01)	0.290 (0.61)
年份固定效应	控制	控制	控制	控制
行业固定效应	控制	控制	控制	控制
样本数	881	881	280	280
拟合优度 R^2	0.030	0.047	0.088	0.142
p 值	0.353	0.099	0.311	0.079

5.4　本章结论与启示

本章关于风险资本对企业并购行为特征的系统考察，初步验证了风险资本能够对企业并购行为特征产生重要影响，尤其是在并购的战略选择方面，风险资本发挥了重要作用。这为本书在后续章节进一步检验并购活动的最终绩效提供了重要基础。通过本章的研究内容，希望获得如下几点启发。

第一，在基本假设检验部分发现，风险资本参与的企业现金支付比例更高、更可能寻求控制权的转移、更不可能进行关联方并购。从这一结果来看，风险资本所带来的企业资金实力的提升、战略眼光的提升以及对战略定位更准确地把握，都体现了进入 21 世纪之后全球化并购浪潮中所强调的战略意义。风险资本的“教练”和“参谋”角色发挥了重要作用，使企业的眼光不再局限于有关联关系的目标，也有更强的实力采用现金支付，并将获得目标企业的控制权作为战略布局中的必要手段。与前一章的内容相一致的一点在于，风险资本的职业能力已经获得市场和企业的广泛认可，这也提示我们要更加积极地引导风险资本的发展方向，提升风险资本在企业战略布局中的角色价值，为我国新时期的产业转型升级增添助力。

第二，在并购频率、并购规模和并购溢价水平方面，没有发现风险资本的显著影响，可能是因为风险资本的作用有限，以“顾问”的身份对并购频率、并购规模和并购溢价的控制能力远远不及管理层决策权的绝对地位，也可能是因为风险资本更加重视并购的战略价值，而没有在并购频率、并购规模和并购溢价方面发现不可控的风险。

第三，在风险资本特征的拓展研究中，风险资本的联合投资对现金支付具有显著的正向影响，说明风险资本进行联合投资时，一方面，资金实力上有叠加效果；另一方面，在提升企业融资能力上也能够实现网络关系的互补。这也进一步说明，风险资本的联合投资是一种有效的投资方式，基本上克服了“搭便车”的短视效应，因此，应当采取适当措施鼓励风险资本通过联合投资的方式形成“取长补短”的学习模式。当风险资本具有外资背景时，企业在并购中更不可能聘请专业咨询机构。相比于本土风险资本，外资背景的风险资本在咨询能力上更具有相对优势，这在一定程度上进一步证实了风险资本的专业咨询能力降低了企业对咨询机构的需求，也说明风险资本的职业能力获得了企业的认可。对控制权转移和关联交易的考察则没有发现明显差异。虽然本土风险资本的迅速发展大有全面赶超外资背景风险资本的趋势，但在专业咨询能力方面仍然有继续提升的空间。

第四，在制度效率地区差异的研究中，在制度效率较低的地区，风险资本参与的企业更可能在并购中获取控制权、更不可能进行关联交易；而在制度效率较高的地区，风险资本参与的企业更可能采用现金支付，更不需要聘请专业咨询机构。这在一定程度上说明，在制度效率较低的地区，不确定性风险进一步增加，企业对获取控制权的需求随之增加，同时，关联交易比例的降低也进一步证实了研究假设中对关联交易质量无法经过市场检验而具有较高的不确定性的分析，尤其是当制度保障不足时，企业对关联交易更加持谨慎态度，这也证明了风险资本在帮助企业控制风险方面发挥了积极作用。在制度效率较高的地区，风险资本的增值服务能力能够发挥更好的效果，因而企业更愿意采用现金支付，对专业咨询机构的需求也随之降低。制度效率较差的地区，仍要继续借鉴高效率地区的成功经验，加强相关制度建设和完善。

第五，在企业产权性质差异的研究中，风险资本对企业采用现金支付、寻求控制权转移和减少关联方并购方面的影响主要体现在民营企业样本中；而对于是否聘请专业咨询机构，则不以产权性质为转移，无论民营企业还是国有企业，当有风险资本参与时，企业对专业咨询机构的需求普遍更低，这也说明风险资本的职业能力获得了充分肯定。综合来看，风险资本对国有企业的影响尚有不足之处，仅在咨询能力方面有所发挥，也可能国有企业自身具备更优越的实力和条件。无论是哪种可能性，我们最希望的结果是，无论哪一种产权性质的企业，都可以在不断发展的过程中，获得可持续的成长力。

第 6 章

风险投资与企业并购绩效

中国风险投资行业起步与并购活动发展几乎同步，也有超过 30 年的发展史。在 30 年里，经历过跟在外资机构身后蹒跚学步的辛苦，经历过独木难支的辛酸，但始终没有停止过发展的脚步。风险投资行业在 30 年的发展中，从萌芽之初致力于为高科技中小企业和创业企业服务，到如今全面支持国家发展政策，几乎实现了全行业覆盖、全生命周期渗透的规模，在促进企业创新、提升投资效率、完善治理机制和优化信息环境等方面都发挥了关键作用，为企业长久发展、产业转型升级以及经济的深度改革，贡献了绝无仅有的力量。

当前正逢风险投资行业与企业并购市场都发展到了一个历史的关键节点，风险投资在企业并购市场中的重要性越来越突出，这对学术研究也提出了新的要求。企业在并购中面临众多不确定风险的考验，而风险资本的能力储备和资源储备能够有效弥补企业所难以克服的短板。企业在重大项目决策中需要风险投资建言献策，同时，风险投资作为积极参与公司治理的投资者，基于其优秀的咨询服务能力、监督控制能力和信息获取能力等优势，能够为企业发展提供有价值的增值服务。因此，将两者融合到一个框架内考察，成为本书最初的研究框架。国内关于风险投资与企业并购活动的研究相对缺乏，无法对两者之间的关系进行全面系统的考察。尤其对企业并购的考察局限于局部视角，无法形成系统的框架。学术研究如果无法紧跟行业发展的脚步，也将失去重要价值。基于上述考虑，本书在理论与现实背景的基础上，将风险投资与企业并购活动纳入统一框架，进行深入系统的考察，以期对当前相关领域的学术研究与实务工作有所贡献。

并购活动是关乎企业发展命运的战略性经济活动，并购绩效是企业并购活动进展是否顺利的最直观表现。但由于影响最终并购绩效表现的因素复杂多变，很少有并购活动的绩效能够完全符合企业战略预期，或者需要经过较长时间的融合发展才能达成预期目标。但无论从短期还是长期绩效来看，企业并购的财务绩效始终是最受研究者们关注的绩效指标。

另一方面，由于并购活动往往体现了企业的战略目标，对并购绩效的评价除了关注财务绩效指标之外，更应该关注战略价值是否顺利实现。但由于对战略价值的衡量往往难以量化，并且基于企业作为营利性组织的属性，战略目标的实现最终也将表现在财务业绩中，因此，在学术研究中，更容易进行量化考察的大多是财务绩效指标。因此，本书沿用已有研究的方法，以企业并购的财务绩效指标为基础，考察风险资本参与企业并购是否有助于企业绩效目标的实现。

6.1 理论分析与研究假设

低效率投资行为是对企业资源和社会资源的浪费，因此，任何一项投资活动的终极目标都是可以量化的业绩水平来衡量投资是否有效。学术界对于企业并购绩效的研究较多，也从各种不同的角度考察了影响并购绩效的因素，如并购公司自身的行为特征（并购频率、并购规模、并购对价方式、并购类型）、目标公司特征、并购双方的匹配、要约方的竞争以及外界环境因素等（Asquith et al.，1987；Huang and Walkling，1987；Travlos，1987；Bradley et al.，1988；Jarrell and Poulsen，1989；葛结根，2015）。由此可见，并购活动本身的复杂性决定了对并购绩效的考察不能单独归因于某一方面的影响，任何片面性的结论都不足以成为并购领域的有效补充。

风险资本对并购绩效的正向影响主要体现在并购后整合过程中，在降低代理冲突、帮助企业寻找更有效的管理者、协助制定相应的现代公司治理制度等方面有积极作用，从而有助于降低并购整合失败的风险，提升并购绩效（李曜和宋贺，2017）。当出现代理问题时，风险资本的监督和控制职能有助于促使管理者回归股东价值最大化目标，约束管理者私利行为，有效降低投资者不确定性风险（Barry et al.，1990），从而能够对业绩产生积极影响。风险资本能够帮助企业构建有效的内部治理机制，采用期权激

励等政策降低代理冲突（Hellmann and Puri，2002），从而在并购活动中更容易达成股东、代理人与风险资本三方利益趋同的战略定位。最后，风险资本对并购企业的支持具有信号传递和溢出效应，使并购双方更容易获得认同感，从而帮助企业获得更高的并购收益（Arikan and Cappon，2010）。

相比之下，风险资本可能的负面影响在于，可能更加重视并购的战略价值和战略定位，而没有对财务绩效给予足够的重视。并购活动在企业的发展布局中占有重要地位，从战略价值和财务绩效两方面考虑，可能战略价值处于更优先的地位。当风险资本更看重并购带来的战略价值时，对当前或短期的财务业绩可能会降低标准，甚至可能出现以短期业绩换取长期战略目标的情况。

除此之外，风险资本对并购行为特征的影响也会间接地导致并购绩效的变化。从某种程度上说，这种间接作用更可能成为改变企业并购业绩的重要力量，因为风险资本虽然是积极参与公司治理的投资者，但对企业的对外投资，则不具有绝对的影响力。现有研究也认为，风险资本对企业并购绩效的影响主要体现在降低信息成本、代理成本、谈判成本和支付成本等方面（李曜和宋贺，2017）。如果我们按照事前、事中和事后的阶段来划分，则可以发现，这些影响更多地体现了风险资本对并购前的动机和意愿的影响，以及并购过程中行为特征的变化。在此基础之上，并购绩效会相应地有所改变。

从并购频率来看，虽然黎文飞等（2016）的研究从知识和信息共享的角度证实了产业集群内的上市企业并购频率更高，并购绩效的表现也更好，但这一结论是基于绝对的信息优势的。而对于非产业集群内的并购来讲，并不具有这样的绝对优势。相反的情况是，并购次数越多时，获得同样好的并购绩效的概率越低，虽然有经验积累的正向作用，但每一次并购都有各自不同的特定条件，经验的可复制性也并不具有普遍意义。同时，过度频繁的并购活动对企业来说可能成为一种资源和精力的消耗过程，而无法达到预期的业绩水平。

从并购规模来看，关于并购规模和并购绩效的研究也存在不同的观点，有的研究中发现了并购规模提升并购绩效的证据（葛结根，2015），也有研究得出的结论刚好相反（张雯等，2013）。由于并购活动的复杂性，任何结论都有其所适用的特定条件，但我们仍然希望能够从不同的角度去理解可能存在的解释。从前文中对并购规模与并购溢价的分析中可知，一种情况是，当并购规模越大时，代理问题可能越严重，越有可能产生管理者私利动机造成的高溢价和高成本（Grinstein and Hribar，2004；Harford and Li，2007），并购绩效将会受到负面影响。此时，风险资本的监督和控制职能有助于缓解代理冲突，控制并购规模和溢价水平，从而确保并购绩效的实现。另外，规模越大的并购，其复杂性也越高，决策者的谨慎性也越高（Alexandridis et al.，2013），同时，规模越大的交易，其竞价程度越低，越不可能出现高估值（Gorton et al.，2009），对并购绩效有提升作用。此时，风险资本也能有效发挥其增值服务能力，帮助企业实现较好的业绩。

从风险资本不可控的因素来看，管理者过度自信将会是影响并购绩效的重要变数。高管在并购中担任重要角色，其个人主观判断无法受到有效制约，从而随着并购规模的扩大，个人自信无限膨胀，将对并购绩效产生毁灭性打击。而如果通过压低并购规模的方式规避管理者过度自信，则又可能导致管理者"无用武之地"。

从支付方式来看，现有研究已经考察了支付方式选择对最终绩效的影响（Asquith et al.，1987；Travlos，1987；葛结根，2015）。由此可见，风险资本对支付方式的影响，也有可能进一步影响并购绩效的表现。葛结根（2015）的研究发现，现金支付的并购绩效相对比较稳定。当企业选择采用现金支付时，或许更有助于获得较好的并购绩效。

从聘请专业咨询机构来看，专业咨询机构对风险和不确定性的控制能力有助于企业顺利实现并购预期目标（孙轶和武常岐，2012）。当存在信息不对称时，专业咨询机构所具备的知识和信息能够成为有效资源。当存在管理困境、缺乏经验时，专业咨询机构具备的经验累积也可以成为有效资源。此外，专业咨询机构还有助于缓解溢价决策中的锚定效应（陈仕华和李维安，2016）。因此，聘请专业咨询机构将有助于企业实现更好的并购绩效。

从控制权转移来看，基于代理理论的分析认为，控制权转移到更有效率的管理者手中能够创造更多的收益（Manne，1965），从而有助于改善并购效率。但也有研究发现，在我国的控制权市场中存在着"购并公司股东损益之谜"（张宗新和季雷，2003）。业绩较差的公司往往更愿意出让控制权（朱宝宪和王怡凯，2002），股权转让中的控制权溢价可能成为大股东侵害的途径（唐宗明和蒋位，2002）。周晓苏和唐雪松（2006）的研究发现，控制权转移有助于短期内提升公司业绩，但不具有持久性，短期的业绩提升主要依靠短期业绩增长，而企业盈利能力始终没有提高。奚俊芳和于培友（2006）的考察也得出了类似的结论，控制权转移并不能显著提升公司业绩。由上述分析可知，控制权转移对并购绩效的影响并不能获得一致的结论，对于提升业绩而言，尚未获得足够的支持证据。

从关联交易来看，葛结根（2015）的研究指出，关联交易是改善绩效的重要因素，这一现象是普遍存在的。关联方之间的并购交易更有利于降低交易成本，实现并购的协同效应，从而能够提升并购绩效。

从并购溢价来看，已有研究认为，对目标公司支付过高的并购溢价会造成并购公司的股东价值受损，也会带来业绩提升的巨大压力（Varaiya and Ferris，1987；Hunter and Jagtiani，2003）。陈仕华等（2015）也发现，国企高管面临的政治晋升机会将提升并购溢价水平，但有损于长期并购绩效。孙淑伟等（2017）对中国企业海外并购的研究也指出，并购溢价越高时，并购业绩越差。李曜和宋贺（2017）的研究发现，风险资本提升企业并购绩效的一个重要机制就是通过降低并购溢价实现的。由此可知，并购溢价与并购绩效之间基本上呈现出反向变动的关系。

综合上述分析可知，风险资本对企业并购绩效的影响是一个复杂的系统行为的最终结果，而这一结果受到众多因素的影响。出于上述考虑，本书不对并购绩效的考察设置影响方向的预判，仅预期风险资本能够对并购绩效产生显著影响。

6.2 研究设计

6.2.1 样本选择与数据来源

以往对于风险资本的考察大多数仅关注于处于上市前阶段的创业企业或者在中小板上市的以创业企业为主的样本，但随着风险投资行业的迅速发展，其投资范围早已不再局限于中小企业或者单纯的高科技行业，而是逐步将投资视野扩展至包括机械电子、化工、钢铁、装备制造、食品加工等传统领域（杨丹辉和渠慎宁，2009）。不可否认，风险投资诞生之初致力于为创新型中小企业和创业企业服务，但时移势易，风险投资行业的迅速崛起迫切需要我们将关于风险投资的研究扩展至对主板上市公司的考察。同时，对并购绩效的衡量涉及并购实施前后两年的数据，而个别数据只能获得2007～2016年的有效数据，因此，样本的选择期间设定为2009～2014年。

基于上述考虑，本书选择2009～2014年全部A股主板上市公司为初始样本，考察风险资本对上市公司并购行为及绩效的影响。风险资本相关数据来自清科数据库和手工收集整理，并购相关数据来自国泰安数据库（CSMAR），并以万得资讯（Wind）数据库作为补充，其他数据来自国泰安数据库（CSMAR）。

为进一步确保研究的稳健性，对数据样本进行了如下处理：（1）保留并购方为上市公司且并购成功的样本，考虑到国泰安数据库（CSMAR）中的并购类型分类标准，将并购类型限定为资产收购、吸收合并、要约收购与股权转让四类，不将资产剥离、资产置换、债务重组和股权回购纳入考查范围；（2）考虑到金融类公司的特殊性，剔除金融类公司样本；（3）剔除相关重要变量数据缺失的公司样本；（4）剔除ST、PT等特殊情况的公司样本；（5）为降低极端值的影响，对本书的主要连续变量，上下1%的样本进行Winsorize处理，缺漏值以均值代替。

6.2.2 研究模型与变量定义

针对本章的研究预期，采用模型（6.1）检验风险投资对企业并购绩效的影响，并进一步采用模型（6.2）检验风险资本通过并购行为特征影响并购绩效的可能性：

$$M\&A\_Perf = \alpha_0 + \alpha_1 \times VC + \sum \alpha_i \times Control_i + \varepsilon \tag{6.1}$$

$$M\&A\_Perf = \beta_0 + \beta_1 \times VC + \beta_2 \times M\&A\_Var + \sum \beta_i \times Control_i + \varepsilon \tag{6.2}$$

根据研究假设部分的分析，由于风险资本对并购绩效的影响存在多种可能的解释，相应的，也存在不同的影响结果，因此，对回归系数的方向不作事前限定。相关变量定义如下。

6.2.2.1　因变量

并购绩效（M&A_Perf）：一方面，由于股价表现并不能较好地区分真正的经济收益和资本市场非效率性的解释，也无法证明并购收益来源于何处（Healy et al.，1992），因此，本书对并购绩效的考察致力于回归会计的基础特质，从会计业绩指标出发，探讨并购是否能够带来实实在在的经济收益。另一方面，由于对并购溢价的衡量采用了会计指标的衡量方法，为保持研究思路的系统性和一致性，本书借鉴周绍妮等（2017）和陈仕华等（2013）的方法，采用以总资产收益率（ROA）和每股收益（EPS）为基础的衡量指标。

短期并购绩效设定两年的指标：M&A_ROA0 和 M&A_ROA1，M&A_EPS0 和 M&A_EPS1。M&A_ROA0 采用并购首次公告日当年与前一年的 ROA 的差额衡量，M&A_ROA1 采用并购首次公告日后一年与前一年的 ROA 的差额衡量。同样的，M&A_EPS0 采用并购首次公告日当年与前一年的 EPS 的差额衡量，M&A_EPS1 采用并购首次公告日后一年与前一年的 EPS 的差额衡量。

长期并购绩效设定为 M&A_ROA2 和 M&A_EPS2。M&A_ROA2 采用并购首次公告日后两年的 ROA 均值与并购前两年的 ROA 均值的差额衡量。同样，M&A_EPS2 采用并购首次公告日后两年的 EPS 均值与并购前两年的 EPS 均值的差额衡量。

6.2.2.2　自变量

风险投资（VC）：VC 是一个虚拟变量，衡量企业是否有风险资本参与。当上市公司有风险资本参与时，VC 赋值为 1，否则，赋值为 0。

并购行为特征（M&A_Var）：根据第 5 章中对并购行为特征的分析，风险资本能够显著影响企业并购的现金支付、控制权转移、聘请专业咨询机构和关联交易四个方面，因此，在模型（6.2）的考察中，将重点对以上四个行为特征进行分析，以 M&A_Var 代表选定的四个特征变量，详细定义见第 5 章中变量定义相关内容和表 6.1。

6.2.2.3 控制变量

$Control_i$ 代表本书选择的控制变量。参考已有文献的处理方法（吴超鹏等，2008；陈仕华等，2015），本书选择的控制变量如下：公司规模（Scale）、自由现金流量（FCF）、财务杠杆比率（Lev）、账面市值比（BM）、股权集中度（ShaCon）、董事会独立性（Ind_Perc）、两职兼任情况（Duality）、企业产权性质（SOE）。

此外，为避免内生性的影响，所有控制变量采用滞后一期处理。同时，为控制行业特征和年度间宏观因素对企业并购绩效的影响，所有实证检验过程均控制了年份固定效应（Year）和行业固定效应（Industry），并采用异方差和公司层面聚类稳健的标准误。所有变量的详细定义见表6.1。

表6.1 变量定义

变量代码	变量名称	变量定义
因变量		
M&A_ROA0	并购短期绩效	并购当年ROA－并购前一年ROA，即 $M\&A\_ROA0 = ROA_t - ROA_{t-1}$
M&A_ROA1	并购短期绩效	并购后第一年ROA－并购前一年ROA，即 $M\&A\_ROA1 = ROA_{t+1} - ROA_{t-1}$
M&A_ROA2	并购长期绩效	并购后两年ROA的均值－并购前两年ROA的均值，即 $M\&A\_ROA2 = (ROA_{t+1} + ROA_{t+2})/2 - (ROA_{t-1} + ROA_{t-2})/2$
M&A_EPS0	并购短期绩效	并购当年EPS－并购前一年EPS，即 $M\&A\_EPS0 = EPS_t - EPS_{t-1}$
M&A_EPS1	并购短期绩效	并购后第一年EPS－并购前一年EPS，即 $M\&A\_EPS1 = EPS_{t+1} - EPS_{t-1}$

续表

变量代码	变量名称	变量定义
因变量		
M&A_EPS2	并购长期绩效	并购后两年 EPS 的均值 - 并购前两年 EPS 的均值，即 $M\&A\_EPS2 = (EPS_{t+1} + EPS_{t+2})/2 - (EPS_{t-1} + EPS_{t-2})/2$
自变量		
VC	风险投资	当上市公司有风险资本参与时，赋值为 1；否则，赋值为 0
M&A_Cash	现金支付	如果并购支付方式采用现金支付，则赋值为 1；否则，赋值为 0
M&A_Trans	控制权转移	如果并购交易发生控制权转移，则赋值为 1；否则，赋值为 0
M&A_Cons	聘请专业咨询机构	如果并购交易聘请专业咨询机构，则赋值为 1；否则，赋值为 0
M&A_Relv	关联交易	如果并购交易涉及关联交易，则赋值为 1；否则，赋值为 0
控制变量		
Scale	公司规模	当年年末总资产取自然对数
FCF	自由现金流量	自由现金流量 =（经营活动现金净流量 - 资本支出）/总资产
Lev	财务杠杆比率	资产负债率 = 总负债/总资产
BM	账面市值比	总资产/所有流通股市值
ShaCon	股权集中度	第一大股东持股比例
Ind_Perc	董事会独立性	独立董事占董事会人数的比例
Duality	两职兼任情况	若存在董事长与总经理两职兼任情况，则赋值为 1；否则，赋值为 0
SOE	企业产权性质	当上市公司为国有企业时，赋值为 1；否则，赋值为 0

6.3 实证检验与结果分析

6.3.1 风险投资与企业并购绩效

6.3.1.1 描述性统计

表6.2是并购样本的描述性统计结果。并购业绩方面，ROA的表现不容乐观，并且波动性也很大，并购当年和并购后两年内的业绩反而不如并购前一年。EPS的表现略好。所有并购样本中，有风险资本参与的比例为24.5%，其中将近一半的风险资本采取了联合投资方式。国有背景的样本多于外资背景的样本，或许也反映了近年来本土风险资本的迅速发展。

表6.2 描述性统计

变量	全样本数	求和	均值	中位数	标准差	最小值	最大值
并购短期绩效_ROA0	1161	-23383	-20.14	-0.001	691.5	-23562	110.4
并购短期绩效_ROA1	1161	-23472	-20.22	-0.002	690.1	-23513	51.33
并购长期绩效_ROA2	1161	-11731	-10.10	-0.005	345.0	-11756	25.63
并购短期绩效_EPS0	1161	44.19	0.038	0.016	0.599	-2.920	9.360
并购短期绩效_EPS1	1161	9.531	0.008	0.015	0.555	-4.280	3.869
并购长期绩效_EPS2	1161	5.690	0.005	0.012	0.491	-2.176	2.725
风险投资	1161	284	0.245	0	0.430	0	1
联合投资	1161	141	0.121	0	0.327	0	1
外资背景	1161	52	0.045	0	0.207	0	1
国有背景	1161	132	0.114	0	0.318	0	1
公司规模	1161	25680	22.12	22.05	1.423	18.58	26.00

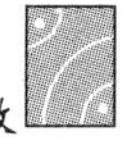

续表

变量	全样本数	求和	均值	中位数	标准差	最小值	最大值
自由现金流量	1161	-11.64	-0.01	-0.007	0.088	-0.299	0.245
财务杠杆比率	1161	653.7	0.563	0.554	0.263	0.081	1.890
账面市值比	1161	1443	1.243	0.888	1.090	0.084	5.529
股权集中度	1161	42788	36.85	35.50	15.82	8.497	76.95
董事会独立性	1161	426.7	0.367	0.333	0.054	0.286	0.571
两职兼任	1161	140	0.121	0	0.326	0	1
产权性质	1161	280	0.241	0	0.428	0	1

6.3.1.2　Pearson 相关系数

表 6.3 列示了 Pearson 相关系数检验结果，为方便对比不同并购行为特征与风险资本之间相关关系的异同，将各个因变量的相关系数检验结果进行了简化处理，仅以最简单的方式列入表 5.6 中。由检验结果可知，以 ROA 衡量的短期并购绩效和长期并购绩效与风险资本参与（VC）之间虽然有正相关系数，但不具有统计上的显著性；以 EPS 衡量的短期并购绩效中，并购后一年与并购前一年的 EPS 之差（M&A_EPS1）与风险资本参与（VC）呈显著的负相关关系，以 EPS 衡量的长期绩效（M&A_EPS2）与风险资本参与（VC）也呈显著的负相关关系。初步说明，风险资本对企业并购绩效的正向直接影响尚不足以抵消通过并购行为特征的改变而带来的绩效改变。由前文中的分析可知，可能造成绩效下降的因素众多，并购规模的变化对最终的绩效有着双向的可能影响，聘请专业咨询机构的比重下降也有可能增加业绩提升的压力，控制权转移通常也伴随着相当程度的风险，关联交易的比重降低也有可能增加绩效提升的风险，溢价水平的上升也增加了绩效下降的压力。

表 6.3　　Pearson 相关系数

变量	并购短期绩效_ROA0	并购短期绩效_ROA1	并购长期绩效_ROA2
风险投资	0.017	0.017	0.017
公司规模	0.073 **	0.073 **	0.073 **
自由现金流量	-0.086 ***	-0.086 ***	-0.086 ***
财务杠杆比率	-0.147 ***	-0.148 ***	-0.148 ***
账面市值比	0.031	0.031	0.031
股权集中度	0.042	0.042	0.042
董事会独立性	-0.018	-0.018	-0.018
两职兼任	0.011	0.011	0.011
产权性质	0.016	0.017	0.017
变量	并购短期绩效_EPS0	并购短期绩效_EPS1	并购长期绩效_EPS2
风险投资	-0.043	-0.066 **	-0.097 ***
公司规模	-0.085 ***	-0.135 ***	-0.233 ***
自由现金流量	-0.050 *	0.001	0.057 *
财务杠杆比率	0.212 ***	0.066 **	0.106 ***
账面市值比	-0.001	-0.022	-0.043
股权集中度	-0.024	-0.055 *	-0.081 ***
董事会独立性	0.034	0.036	0.037
两职兼任	0.021	-0.004	0.003
产权性质	0.032	0.046	0.045

注：*** 代表在1%的水平上显著，** 代表在5%的水平上显著，* 代表在10%的水平上显著。

6.3.1.3　单变量差异 T 检验

表6.4的单变量差异 T 检验结果与相关系数检验结果基本一致，以 ROA 为基础衡量的短期和长期并购绩效中，虽然有风险资本参与组（VC = 1）的均值略高于没有风险资本参与组（VC = 0），但两组间的均值差异不

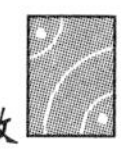

显著，但以 EPS 为基础衡量的短期和长期并购绩效中，有风险资本参与组（VC =1）的均值水平显著低于没有风险资本参与组（VC =0），并且这一差异随着并购后时间的延长而更加显著，并有逐渐增大的趋势。

表 6.4　　单变量差异 T 检验

变量	均值		t 值	p = 值
	无风险投资	有风险投资		
并购短期绩效_ROA0	-26.6630	0.0007	-0.5646	0.2862
并购短期绩效_ROA1	-26.7621	-0.0056	-0.5677	0.2852
并购长期绩效_ROA2	-13.3723	-0.0128	-0.5669	0.2854
并购短期绩效_EPS0	0.0528	-0.0074	1.4733	0.0705 *
并购短期绩效_EPS1	0.0292	-0.0565	2.2651 **	0.0118 **
并购长期绩效_EPS2	0.0319	-0.0784	3.3065 ***	0.0005 ***
样本数	877	284		

6.3.1.4　多元回归检验

在回归分析中，先采用模型（6.1）对企业并购绩效与风险资本的关系进行初步考察，再以模型（6.2）考察风险资本通过企业并购行为特征而影响业绩水平的变化，详细结果见表 6.5、表 6.6 和表 6.7。

当以 ROA 为基础衡量并购前后的短期和长期绩效时，风险资本的回归系数显示，风险资本有帮助企业提升 ROA 业绩的可能性，但不具有统计意义上的显著性（见表 6.5），当以 EPS 为基础衡量并购前后的短期和长期绩效时，企业并购后一年的短期绩效和并购两年的长期绩效与风险资本显著负相关，并且，在考察风险资本通过企业并购行为特征而影响并购前后 EPS 业绩水平的变化时发现，过高的现金支付比例是造成 EPS 在并购前后的变化值逐渐恶化的重要因素（见表 6.6），这与本书最初所援引的联合国贸易和发展会议（UNCTAD）在《2017 年世界投资报告：投资和数字经济》中的判断相一致，说明融资是对企业利润影响较大的重要因素。以上结果说明，风险资本对 ROA 业绩有正向影响的可能性，但无法形成统计上有效的作用，而对并购前后每股收益变化值的负向作用除了单独影响外，更重要的途径则体现在企业并购中现金支付比例的提高造成 EPS 的迅速下降。

综合第 5 章和第 6 章的研究结果可知，风险资本在企业并购过程中更关注战略特征所体现的战略价值，在增加非关联交易和获取控制权方面发挥了重要作用，但不够关注企业并购后的财务绩效，尤其是在采用现金支付时，可能仅考虑到现金支付的好处，而未对相应的风险制定控制方案，没有充分考虑并购后 EPS 的大幅下降可能造成的负面影响。

现有关于风险资本与企业并购绩效的研究认为，风险资本有助于企业提升并购后的绩效（李曜和宋贺，2017）。但由于各种条件的差异，如考察期间不同、对上市公司的选择也有主板和中小板的差异，出现不同的考察结果也在预料之中。从更加微观的角度来看，公司自身的特点也会体现在业绩表现中。成熟企业承受财务业绩暂时下降的能力更强，更可能以战略价值为主，而中小企业的风险承受能力整体较差，更可能关注财务业绩预期较好的并购项目。总体而言，本书为相关研究提供了更为系统全面的研究思路，并且，本书所提出的研究思路中，风险资本通过并购行为特征的变化而影响并购绩效的改变，也是对相关研究的重要补充。

表 6.5　　风险投资、企业并购行为与并购绩效（ROA）

变量	(1)	(2)	(3)	(4)	(5)	(6)
	并购短期绩效_ROA0		并购短期绩效_ROA1		并购长期绩效_ROA2	
风险投资	37.002 (0.96)	-1.562 (-0.10)	37.016 (0.96)	-1.547 (-0.10)	18.485 (0.96)	-0.784 (-0.10)
现金支付		-41.456 (-0.93)		-41.440 (-0.94)		-20.735 (-0.94)
控制权转移		-46.388 (-1.03)		-46.369 (-1.03)		-23.186 (-1.03)

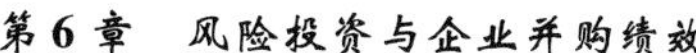
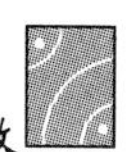

续表

变量	(1)	(2)	(3)	(4)	(5)	(6)
	并购短期绩效_ROA0		并购短期绩效_ROA1		并购长期绩效_ROA2	
聘请专业咨询机构		-27.399 (-0.76)		-27.471 (-0.77)		-13.754 (-0.77)
关联交易		-29.302 (-0.91)		-29.303 (-0.91)		-14.653 (-0.91)
公司规模		22.347 (1.02)		22.363 (1.02)		11.161 (1.02)
自由现金流量		-749.103 (-1.06)		-744.850 (-1.05)		-372.472 (-1.06)
财务杠杆比率		-468.267 (-1.05)		-469.546 (-1.05)		-234.679 (-1.05)
账面市值比		31.360 (1.02)		31.424 (1.03)		15.732 (1.03)
股权集中度		0.283 (0.53)		0.280 (0.52)		0.140 (0.52)
董事会独立性		-201.124 (-0.90)		-202.846 (-0.91)		-101.525 (-0.91)
两职兼任		47.020 (0.98)		46.125 (0.96)		23.072 (0.96)
产权性质		37.900 (0.96)		38.017 (0.96)		19.010 (0.96)
常数项	-162.936 (-1.02)	-289.253 (-0.97)	-162.381 (-1.02)	-287.733 (-0.96)	-81.178 (-1.02)	-143.449 (-0.96)
年份固定效应	控制	控制	控制	控制	控制	控制
行业固定效应	控制	控制	控制	控制	控制	控制
样本数	1161	1161	1161	1161	1161	1161
拟合优度 R^2	0.038	0.077	0.038	0.077	0.038	0.077

注：括号内为t值，并经过异方差和公司层面的cluster聚类稳健性调整，*** 代表在1%的水平上显著，** 代表在5%的水平上显著，* 代表在10%的水平上显著。

表 6.6 风险投资、企业并购行为与并购绩效（EPS）

变量	(1)	(2)	(3)	(4)	(5)	(6)
	并购短期绩效_EPS0		并购短期绩效_EPS1		并购长期绩效_EPS2	
风险投资	-0.068** (-2.02)	-0.033 (-1.05)	-0.072* (-1.81)	-0.041 (-0.98)	-0.103*** (-2.95)	-0.045 (-1.29)
现金支付		-0.042 (-0.70)		-0.149*** (-2.69)		-0.218*** (-4.07)
控制权转移		0.013 (0.36)		0.046 (1.33)		0.017 (0.59)
聘请专业咨询机构		0.031 (0.44)		0.033 (0.55)		-0.027 (-0.50)
关联交易		0.026 (0.69)		0.014 (0.37)		0.005 (0.15)
公司规模		-0.028 (-1.30)		-0.030 (-1.45)		-0.068*** (-3.96)
自由现金流量		-0.271 (-0.77)		-0.115 (-0.44)		0.184 (0.97)
财务杠杆比率		0.462** (1.97)		0.031 (0.23)		0.073 (0.83)
账面市值比		-0.004 (-0.16)		0.010 (0.30)		0.030 (1.15)
股权集中度		0.001 (0.62)		-0.000 (-0.20)		0.000 (0.45)
董事会独立性		0.418 (1.42)		0.509* (1.89)		0.412 (1.53)

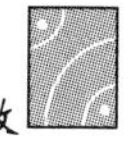

续表

变量	(1)	(2)	(3)	(4)	(5)	(6)
	并购短期绩效_EPS0		并购短期绩效_EPS1		并购长期绩效_EPS2	
两职兼任		0.025 (0.33)		-0.037 (-0.78)		-0.033 (-0.88)
产权性质		0.038 (0.83)		0.025 (0.58)		0.026 (0.70)
常数项	0.151 (1.16)	0.296 (0.76)	0.257* (1.86)	0.700* (1.66)	0.270*** (2.82)	1.552*** (4.23)
年份固定效应	控制	控制	控制	控制	控制	控制
行业固定效应	控制	控制	控制	控制	控制	控制
样本数	1161	1161	1161	1161	1161	1161
拟合优度 R^2	0.039	0.039	0.058	0.091	0.094	0.169

6.3.2 稳健性检验

6.3.2.1 延长考察期间

考虑到并购活动通常是企业长期发展战略的重要组成部分，而并购后的业绩提升需要较长的时间才能见效，因此，将相应的考察期在原有基础上向后延长两年，即，采用并购首次公告日后三年的ROA平均值与并购前三年的ROA平均值之差衡量并购后三年内的长期绩效（M&A_ROA3），同理计算并购后四年的长期绩效（M&A_ROA4）。由于EPS相关的基础数据只有2006~2016年，在生成滞后变量和未来变量时受到样本量的限制，无法对并购前后三年和四年的EPS之差进行有效的检验，因此，对延长考察期的EPS绩效将采用每年的EPS水平值作为替代性指标进行有关分析。详细结果见表6.7、表6.8和表6.9。

表 6.7　　稳健性检验——延长考察期（并购长期绩效_ROA）

变量	(1)	(2)	(3)	(4)
	并购长期绩效_ROA3		并购长期绩效_ROA4	
风险投资	19.235 (0.98)	1.228 (0.16)	25.327 (1.00)	6.507 (0.61)
现金支付		-17.587 (-0.94)		-11.928 (-0.83)
控制权转移		-19.838 (-1.04)		-20.624 (-1.05)
聘请专业咨询机构		-17.275 (-0.87)		-2.345 (-0.17)
关联交易		-12.737 (-0.90)		-16.010 (-0.94)
公司规模		7.692 (0.99)		8.210 (1.01)
自由现金流量		-298.873 (-1.07)		-244.303 (-1.09)
财务杠杆比率		-174.649 (-1.06)		-156.856 (-1.09)
账面市值比		13.646 (1.03)		15.110 (1.03)
股权集中度		0.245 (0.80)		0.056 (0.22)
董事会独立性		-103.638 (-0.95)		-103.608 (-0.95)

续表

变量	(1)	(2)	(3)	(4)
	并购长期绩效_ROA3		并购长期绩效_ROA4	
两职兼任		23.445 (0.98)		24.833 (1.00)
产权性质		14.678 (0.96)		13.251 (0.95)
常数项	-56.652 (-1.03)	-80.618 (-0.83)	-46.067 (-1.04)	-89.628 (-0.83)
年份固定效应	控制	控制	控制	控制
行业固定效应	控制	控制	控制	控制
样本数	890	890	667	667
拟合优度 R^2	0.049	0.094	0.072	0.125

表 6.8　　稳健性检验——延长考察期（并购绩效 EPS）

变量	(1)	(2)	(3)	(4)	(5)	(6)
	并购短期绩效 EPS0		并购短期绩效 EPS1		并购短期绩效 EPS2	
风险投资	0.036 (0.83)	-0.003 (-0.07)	0.031 (0.67)	-0.010 (-0.22)	0.039 (0.91)	0.022 (0.50)
现金支付		0.035 (0.54)		-0.072 (-1.23)		-0.191*** (-3.35)
控制权转移		0.063** (2.01)		0.096*** (2.97)		0.031 (0.92)
聘请专业咨询机构		0.026 (0.35)		0.028 (0.47)		-0.059 (-0.99)

续表

变量	(1)	(2)	(3)	(4)	(5)	(6)
	并购短期绩效 EPS0		并购短期绩效 EPS1		并购短期绩效 EPS2	
关联交易		0.030 (0.91)		0.018 (0.53)		0.010 (0.27)
公司规模		0.135 *** (6.00)		0.132 *** (5.48)		0.083 *** (4.16)
自由现金流量		0.615 ** (2.54)		0.772 *** (4.33)		0.710 *** (3.86)
财务杠杆比率		0.436 *** (2.76)		0.004 (0.08)		−0.063 (−1.01)
账面市值比		−0.157 *** (−5.60)		−0.143 *** (−3.59)		−0.083 *** (−3.22)
股权集中度		0.001 (0.41)		−0.001 (−0.43)		0.000 (0.18)
董事会独立性		−0.190 (−0.72)		−0.099 (−0.39)		−0.133 (−0.57)
两职兼任		0.028 (0.48)		−0.034 (−0.88)		−0.020 (−0.48)
产权性质		−0.006 (−0.16)		−0.020 (−0.51)		−0.005 (−0.12)
常数项	0.011 (0.19)	−2.851 *** (−6.72)	0.117 (1.51)	−2.448 *** (−5.17)	0.202 *** (2.60)	−1.255 *** (−3.08)
年份固定效应	控制	控制	控制	控制	控制	控制
行业固定效应	控制	控制	控制	控制	控制	控制
样本数	1161	1161	1161	1161	1161	1161
拟合优度 R^2	0.049	0.158	0.033	0.134	0.038	0.092

表 6.9　　　稳健性检验——延长考察期（并购长期绩效 EPS）

变量	(1)	(2)	(3)	(4)
	并购长期绩效 EPS3		并购长期绩效 EPS4	
风险投资	-0.015 (-0.30)	-0.030 (-0.63)	-0.001 (-0.01)	-0.034 (-0.59)
现金支付		-0.134* (-1.90)		-0.211*** (-3.15)
控制权转移		0.101*** (2.82)		0.090** (2.14)
聘请专业咨询机构		-0.034 (-0.38)		-0.006 (-0.08)
关联交易		0.007 (0.15)		0.004 (0.06)
公司规模		0.070*** (2.88)		0.112*** (4.57)
自由现金流量		0.628*** (3.24)		0.489** (2.09)
财务杠杆比率		-0.033 (-0.55)		-0.088 (-1.22)
账面市值比		-0.079** (-2.22)		-0.136*** (-3.56)
股权集中度		-0.001 (-0.84)		-0.000 (-0.34)
董事会独立性		-0.308 (-0.97)		-0.485 (-1.29)

续表

变量	(1)	(2)	(3)	(4)
	并购长期绩效 EPS3		并购长期绩效 EPS4	
两职兼任		-0.071 (-1.34)		0.003 (0.03)
产权性质		-0.020 (-0.45)		-0.049 (-1.04)
常数项	0.190* (1.86)	-0.978* (-1.89)	0.162 (1.31)	-1.657*** (-3.45)
年份固定效应	控制	控制	控制	控制
行业固定效应	控制	控制	控制	控制
样本数	890	890	667	667
拟合优度 R^2	0.037	0.083	0.050	0.127

当ROA业绩变化量的考察期延长至并购前后三年和四年时，虽然回归系数仍然不显著，但随着时间的推移，系数的方向由负转正（见表6.7），在一定程度上说明，业绩的提升是一个漫长的过程，并购活动在真正意义上实现成功的整合也需要长久的探索和改进。

当以每股收益直接衡量并购当年和并购后每年的业绩水平时，风险资本的影响变得不再显著（见表6.8和见表6.9），系数的方向也呈现出由负转正再转负的曲折变化，也在一定意义上体现了并购后企业业绩的表现与并购后不断探索和改进的整合过程相一致。

风险资本对企业并购业绩的影响能力远不如对并购特征的影响那么显著，也在一定程度上证实了风险资本在企业并购过程中更关注战略特征所体现的战略价值，而并不太关注并购的财务绩效表现。虽然没有造成特别显著的负面影响，但考虑到利益相关者普遍关注财务指标的情况，一旦财务指标出现大幅下降，很可能影响并购其他方面的战略效果，因此，还是应当适当加强对财务业绩的重视。

6.3.2.2　采用风险资本滞后一期变量（L_VC）

考虑到自变量在时间上的滞后性，对风险资本作滞后一期处理，以降低内生性的影响。由表 6.10 和表 6.11 的结果可知，并购前后 ROA 的变化量对风险资本的回归系数仍然不显著，虽然风险资本有帮助企业提升业绩的倾向，但这一正向作用尚缺乏统计意义上的显著性。对并购前后 EPS 变化量的检验也基本保持一致，风险资本对并购首次公告日当年和并购后第二年的 EPS 变化值的负向影响仍然显著，并且现金支付水平的提高仍然是造成 EPS 在并购前后出现落差的重要因素（见表 6.12）。

表 6.10　　　　稳健性检验——风险投资滞后项（并购绩效_ROA）

变量	(1)	(2)	(3)	(4)	(5)	(6)
	并购短期绩效_ROA0		并购短期绩效_ROA1		并购长期绩效_ROA2	
风险投资滞后项	41.282 (0.95)	1.355 (0.08)	41.294 (0.95)	1.383 (0.08)	20.624 (0.95)	0.681 (0.08)
现金支付		-41.528 (-0.94)		-41.513 (-0.94)		-20.772 (-0.94)
控制权转移		-46.456 (-1.03)		-46.438 (-1.03)		-23.221 (-1.03)
聘请专业咨询机构		-27.419 (-0.77)		-27.490 (-0.77)		-13.764 (-0.77)
关联交易		-29.122 (-0.91)		-29.123 (-0.91)		-14.563 (-0.91)
公司规模		22.125 (1.01)		22.141 (1.02)		11.050 (1.02)

续表

变量	(1)	(2)	(3)	(4)	(5)	(6)
	并购短期绩效_ROA0		并购短期绩效_ROA1		并购长期绩效_ROA2	
自由现金流量		-748.372 (-1.06)		-744.114 (-1.05)		-372.104 (-1.06)
财务杠杆比率		-468.050 (-1.05)		-469.329 (-1.05)		-234.571 (-1.05)
账面市值比		31.441 (1.02)		31.506 (1.03)		15.773 (1.03)
股权集中度		0.291 (0.53)		0.288 (0.53)		0.144 (0.53)
董事会独立性		-201.459 (-0.90)		-203.184 (-0.91)		-101.693 (-0.91)
两职兼任		46.790 (0.98)		45.894 (0.96)		22.957 (0.96)
产权性质		37.931 (0.96)		38.049 (0.96)		19.025 (0.96)
常数项	-158.984 (-1.02)	-286.020 (-0.96)	-158.427 (-1.02)	-284.484 (-0.96)	-79.205 (-1.02)	-141.825 (-0.96)
年份固定效应	控制	控制	控制	控制	控制	控制
行业固定效应	控制	控制	控制	控制	控制	控制
样本数	1161	1161	1161	1161	1161	1161
拟合优度 R^2	0.038	0.077	0.038	0.077	0.038	0.077

表 6.11 稳健性检验——风险投资滞后项（并购绩效_ROA）

变量	(1)	(2)	(3)	(4)
	并购长期绩效_ROA3		并购长期绩效_ROA4	
风险投资滞后项	20.129 (0.96)	2.537 (0.29)	26.120 (0.98)	7.757 (0.60)
现金支付		-17.526 (-0.93)		-11.699 (-0.82)
控制权转移		-19.889 (-1.04)		-20.753 (-1.05)
聘请专业咨询机构		-17.295 (-0.87)		-2.407 (-0.18)
关联交易		-12.713 (-0.90)		-15.983 (-0.93)
公司规模		7.608 (0.99)		8.155 (1.01)
自由现金流量		-298.487 (-1.07)		-243.861 (-1.09)
财务杠杆比率		-174.490 (-1.06)		-156.660 (-1.09)
账面市值比		13.666 (1.03)		15.128 (1.03)
股权集中度		0.249 (0.80)		0.058 (0.23)
董事会独立性		-104.099 (-0.95)		-104.750 (-0.95)

续表

变量	(1)	(2)	(3)	(4)
	并购长期绩效_ROA3		并购长期绩效_ROA4	
两职兼任		23.424 (0.98)		25.161 (1.00)
产权性质		14.804 (0.96)		13.751 (0.96)
常数项	-54.761 (-1.03)	-79.226 (-0.82)	-42.059 (-1.04)	-87.746 (-0.82)
年份固定效应	控制	控制	控制	控制
行业固定效应	控制	控制	控制	控制
样本数	890	890	667	667
拟合优度 R^2	0.049	0.094	0.072	0.125

表 6.12　　稳健性检验——风险投资滞后项（并购绩效_EPS）

变量	(1)	(2)	(3)	(4)	(5)	(6)
	并购短期绩效_EPS0		并购短期绩效_EPS1		并购长期绩效_EPS2	
风险投资滞后项	-0.071* (-1.94)	-0.034 (-0.97)	-0.049 (-1.13)	-0.015 (-0.34)	-0.086** (-2.33)	-0.024 (-0.65)
现金支付		-0.043 (-0.71)		-0.150*** (-2.70)		-0.219*** (-4.09)
控制权转移		0.013 (0.37)		0.045 (1.32)		0.016 (0.58)
聘请专业咨询机构		0.031 (0.43)		0.033 (0.54)		-0.028 (-0.50)

续表

变量	(1)	(2)	(3)	(4)	(5)	(6)
	并购短期绩效_EPS0		并购短期绩效_EPS1		并购长期绩效_EPS2	
关联交易		0.026 (0.70)		0.015 (0.41)		0.006 (0.20)
公司规模		-0.028 (-1.29)		-0.032 (-1.54)		-0.069*** (-4.04)
自由现金流量		-0.273 (-0.78)		-0.109 (-0.41)		0.188 (0.99)
财务杠杆比率		0.462** (1.97)		0.032 (0.24)		0.075 (0.85)
账面市值比		-0.004 (-0.14)		0.011 (0.33)		0.031 (1.19)
股权集中度		0.001 (0.61)		-0.000 (-0.14)		0.001 (0.49)
董事会独立性		0.420 (1.43)		0.508* (1.88)		0.412 (1.53)
两职兼任		0.025 (0.33)		-0.040 (-0.83)		-0.036 (-0.94)
产权性质		0.036 (0.80)		0.023 (0.55)		0.024 (0.66)
常数项	0.143 (1.10)	0.292 (0.74)	0.241* (1.74)	0.725* (1.71)	0.251*** (2.62)	1.571*** (4.26)
年份固定效应	控制	控制	控制	控制	控制	控制
行业固定效应	控制	控制	控制	控制	控制	控制
样本数	1161	1161	1161	1161	1161	1161
拟合优度 R^2	0.039	0.093	0.056	0.090	0.091	0.168

6.3.3 拓展研究

6.3.3.1 对风险资本投资方式和背景的考察

考虑到风险资本的投资方式和背景特征之间的差异，本书取风险资本联合投资（JVC）、外资背景（FVC）和国有背景（GVC）三个变量，考察是否在企业并购绩效方面具有不同的影响。同时，考虑到实证检验中，风险资本对企业并购绩效的影响主要体现在 EPS 为基础的业绩表现方面，在拓展研究中，将针对并购前后 EPS 的变化值进行重点考察。详细结果见表 6.13、表 6.14 和表 6.15。

表 6.13　　风险资本投资方式和背景（并购绩效_EPS0）

变量	(1)	(2)	(3)	(4)	(5)	(6)
	并购绩效_EPS0		并购绩效_EPS0		并购绩效_EPS0	
联合投资	-0.010 (-0.25)	0.016 (0.41)				
外资背景			-0.036 (-0.63)	0.021 (0.35)		
国有背景					-0.060** (-2.00)	-0.026 (-0.84)
现金支付		-0.044 (-0.73)		-0.043 (-0.71)		-0.043 (-0.71)
控制权转移		0.012 (0.33)		0.012 (0.34)		0.012 (0.34)
聘请专业咨询机构		0.031 (0.43)		0.031 (0.43)		0.031 (0.43)

续表

变量	(1)	(2)	(3)	(4)	(5)	(6)
	并购绩效_EPS0		并购绩效_EPS0		并购绩效_EPS0	
关联交易		0.029 (0.76)		0.028 (0.73)		0.028 (0.74)
公司规模		-0.031 (-1.47)		-0.031 (-1.46)		-0.029 (-1.37)
自由现金流量		-0.261 (-0.75)		-0.263 (-0.75)		-0.269 (-0.77)
财务杠杆比率		0.464** (1.98)		0.465** (1.98)		0.463** (1.97)
账面市值比		-0.002 (-0.10)		-0.003 (-0.12)		-0.004 (-0.17)
股权集中度		0.001 (0.70)		0.001 (0.69)		0.001 (0.63)
董事会独立性		0.414 (1.41)		0.410 (1.40)		0.409 (1.39)
两职兼任		0.022 (0.29)		0.022 (0.29)		0.025 (0.33)
产权性质		0.037 (0.80)		0.038 (0.84)		0.039 (0.85)
常数项	0.123 (0.94)	0.345 (0.89)	0.123 (0.94)	0.346 (0.90)	0.119 (0.91)	0.309 (0.80)
年份固定效应	控制	控制	控制	控制	控制	控制
行业固定效应	控制	控制	控制	控制	控制	控制
样本数	1161	1161	1161	1161	1161	1161
拟合优度 R^2	0.037	0.092	0.037	0.092	0.038	0.092

表 6.14　　风险资本投资方式和背景（并购短期绩效_EPS1）

变量	(1)	(2)	(3)	(4)	(5)	(6)
	并购短期绩效_EPS1		并购短期绩效_EPS1		并购短期绩效_EPS1	
联合投资	-0.058 (-1.23)	-0.037 (-0.77)				
外资背景			0.013 (0.11)	0.062 (0.52)		
国有背景					-0.081* (-1.91)	-0.060 (-1.39)
现金支付		-0.149*** (-2.70)		-0.149*** (-2.69)		-0.149*** (-2.70)
控制权转移		0.046 (1.32)		0.045 (1.30)		0.045 (1.30)
聘请专业咨询机构		0.034 (0.55)		0.034 (0.55)		0.033 (0.54)
关联交易		0.015 (0.41)		0.016 (0.42)		0.016 (0.44)
公司规模		-0.031 (-1.55)		-0.035* (-1.70)		-0.030 (-1.49)
自由现金流量		-0.110 (-0.42)		-0.105 (-0.40)		-0.117 (-0.45)
财务杠杆比率		0.033 (0.24)		0.036 (0.27)		0.031 (0.23)
账面市值比		0.010 (0.30)		0.011 (0.34)		0.008 (0.25)

续表

变量	(1)	(2)	(3)	(4)	(5)	(6)
	并购短期绩效_EPS1		并购短期绩效_EPS1		并购短期绩效_EPS1	
股权集中度		-0.000 (-0.16)		-0.000 (-0.10)		-0.000 (-0.25)
董事会独立性		0.507* (1.88)		0.491* (1.81)		0.492* (1.82)
两职兼任		-0.040 (-0.84)		-0.042 (-0.87)		-0.036 (-0.74)
产权性质		0.026 (0.61)		0.026 (0.60)		0.028 (0.65)
常数项	0.227* (1.68)	0.711* (1.69)	0.227* (1.68)	0.784* (1.83)	0.221 (1.64)	0.692* (1.65)
年份固定效应	控制	控制	控制	控制	控制	控制
行业固定效应	控制	控制	控制	控制	控制	控制
样本数	1161	1161	1161	1161	1161	1161
拟合优度 R^2	0.056	0.090	0.055	0.090	0.057	0.091

表 6.15　　风险资本投资方式和背景（并购长期绩效_EPS2）

变量	(1)	(2)	(3)	(4)	(5)	(6)
	并购长期绩效_EPS2		并购长期绩效_EPS2		并购长期绩效_EPS2	
联合投资	-0.068 (-1.59)	-0.021 (-0.49)				
外资背景			-0.075 (-0.89)	0.007 (0.09)		

续表

变量	(1)	(2)	(3)	(4)	(5)	(6)
	并购长期绩效_EPS2		并购长期绩效_EPS2		并购长期绩效_EPS2	
国有背景					-0.105** (-2.58)	-0.059 (-1.44)
现金支付		-0.219*** (-4.09)		-0.219*** (-4.10)		-0.219*** (-4.09)
控制权转移		0.016 (0.57)		0.016 (0.56)		0.016 (0.56)
聘请专业咨询机构		-0.027 (-0.50)		-0.028 (-0.50)		-0.028 (-0.50)
关联交易		0.007 (0.22)		0.008 (0.24)		0.008 (0.24)
公司规模		-0.070*** (-4.14)		-0.071*** (-4.16)		-0.068*** (-4.06)
自由现金流量		0.192 (1.01)		0.194 (1.03)		0.182 (0.97)
财务杠杆比率		0.076 (0.86)		0.077 (0.87)		0.074 (0.83)
账面市值比		0.031 (1.18)		0.031 (1.22)		0.028 (1.09)
股权集中度		0.001 (0.52)		0.001 (0.56)		0.000 (0.40)
董事会独立性		0.409 (1.52)		0.406 (1.51)		0.395 (1.47)

续表

变量	(1)	(2)	(3)	(4)	(5)	(6)
	并购长期绩效_EPS2		并购长期绩效_EPS2		并购长期绩效_EPS2	
两职兼任		-0.037 (-0.97)		-0.037 (-0.99)		-0.032 (-0.85)
产权性质		0.026 (0.71)		0.025 (0.69)		0.029 (0.79)
常数项	0.143 (1.10)	0.292 (0.74)	0.241 * (1.74)	0.725 * (1.71)	0.251 *** (2.62)	1.571 *** (4.26)
年份固定效应	控制	控制	控制	控制	控制	控制
行业固定效应	控制	控制	控制	控制	控制	控制
样本数	1161	1161	1161	1161	1161	1161
拟合优度 R^2	0.088	0.168	0.087	0.168	0.091	0.169

由检验结果可知，风险资本的联合投资方式并未对并购绩效产生显著影响，在背景特征方面，国有背景的风险资本是造成并购绩效显著恶化的主要因素。这也说明了国有背景风险资本相比于外资背景风险资本仍然有不小的差距。

6.3.3.2　对制度效率地区差异的考察

考虑到制度效率地区差异可能造成风险资本对企业并购业绩产生差异性影响，本章继续对制度效率地区差异进行考察。与前文一致，以樊纲和王小鲁（2011）《中国市场化指数——各地区市场化相对进程 2011 年度报告》中的“中国各地区市场化指数”为基础，参考李慧云和刘镝（2016）的处理方法，设定二元虚拟变量 InstEffi 作为制度效率变量，将 2004 ~ 2009 年连续 6 年排名前六位的广东、上海、浙江、江苏、北京和天津六个省市作为制度效率比较高的地区，赋值为 1，其他省份赋值为 0。详细结果见表 6.16、表 6.17 和表 6.18。

表 6.16　　制度效率地区差异（并购短期绩效_EPS0）

变量	(1) 低效率地区	(2) 低效率地区	(3) 高效率地区	(4) 高效率地区
风险投资	-0.109** (-2.35)	-0.093** (-2.06)	0.002 (0.04)	0.053 (1.15)
现金支付		-0.099 (-1.02)		0.001 (0.01)
控制权转移		0.028 (0.59)		0.022 (0.41)
聘请专业咨询机构		-0.045 (-0.43)		0.115 (1.36)
关联交易		0.033 (0.56)		-0.015 (-0.37)
公司规模		0.003 (0.11)		-0.101** (-2.50)
自由现金流量		-0.423 (-1.15)		0.248 (0.63)
财务杠杆比率		0.256 (1.20)		0.893** (2.06)
账面市值比		-0.004 (-0.16)		0.029 (0.56)
股权集中度		-0.001 (-1.08)		0.005* (1.79)
董事会独立性		0.348 (0.95)		0.475 (1.08)

续表

变量	(1) 低效率地区	(2) 低效率地区	(3) 高效率地区	(4) 高效率地区
两职兼任		-0.106* (-1.89)		0.080 (0.96)
产权性质		0.093 (1.46)		-0.015 (-0.32)
常数项	0.145 (0.82)	-0.118 (-0.24)	0.133* (1.81)	1.530** (2.47)
年份固定效应	控制	控制	控制	控制
行业固定效应	控制	控制	控制	控制
样本数	695	695	466	466
拟合优度 R^2	0.000	0.001	0.261	0.396

表 6.17　　制度效率地区差异（并购短期绩效_EPS1）

变量	(1) 低效率地区	(2) 低效率地区	(3) 高效率地区	(4) 高效率地区
风险投资	-0.113** (-1.97)	-0.090 (-1.43)	-0.042 (-0.69)	0.008 (0.14)
现金支付		-0.159** (-2.26)		-0.103 (-1.17)
控制权转移		0.061 (1.22)		0.025 (0.49)
聘请专业咨询机构		0.021 (0.27)		0.068 (0.67)

续表

变量	(1) 低效率地区	(2) 低效率地区	(3) 高效率地区	(4) 高效率地区
关联交易		0. 022 (0. 38)		0. 004 (0. 09)
公司规模		-0. 019 (-0. 66)		-0. 073 ** (-2. 48)
自由现金流量		-0. 354 (-0. 95)		0. 308 (1. 14)
财务杠杆比率		-0. 028 (-0. 18)		0. 136 (0. 85)
账面市值比		-0. 003 (-0. 08)		0. 069 (1. 25)
股权集中度		-0. 003 * (-1. 89)		0. 003 (1. 58)
董事会独立性		0. 396 (1. 08)		0. 621 * (1. 77)
两职兼任		-0. 076 (-1. 32)		-0. 032 (-0. 48)
产权性质		0. 055 (0. 91)		-0. 011 (-0. 22)
常数项	0. 308 * (1. 77)	0. 675 (1. 13)	0. 118 (0. 47)	1. 212 ** (1. 99)
年份固定效应	控制	控制	控制	控制
行业固定效应	控制	控制	控制	控制
样本数	695	695	466	466
拟合优度 R^2	0. 070	0. 107	0. 121	0. 180

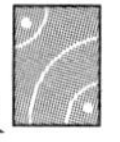

表 6.18　　　　制度效率地区差异（并购长期绩效_EPS2）

变量	(1) 低效率地区	(2) 低效率地区	(3) 高效率地区	(4) 高效率地区
风险投资	-0.132*** (-2.82)	-0.069 (-1.40)	-0.094* (-1.65)	-0.034 (-0.65)
现金支付		-0.214*** (-2.97)		-0.171** (-2.07)
控制权转移		0.017 (0.44)		0.012 (0.29)
聘请专业咨询机构		-0.017 (-0.23)		-0.012 (-0.14)
关联交易		-0.022 (-0.50)		0.050 (1.02)
公司规模		-0.080*** (-3.09)		-0.074*** (-3.09)
自由现金流量		-0.072 (-0.27)		0.622** (2.45)
财务杠杆比率		0.058 (0.52)		0.074 (0.58)
账面市值比		0.032 (1.04)		0.059 (1.12)
股权集中度		-0.001 (-0.98)		0.002 (1.61)
董事会独立性		0.291 (0.78)		0.498 (1.50)

续表

变量	(1) 低效率地区	(2) 低效率地区	(3) 高效率地区	(4) 高效率地区
两职兼任		-0.064 (-1.35)		-0.024 (-0.39)
产权性质		0.063 (1.25)		-0.016 (-0.31)
常数项	0.294** (2.46)	1.934*** (3.52)	0.232 (1.36)	1.485*** (2.88)
年份固定效应	控制	控制	控制	控制
行业固定效应	控制	控制	控制	控制
样本数	695	695	466	466
拟合优度 R^2	0.129	0.213	0.088	0.178

由检验结果可知，风险资本对短期绩效（M&A_EPS0 和 M&A_EPS1）的负向影响在制度效率较低的地区更为显著，而对长期绩效的负向影响在两类地区之间没有太大差异。低制度效率地区的不确定风险更可能造成并购后的短期绩效更容易受影响，而长期来看，风险资本对企业并购绩效的影响则不会因制度效率的地区差异而有明显不同。

6.3.3.3 对企业产权性质差异的考察

考虑到企业产权性质差异可能造成风险资本对企业并购绩效的差异性影响，本章也继续对企业产权性质差异进行考察。详细结果见表 6.19、表 6.20 和表 6.21。

表 6.19　　企业产权性质差异（并购短期绩效_EPS0）

变量	(1) 民营企业	(2) 民营企业	(3) 国有企业	(4) 国有企业
风险投资	-0.062 (-1.59)	-0.020 (-0.55)	-0.096 (-1.21)	-0.025 (-0.29)
现金支付		-0.051 (-0.61)		-0.009 (-0.07)
控制权转移		0.025 (0.68)		-0.070 (-0.66)
聘请专业咨询机构		0.019 (0.20)		0.060 (0.51)
关联交易		0.032 (0.73)		-0.045 (-0.49)
公司规模		-0.033 (-1.37)		-0.023 (-0.51)
自由现金流量		-0.270 (-0.70)		-0.077 (-0.12)
财务杠杆比率		0.446 (1.62)		0.581* (1.94)
账面市值比		0.001 (0.03)		0.004 (0.07)
股权集中度		0.001 (0.46)		0.001 (0.44)
董事会独立性		0.412 (1.23)		0.500 (0.85)

续表

变量	(1) 民营企业	(2) 民营企业	(3) 国有企业	(4) 国有企业
两职兼任		0.073 (0.88)		-0.282 (-1.54)
常数项	0.182 (1.18)	0.422 (1.03)	-0.030 (-0.35)	0.111 (0.13)
年份固定效应	控制	控制	控制	控制
行业固定效应	控制	控制	控制	控制
样本数	881	881	280	280
拟合优度 R^2	0.057	0.115	0.056	0.119

表 6.20　企业产权性质差异（并购短期绩效_EPS1）

变量	(1) 民营企业	(2) 民营企业	(3) 国有企业	(4) 国有企业
风险投资	-0.024 (-0.53)	0.015 (0.32)	-0.242*** (-3.04)	-0.198** (-2.33)
现金支付		-0.146** (-2.05)		-0.166 (-1.51)
控制权转移		0.045 (1.22)		0.029 (0.31)
聘请专业咨询机构		0.044 (0.59)		-0.049 (-0.41)
关联交易		0.035 (0.82)		-0.047 (-0.48)

续表

变量	(1) 民营企业	(2) 民营企业	(3) 国有企业	(4) 国有企业
公司规模		-0.031 (-1.25)		-0.035 (-0.83)
自由现金流量		-0.056 (-0.19)		-0.224 (-0.39)
财务杠杆比率		-0.003 (-0.02)		0.244 (0.92)
账面市值比		-0.001 (-0.03)		0.034 (0.82)
股权集中度		-0.000 (-0.03)		-0.001 (-0.24)
董事会独立性		0.439 (1.37)		0.751 (1.33)
两职兼任		-0.027 (-0.51)		-0.125 (-0.78)
常数项	0.240 (1.49)	0.725 (1.44)	0.222 (1.38)	0.657 (0.78)
年份固定效应	控制	控制	控制	控制
行业固定效应	控制	控制	控制	控制
样本数	881	881	280	280
拟合优度 R^2	0.060	0.095	0.090	0.131

表 6.21　　企业产权性质差异（并购长期绩效_EPS2）

变量	(1) 民营企业	(2) 民营企业	(3) 国有企业	(4) 国有企业
风险投资	-0.076* (-1.92)	-0.008 (-0.21)	-0.220*** (-3.32)	-0.177*** (-2.70)
现金支付		-0.205*** (-3.27)		-0.241** (-2.45)
控制权转移		0.023 (0.71)		-0.004 (-0.05)
聘请专业咨询机构		-0.011 (-0.18)		-0.100 (-0.95)
关联交易		0.023 (0.64)		-0.029 (-0.32)
公司规模		-0.069*** (-3.59)		-0.077** (-2.06)
自由现金流量		0.166 (0.78)		0.279 (0.69)
财务杠杆比率		0.070 (0.72)		0.128 (0.57)
账面市值比		0.022 (0.66)		0.052 (1.39)
股权集中度		0.001 (0.62)		-0.000 (-0.16)
董事会独立性		0.514 (1.53)		-0.084 (-0.18)

续表

变量	(1) 民营企业	(2) 民营企业	(3) 国有企业	(4) 国有企业
两职兼任		-0.037 (-0.88)		-0.039 (-0.38)
常数项	0.288*** (2.59)	1.510*** (3.49)	0.203 (1.42)	1.867** (2.53)
年份固定效应	控制	控制	控制	控制
行业固定效应	控制	控制	控制	控制
样本数	881	881	280	280
拟合优度 R^2	0.103	0.180	0.121	0.203

由检验结果可知，风险资本对企业并购绩效的负向影响主要体现在国有企业样本中，这一效果在并购当年没有出现，而在并购后两年内都呈现显著的影响。结合第 5 章的分析，风险资本在国营企业样本中的作用仅体现在两个方面，其一是更少聘请专业咨询机构，其二是并购后两年内的 EPS 绩效更差。而在民营样本中对现金支付、获取控制权和进行非关联方并购等的积极作用，均未在国有企业样本中出现。由此，也可以看出，风险资本对国有企业的影响力非常有限，如果没有制定周全的风险防范措施，则更容易出现业绩下降。

6.4　本章结论与启示

本章对风险资本与企业并购绩效的考察中发现，风险资本参与的企业在以 EPS 为基础衡量的短期和长期绩效表现上显著更差，其中不仅仅有风险资本更注重战略价值，而忽视了财务业绩的直接影响，也存在过高的现金支付水平增加了业绩下滑的间接作用。在以 ROA 为基础衡量的并购绩效的检验中，只能从系数的方向上看到风险资本有帮助企业提升业绩的倾向，但未发现统计意义上的显著影响。这一结果为我们提供了重要启示，风险资本在企业并购过程中除了要关注并购活动的战略价值之外，也要充分认识到并购后财务业绩表现的重要性，并针对相应的风险制订控制方案，防止出现并购后业绩大幅下降可能造成的负面影响。

在延长考察期的检验中，虽然并购的长期绩效对风险资本的回归系数保持为正，但仍然没有形成显著的影响，因此，风险资本在为企业提供战略咨询的同时，也应当更加重视财务绩效的实现。正是由于并购后不断探索与改进的整合过程必然伴随着财务业绩的起伏波动，才更应当寻求有效的方法，确保业绩不会在并购后出现明显的下降，确保利益相关者能够保持对企业发展前景的积极预期。

在风险资本特征的拓展研究中，联合投资方式并未对并购绩效产生显著影响，但在背景特征方面，国有背景的风险资本是造成并购绩效显著恶化的主要因素。这也说明了国有背景风险资本相比于外资背景风险资本仍然有不小的差距。

在制度效率地区差异的研究中，风险资本对短期绩效的负向影响在制度效率较低的地区更为显著，而对长期绩效的负向影响在两类地区之间没有太大差异。说明低制度效率地区的不确定风险更可能造成并购后的短期绩效更容易受影响，而长期来看，风险资本对企业并购绩效的影响则不会因制度效率的地区差异而有明显不同。

在企业产权性质差异的研究中，风险资本对企业并购绩效的负向影响主要体现在国有企业样本中，这一效果在并购当年没有出现，而在并购后两年内都呈现显著的影响。结合第 5 章的分析，风险资本在国营企业样本中的作用仅体现在两个方面，其一是更少聘请专业咨询机构，其二是并购后两年内的 EPS 绩效更差。而在民营样本中对现金支付、获取控制权和进行非关联方并购等的积极作用，均未在国有企业样本中出现。这在一定程度上证实，风险资本对国有企业的影响力非常有限，如果没有制定周全的风险防范措施，则更容易出现业绩下降。

第7章

研究结论与未来展望

7.1 研究结论

7.1.1 研究结论

并购活动是一项复杂的系统工程，也是关乎企业发展战略能否成功实现的关键所在，然而并购失败的案例比比皆是，这也促使在学术研究中，关于企业并购的话题长盛不衰。对于企业而言，一次重大并购事项可能就是决定命运的赌注，成功者自然额手称庆，失败者则只能黯然退场，并购的全过程无不体现着对企业综合能力的考验。在并购的事前、事中及事后各个阶段，均有可能存在经验缺失问题、代理问题和信息不对称等一系列问题。相应的，风险资本的能力储备和资源储备能够有效弥补企业所难以克服的短板。因此，将两者融合到一个框架内考察，或许能够为相关研究提供有益的补充。

同时，随着我国风险投资事业的迅速发展，风险投资的范围和模式也已经发生转变，以往的研究主要集中于对中小板和创业板企业的考察，并且在时间选择上也集中在IPO前后的阶段，难以实现对风险投资的全面考察，因此，本书以沪深两市主板上市公司为基础，考察风险投资与企业并购活动之间的关系。

本书从风险投资行业和企业并购活动的发展历程及现实背景出发，以理论基础为指导，系统地考察了风险投资在企业进行并购活动的事前、事中及事后各阶段的作用。并在理论与实际相结合的基础上提出了相应的研究预期，以严谨的实证方法从并购可能性、并购行为特征和并购绩效等角度层层递进地考察了风险投资对企业并购活动事前、事中及事后各阶段的影响。并在拓展研究中，进一步考察了风险投资特征、制度效率地区差异和企业产权性质差异的不同作用。通过以上系统的考察，得出如下主要结论。

首先，在风险投资与企业并购可能性方面，本书的研究发现，风险投资能够显著促进企业的并购可能性，并且这一影响在制度效率较高的地区和民营企业样本中更加显著。此外，联合投资方式对企业并购可能性有显著正向影响，但区分外资和国有背景特征的检验则不具有显著性。上述结果为进一步检验风险投资对企业并购行为特征以及最终并购绩效的影响提供了基本的前提条件。

其次，在风险投资与企业并购行为特征方面，风险资本参与的企业有显著更高的现金支付、更可能寻求控制权的转移、更不可能进行关联方并购、更少聘请专业咨询机构。但在并购频率、并购规模和并购溢价方面，没有发现风险投资的显著影响。从这一结果来看，风险投资对企业并购行为特征的影响并非面面俱到，而是有所侧重的。此外，联合投资对现金支付具有显著的正向影响，当风险资本的外资背景时，企业在并购中更不可能聘请专业咨询机构。在制度效率较低的地区，风险资本参与的企业更可能在并购中获取控制权、更不可能进行关联交易；而在制度效率较高的地区，风险资本参与的企业更可能采用现金支付，更不需要聘请专业咨询机构。在民营企业样本中，风险资本参与的企业更可能采用现金支付，也更可能寻求控制权转移，但更不可能进行关联方并购。

最后，在风险投资与企业并购绩效方面，本书以风险投资与企业并购行为特征的考察为基础，进一步考察了风险投资对企业并购绩效的直接影响，以及通过并购行为特征的变化而对绩效产生的间接影响。研究发现，在以 EPS 为基础衡量的并购绩效中，风险投资对企业并购后两年内的绩效变化存在显著的负向影响，并且，高比例的现金支付是风险投资间接导致并购绩效下降的重要因素。此外，国有背景的风险资本是造成并购绩效显著恶化的主要因素，风险资本对短期绩效的负向影响在制度效率较低的地

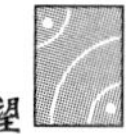

区更为显著，而对长期绩效的负向影响在两类地区之间没有太大差异。风险资本对企业并购绩效的负向影响主要体现在国有企业样本中。

7.1.2 研究启示

通过上述研究结果，本书得到如下几点启示。

第一，对风险投资行业发展的一些思考。由本书的研究结论可知，风险投资对企业并购活动的事前、事中及事后各个阶段均具有非常重要的影响。风险投资的“教练”和“参谋”角色发挥了重要作用，能够更积极地引导企业进行并购活动，使企业的眼光不再局限于有关联关系的目标范围，也有更强的实力采用现金支付，并将获得目标企业的控制权作为战略布局中的必要手段。同时，当风险资本的职业能力获得了市场和企业的充分认可时，可能会对专业咨询机构产生一定的替代效应。上述结果说明，风险投资对企业乃至行业的发展都具有重要作用，在 21 世纪的全球化浪潮中，必将成为推动我国产业转型升级的重要力量。然而，随着近年来本土风险投资机构的迅速崛起，高速成长的背后仍然保留着一些固有的问题，例如，本书对并购绩效的考察所反映出来的，虽然风险投资本身具有高风险高收益特征，但在被投资企业的并购活动中，在关注战略价值的同时，对财务业绩的风险控制意识有待加强；在专业咨询能力和风险控制方面，本土风险投资机构相比于外资机构而言，仍然有不小的差距。在地区差异方面，风险投资应进一步加强对落后地区的支持力度，虽然面临业绩风险等诸多问题，但仍有极大的发展潜力等待被挖掘。在产权性质差异方面，风险投资在民营企业中已经充分发挥出积极作用，在一定程度上成为推动民营经济崛起的重要力量。但风险投资对国有企业的影响力非常有限，对我国的国有企业改革而言，仍有很长的路要走。

第二，对 21 世纪全球化并购浪潮的一些思考。在本书的研究过程中，联想到当前正在如火如荼地进行中的第六次并购浪潮，将全球性和战略性的观念深深植入了世界人民心中。但对于此次并购浪潮的认识，仍需要冷静地对待。本书对主板上市公司的考察中，现金支付、控制权转移、非关联方并购等方面在一定程度上体现了此次并购浪潮的战略特征。值得肯定的是，风险投资在其中发挥了较为积极的作用。但更值得思考的问题是，在具有更多不确定性的并购活动中，如何确保并购后的整合效果。并购失败的案例比比皆是，在相似甚至相同的问题面前折戟沉沙的也不在少数。当潮流的力量裹挟着人们不断朝前再朝前的时候，我们对“战略价值”的追求已经不再是“战略价值”本身了，而是这雷霆万钧之势所带来的表层的刺激。当真正的“战略价值”被表象化时，一场原本可能改变命运的并购活动就很可能成为一次“雷声大雨点小”的闹剧。对于企业而言，当我们所强调的“战略意义”无法最终转化为企业的经济效益时，其实已经为失败做了注释。因此，借这篇文章，希望所有身处经济浪潮中的人们，都能够保持一双明亮的眼，一颗本真的心，去发现真正的“战略价值”到底是什么。这一价值或许需要几年、十几年的时间才能逐渐显现，但我们一定要确知，它到底是什么。

第三，对学术研究的一些思考。本书使用一定的篇幅介绍了风险投资和企业并购的发展历程及现状，目的在于为大家展示风险投资行业真实的发展情况。不可否认，风险投资诞生之初致力于为高科技中小企业和创业企业提供支持，但一路30年发展至今，我国的风险投资事业如今早已超越最初的“界限”，已经不能再以个别行业或个别成长阶段来划定它的范围。在以证监会2012年行业代码统计的结果中，风险投资的行业分布除了在教育、维修和居民服务、卫生和社会工作等公共事业领域没有涉足之外，达到了全行业覆盖的广度。在深度投资方面，对投资阶段的统计结果显示，风险资本投资的企业分布于企业生命周期的各个阶段。本书以主板上市公司为样本的统计结果中，有风险资本参与的样本量占比约为20.3%，虽然不是绝对多数，但已经达到了值得我们关注的水平。如此之下，我们的研究更应该及早将研究视野扩展至成熟企业和主板上市公司。只有当我们的研究能够保持与行业同步发展时，才能对我们国家整体经济发展提供更有价值的参考。此外，在并购的业绩表现方面，并购的战略价值需要较长的时期才能逐渐转化为经济价值，这也成为未来值得期待的新话题。

7.2 研究局限与未来展望

虽然本书研究的谋篇布局力求在理论与实际的基础上，对风险投资与

企业并购行为及绩效的关系进行系统全面的考察，但仍然存在不足之处。

首先，在样本的选择方面，由于关键变量 EPS 的数据样本只有 2006～2016 年，而对绩效的考察需要在尽量长的期间内获得滞后变量和未来变量，因此，在未来仍然可以不断延长并购绩效的考察期间，力求在必要的时期内，去探索风险投资的长期价值投资理念对企业并购的积极影响。

其次，在对并购绩效的衡量方面，现有研究主要有两种方法衡量并购绩效，一种是基于累计超额收益（CAR）的事件研究法，另一种是基于会计指标的衡量方法。考虑到对并购溢价和并购绩效的考察的连贯性和一致性，本书秉持会计研究回归会计基础的理念，最终选择以会计指标考察并购绩效。目前我国学者对会计指标的选择也存在多种情况，本书在考察了众多指标的使用情况之后，从中选取了最有代表性的两个指标，ROA 和 EPS，作为本书对并购绩效的衡量指标。未来的研究中，将进一步探索其他业绩指标是否会受到风险投资的影响。

最后，在风险投资的特征变量方面，由于目前掌握的数据库中只能对联合投资方式和风险投资背景特征进行有效考察，限制了对风险投资其他特征的考察。因此，未来对风险投资相关数据的收集仍是一项重要任务，力求对风险投资的声誉效应、网络效应等进行更为全面的考察。

附录 A 美国风险资本发展历程

本书将以美国为例，简要介绍发达国家的风险投资行业发展历程。据现有资料的记载，从 20 世纪 50 年代起至今，美国的风险投资行业大致经历了以下五个发展阶段。

第一阶段，20 世纪 40 年代至 60 年代末，这一时期是美国风险投资行业的起步期。40 年代至 60 年代末，是美国刚刚经受了 30 年代的大萧条时期之后的历史阶段，当时人们普遍意识到，支持高速成长的创业公司的现有融资方式有其不合理之处。许多具有高速成长潜力的公司缺乏资金，但拥有大量资金的投资者却没有时间和能力与这些公司充分沟通，更无法进行有效管理。同时，严格而烦琐的贷款程序和政治干预等问题都无法使资金和高速成长的企业之间达到双向对接。因此，拉尔夫 · 弗兰德斯（Ralph Flanders）于 1945 年 10 月提出，为了避免经济的再次萧条，需要成立一家新的公司，专门为创业企业提供融资。于是，第一家正式的风险投资机构，美国研究和发展公司（American Research and Development Corporation，ARD）成立，这一事件也成为美国风险投资行业诞生的标志。需要说明的一点是，ARD 的成立并非只是为了赚钱，而是有着更为深层的一系列目标（乔希 · 勒纳等，2015）。因此，拉尔夫 · 弗兰德斯最初即提出 ARD 不仅要在项目选择的风险分散等方面比大多数个人投资更为系统化，并且，这家公司要想获得长期的成功，有必要引入全国的信托基金（如养老金等）。但在 ARD 发展的最初阶段，一直无法解决广泛的社会目标与获取财务回报之间的矛盾，其投资理念并未获得广泛认可，管理经验不足也导致业绩回报的差强人意。直到 ARD 最著名的一笔投资，1957 年 ARD 投资于美国数字设备公司（Digital Equipment Corporation，DEC）并最终大获成功，这一事件成为改写美国风险投资行业的榜样。ARD 是传统的风险投资模式的开创者，其特点是进行权益资本投资，投资期长，并且很有可能要在短时间内

承受无法获得盈利甚至负现金流的压力。但 ARD 的成功最终证明，给私人风险投资机构注资，然后再投资于创业企业的投资理念是完全可行的。

这一阶段中，另一个历史性的重要事件是 1958 年美国通过了小企业投资法（Small Business Investment Companies Act，SBICA），此法案首次推出了小企业投资公司（Small Business Investment Companies，SBIC）项目，成为新的风险投资组织形式。小企业投资公司受联邦小企业管理局的直接管辖，并得到政府两方面的政策优惠：一方面，它们可以直接从联邦政府借入资金；另一方面，可以享受政府提供的众多税收优惠政策。但其投资领域被严格限制在小企业。这一改革在 20 世纪 60 年代促进了美国风险投资行业的第一次快速发展，并成为 60 年代最重要的风险投资模式。但在 60 年代末 70 年代初，由于自身限制性因素较多、缺乏有经验的投资人才、资本市场的波动和越南战争等众多历史原因，这一项目在 60 年代末迅速衰退。但 SBIC 的历史贡献在于，它确实刺激了加州硅谷地区和波士顿 128 号公路地区的许多创业机构的发展，这两个著名的地区被称为美国企业家的摇篮。

第二阶段，20 世纪 60 年代末至 70 年代末。这一时期，美国的风险投资行业的发展基本上处于停滞状态，这是众多历史原因综合作用的结果。首先，美国经济进入了严重的“滞胀”时期。60 年代末 70 年代初，出现了经济危机、石油危机和越南战争等一系列的历史事件，美国的经济进入 60 年代的最低谷，甚至在 1970 年出现负增长，通货膨胀率达到 5.9%，失业率更是上升到了 4.9%。而到了 1975 年，美国经济的滞胀迅速恶化至通货膨胀率高达 9.8%。直到 70 年代末，再次出现的石油危机等冲击使得美国经济始终无法摆脱滞胀的阴影。其次，税收因素不利于风险投资活动的进行。缴纳的税额增加，风险投资的报酬率大为降低。最后，金融市场的不景气同样不利于风险投资活动的开展。70 年代中期，美国的 IPO 市场名存实亡，同时，经济萧条导致公司并购活动也进入低潮期。

第三阶段，20 世纪 70 年代末至 90 年代初。在 80 年代中前期，美国的风险投资行业迎来了第二次的繁荣时期。1979 年，美国劳工部修改了《雇员退休收入保障法案（ERISA）》，允许养老金投资于风险投资基金等高风险资产，这一法案极大地激励了众多专业基金的诞生，这些基金进而极大地发展了杠杆收购和夹层融资等多样化的投资工具。同时，美国国会于

1978年重新调整税率，将长期资本收益税率由49%降低至28%，1982年，进一步降低至20%。这极大地促进了风险资本的规模增长。这一时期的另一个重要记载是，自1958年首次诞生以来，有限合伙制，最终在80年代成为风险投资机构最主要的组织形式。风险投资行业的第二次繁荣，也是并购行业的繁荣发展阶段。20世纪80年代早期出现了一系列著名的风险投资案例和并购案例，一时风头无两。

好景不长，繁荣的不可持续性在1987年充分显露，风险投资基金和并购基金均在20世纪80年代最后几年急剧缩减，基金投资的回报率也出现急剧下降。衰退的因素纵然很多，1987年股灾的冲击、风险投资经验不足的投资者涌入带来行业竞争的加剧等，但无可否认的是，风险投资行业的命运正在悄然发生着改变。

第四阶段，20世纪90年代。这一时期，美国的风险投资行业重复着复苏与衰退的历史“样板”。信息技术的发展带来新的投资机会、缺乏经验的投资者退出市场缓解了竞争压力、IPO市场的发展提供了退出渠道等，20世纪90年代初期的复苏又一次使风险投资基金规模创造了更高的历史纪录。但繁荣之后所必然带来的行业竞争的增加、缺乏经验导致的估值过高、尽职调查不当等，又毫无悬念地引致新一轮的退潮期。

第五阶段，进入21世纪至今，是风险投资行业进入深度调整的时期。20世纪中后叶的50年里，美国的风险投资行业经历了一轮又一轮繁荣与衰退的浪潮，但最值得关注的是，在历经“大浪淘沙始见金”的历史轮回之后，风险投资机构自身的结构形式的转变。虽然过去几十年里，融资创新层出不穷，但私募股权机构的组织形式在20世纪60年代中期至90年代末长达三十多年的时间里，一直保持着有限合伙制的组织结构。值得注意的就是，进入21世纪之后，风险投资行业一方面在消化90年大发展之后的遗留问题；另一方面，较早觉醒的投资机构开始注意到如何实现差异化的问题。其中，最具代表性的是，2007年黑市集团宣布向公众发行股票。风险投资行业几经沉浮之后，真正开始沉淀下来，思考如何解决基金结构、提升运行效率等深层问题。在不断变化的竞争环境中，领先的投资机构开始意识到塑造“品牌”的重要性，努力想通过建立战略伙伴关系、提升增值服务等方式实现战略化转型。

从上述美国风险投资行业的发展历程可以看出，在短短五十年间历经

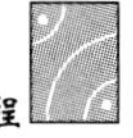

三次繁荣和衰退的美国风险投资行业已经顺利度过了一个新兴行业的不稳定的发展初期，开始进入深度发展时期。或许在这样一个深度调整时期，短期内的行业整体规模会略有调整，但不可否认的是，或许经历过“刮骨疗伤”的阵痛之后，会迎来第二个春天。

附录 B　中国风险资本发展历程

中国风险投资之父成思危先生曾多次提道："中国的风险投资事业从1985 年开始起步，到 1998 年 3 月全国政协九届一次会议将《民建中央关于加快发展我国风险投资事业的提案》列为会议的'一号提案'，在各方面的大力支持和推动下，我国风险投资事业得到了比较快速的发展"（成思危，1999）。从时间发展脉络上看，中国的风险投资事业的出现和演变有着其历史必然性。同时，不可否认的是，中国风险投资事业的发展历程一路追随着中国经济走势和资本市场的发展而发展。

第一阶段，1985 年至 20 世纪 80 年代末。这一时期，中国风险投资事业实现了从无到有的伟大变革。1985 年，中共中央《关于科学技术体制改革的决定》中指出："对于变化迅速、风险较大的高技术开发工作，可以设立创业投资给予支持。"这是我国中央文件中首次提出以风险投资方式支持高科技产业的发展。同样是在 1985 年，中国第一家风险投资公司——中国新技术创业投资公司成立，作为主要股东的国家科委和财政部等国家机关，体现了中国发展风险投资事业的国家意志。1986 年国家科委首次提出了发展我国风险投资事业的战略方针，标志着我国风险投资行业的发展正式开始。80 年代初的中国，正式以国家战略实施"改革开放"，从计划经济向市场经济的伟大转型，需要一个完善的金融体系和多元化的资本市场。同时，1988 年 6 月，邓小平同志在全国科学大会上提出"科学技术是第一生产力"的论断。为了鼓励科技创新，国家社会都需要建立一个全新的融资渠道为科技创业企业提供支持。这是中国风险投资行业得以产生的历史必然条件。虽然有国家层面的需求和供给因素，但在行业形成初期，发展速度十分缓慢。任何一个新生事物的产生，都需要经历的"破土而出"，或许是为日后的蓬勃发展积蓄力量。

第二阶段，20 世纪 90 年代初至 20 世纪末。这一时期是中国风险投资

行业搭建上层制度架构的重要时期，也是中国风险投资行业的第一次发展小高潮。这一时期的快速发展有以下几方面的重要影响因素：其一，中国资本市场的建立和发展。1990 年 11 月 26 日，上海证券交易所正式创立。同年 12 月 1 日，深圳证券交易所开始营业。中小板的设立也已经在筹划之中。我国的资本市场建设逐渐步入正轨。虽然在设立初期难免遭遇 IPO 短暂停摆的无奈之举，但中国资本市场的发展始终未曾停止脚步。其二，社会主义市场经济建设目标的提出，以及金融体制改革等经济改革的深化。其三，风险投资制度建设开始初步探索。1991 年 3 月 6 日，国务院发布《国务院关于批准国家高新技术产业开发区和有关政策规定的通知》，政府主导设立的一批风险投资机构，成为支持中国风险投资行业发展的先行力量。此外，1992 年开始，海外的私募股权投资基金逐渐尝试进入中国，从此掀起了中国风险投资行业发展的第一次热潮。但由于相关制度安排和投资退出渠道的不顺畅等因素，外资机构进入中国后的发展遭遇了非常大的挫折，甚至出现退出中国的现象。到 90 年代后期，一系列政策文件的颁布实施为中国风险投资行业的发展提供了全新的保障。1998 年，民建中央在政协会议上的“一号提案”成为推进中国风险投资行业发展的开创性提案。随即在 1999 年相继出台两份重要文件，1999 年 8 月 20 日，国务院颁布《中共中央、国务院关于加强技术创新，发展高科技，实现产业化的决定》，1999 年 11 月 16 日，国务院办公厅转发了科技部等七部门联合出台的《关于建立风险投资机制的若干意见》，第一次从国家政策层面肯定了风险投资行业的正式地位。在 20 世纪即将结束的时刻，迎来了中国经济发展的黄金时期，以及中国风险投资行业蓬勃发展的曙光。

第三阶段，21 世纪前十年。这一时期，是中国经济，乃至世界经济，最不平静的十年，风险投资行业在发展之初即进入调整沉淀时期，但这一时期的制度建设却从未停止，风险投资行业的发展也从未停止。促进中小企业发展的法律政策文件、促进资本市场逐步完善的法律政策文件，以及建立风险投资行业专属的法律文件体系相继出台，深刻地改变着中国的制度面貌。

在企业发展层面，2001 年 4 月 28 日，全国人大通过并公布了《中华人民共和国信托法》，2001 年 10 月 1 日生效施行。2002 年全国人大通过《中华人民共和国中小企业促进法》。《中华人民共和国公司法》（2004 年 8 月

28 日、2005 年 10 月 27 日)、《中华人民共和国证券法》(2005 年 10 月 22 日)等相关法律的修订，为风险投资行业的法律体系建设奠定了基础。2005 年 11 月 15 日，国家发改委等部门联合发布《创业投资企业管理暂行办法》，自 2006 年 3 月 1 日起施行。2007 年 7 月 6 日，财政部和科技部联合发布《科技型中小企业创业投资引导基金管理暂行办法》。

在引入外资层面，2002 年 10 月 31 日商务部发布了《外商投资创业投资企业管理规定》，自 2003 年 3 月 1 日起施行。2003 年 6 月 4 日，国家税务总局发布《国家税务总局关于外商投资创业投资公司缴纳企业所得税有关税收问题的通知》。2004 年 11 月 17 日，商务部发布了《关于外商投资举办投资性公司的规定》。上述文件为鼓励外国投资者到中国从事创业投资提供了国家层面的制度优惠和保障。

在资本市场建设层面，2004 年初国务院发布的《关于推进资本市场改革开放和稳定发展的若干意见》，其中便包括对风险投资、中小企业板等内容的全面论述，并制定了发展的战略布局。2004 年 7 月 16 日，国务院发布《国务院关于投资体制改革的决定》文件，中国资本市场改革继续深化。2004 年 5 月 17 日，深圳证券交易所设立中小板，随即颁布了一系列的配套法律法规文件。2005～2006 年，国家进行股权分置改革，2009 年 10 月继续推出创业板。此外，证券公司直投业务试行，多家证券公司已获准进入风险投资行业。同时，全国社保基金在一定条件下允许进入风险投资基金，保险资金直投业务逐渐放开。这一系列举措，极大地推动了我国资本市场的多层次化和多元化发展，为风险投资提供了更顺畅地退出渠道和更完善的制度保障，并带来了风险投资行业的第二次短暂的投资高潮，同时也出现了一批成功的投资案例。

21 世纪的前十年，中国经济改革的大事件不断推进多元化资本市场架构渐趋完善，我国的金融改革步伐也始终坚定地向前走着。但 21 世纪的前十年又是不平静的十年。2000 年互联网泡沫破裂，科技企业首当其冲。2008 年金融危机席卷全球，中国的资本市场同样难以幸免。

第四阶段，21 世纪第二个十年早期至今。进入 21 世纪第二个十年之后，出现在人们视野中最多的词汇或热点是“中国的崛起”。全球经济逐渐从金融危机中复苏，中国经济保持了数十年的高速增长之后，逐渐由数量型增长转向质量型增长的轨道。在全球金融危机的冲击下，全世界各个国

家都在努力摆脱负增长的阴影，中国经济逐渐展现出“一枝独秀”的风采，中国的风险投资行业也迎来了真正的春天。一个大国的崛起，往往意味着新的利益调整周期的开始（塞缪尔·亨廷顿，2010）。在21世纪的第二个十年里，我们已经看到，中国作为一个东方大国的崛起。在新的利益调整周期到来之际，中国经济转型，以及各行业的深度调整，将会成为一次独一无二的历史机遇。中国的风险投资行业正在积极进行自我调整，以顺应时代发展的需要。

首先，在制度建设层面，2013年1月18日，证监会发布《全国中小企业股份转让系统有限责任公司管理暂行办法》，进一步完善多层次资本市场建设。2013年12月28日，全国人大常委会再次对《中华人民共和国公司法》进行了修订。2014年7月11日，证监会正式公布《私募投资基金监督管理暂行办法》。2015年，证监会发布《私募投资基金募集行为管理办法（试行）（征求意见稿）》，并于2016年4月15日正式发布《私募投资基金募集行为管理办法》。2016年9月20日，国务院发布《关于促进创业投资持续健康发展的若干意见》。在此期间，一系列的国家文件为风险投资行业的持续健康发展提供了制度层面的指导和规范，风险投资行业特有的法律规范体系正在进一步建立和完善。

其次，经过前十年的调整和沉淀之后，中国风险投资行业本身的特征也在悄然改变。一方面，风险投资的投资领域表现出全行业化特征，不再局限于科技领域的中小企业。2007年2月5日，《商业周刊》的文章中写道：“2006年美国风险投资领域呈现出三大新趋势：风险投资规模越来越大、投资目标开始转向成熟公司以及更加关注美国之外的市场。”同样的，中国的风险投资行业也出现了相似的转变。新一轮风险投资潮开始关注传统项目，传统行业的连锁品牌效应更容易产生广泛影响，而且传统行业的转型升级具有广阔的市场前景，属于成长性和回报率兼顾的投资领域。另一方面，风险投资机构自身的组织形式变得更加灵活，从最初的公司制，到2007年推出有限合伙制，到进入21世纪后个人资本和民间社会资本进入以及由此激发的机构运行效率问题，警醒较早的风险投资机构已经在及时调整自身的组织结构形式，以尽快适应行业和经济发展的新趋势。

虽然中国风险投资的规模已经在2012年超过欧洲，至今已成为仅次于美国的第二大风险投资市场。但我们始终要坚持和不断强调的一个理念就是，中国的风险投资行业乃至整个经济发展都要寻求高质量的发展模式。值得欣慰的是，中国的风险投资行业经过早期的不懈探索和沉淀之后，在新时期充分发挥了其厚积薄发的力量。同时，面对21世纪全球风险投资行业的转型，中国的风险投资行业及时抓住了这次机会，逐渐形成了具有中国特色的发展模式。

中国的风险投资行业发展至2013年左右，一批新生代的投资人开始引领风险投资行业的第二次"裂变"，VC2.0时代已经悄然来临（投资界，2017）。在《中国创投简史》这本书中，作者简明而又深刻地分析道："2005年左右，中国VC行业曾经历一次裂变：沈南鹏、阎焱、徐新、张磊纷纷设立新的基金，催生了红杉资本中国、赛富亚洲、今日资本、高瓴资本……若干年后，群英扛鼎、洪湖再举，一批新生代投资人效仿着他们的前辈们，从老牌基金中出走，创立新基金……"

在VC2.0时代，成长于外资机构的许多优秀的投资人纷纷出走，创立自己的基金，本土机构已然应声而起。与此同时，本土创投机构自身经过长久的积累发展，也已步入一个调整和更新的时期。2015年7月16日，深圳市国资委下发人事任免通知，自此，广为人知的深圳市创新投资集团有限公司（简称"深创投"）董事长靳海涛正式告别他深耕了11年的深创投。这似乎在告诉世人，风险投资行业已然成为新生代的天下。无论从资金募集还是投资方面看，游戏规则已经逐渐被中生代投资人重新定义。

《中国创投简史》一书的落笔点是一段看似平常却非常值得大家深思的文字："中科招商掌舵人单祥双向媒体披露了其对中科招商发展的终极构想：构建资本的全产业链和要素的大系统平台，不是简单地将投资前移到VC或天使阶段，而是从种子基金、天使基金、VC基金、PE基金、并购基金、政府引导基金六种资本联动。"我们有理由相信，风险投资机构未来的发展方向将与平台化的发展模式全面对接，投资机构立足于PE/VC，但不再局限于PE/VC，将向早期天使投资和后期乃至二级市场全面拓展，"大型VC机构的全产业链模式正在形成"。而我们的学术研究必然要紧跟时代发展的脚步。表B-1为我国风险投资行业发展大事记。

表1　　我国风险投资行业发展大事记

日期	相关机构	事件	主要内容及作用
1985年	中共中央	《关于科学技术体制改革的决定》	“对于变化迅速、风险较大的高技术开发工作，可以设立创业投资给予支持。”这是我国中央文件中首次提出以风险投资方式支持高科技产业的发展
1985年9月	国家科委和财政部等国家机关	国务院正式批准中国新技术创业投资公司成立	中国第一家风险投资公司，作为主要股东的国家科委和财政部等国家机关，体现了中国发展风险投资事业的国家意志
1986年	国家科委	科学技术白皮书	首次提出了发展我国风险投资事业的战略方针，标志着我国风险投资行业的发展正式开始
1990年11月26日	国务院、中国人民银行总行	上海证券交易所正式创立	中国资本市场的建立和发展迈出关键一步
1990年12月1日	国务院、中国人民银行总行	深圳证券交易所开始营业	中国资本市场的建立和发展迈出关键一步
1991年3月6日	国务院	《国务院关于批准国家高新技术产业开发区和有关政策规定的通知》	政府主导设立的一批风险投资机构，成为支持中国风险投资行业发展的先行力量
1992年	党的十四大	社会主义市场经济建设目标	正式确定中国经济体制改革的目标是建立社会主义市场经济体制
1992年		外资私募股权投资基金进入中国市场	海外的私募股权投资基金逐渐尝试进入中国，从此掀起了中国风险投资行业发展的第一次热潮

续表

日期	相关机构	事件	主要内容及作用
1993年12月29日	全国人民代表大会	《中华人民共和国公司法》	为风险投资行业的法律法规体系建设奠定了基础，风险投资行业发展的制度基础初步建立
1998年12月29日	全国人民代表大会	《中华人民共和国证券法》	为风险投资行业的法律法规体系建设奠定了基础。风险投资行业发展的制度基础初步建立
1998年3月	全国政协九届一次会议	《民建中央关于加快发展我国风险投资事业的提案》	风险投资事业的发展受到国务院有关部门的高度重视和社会的广泛关注，在政府部门和科技、经济、金融等各界人士的积极支持下，形成了倡导风险投资的热潮。短短一年内，国内已发表有关文章1000余篇，召开不同规模的研讨会近20次，进行了积极的理论探讨；在实践上，筹集国内外资金数十亿元建立风险投资基金，各地还组建了一批风险投资公司，开展业务活动（李世杰，1999）
1999年4月8日	全国政协、民建中央	进一步推进风险投资事业发展研讨会	在理论和实践上进一步推进我国风险投资事业的发展，就我国风险投资发展现状及未来趋势、风险投资的国际比较、风险投资管理公司运作中的经验和问题、风险投资基金的募集与管理、开辟二板市场的条件与时机、政府在发展风险投资事业中的作用等问题，进行了热烈的讨论（李世杰，1999）
1999年8月20日	国务院	《中共中央、国务院关于加强技术创新，发展高科技，实现产业化的决定》	第一次从国家政策层面肯定了风险投资行业的正式地位

续表

日期	相关机构	事件	主要内容及作用
1999 年 11 月 16 日	国务院、科技部等七部门	《关于建立风险投资机制的若干意见》	第一次从国家政策层面肯定了风险投资行业的正式地位
2001 年 4 月 28 日	全国人民代表大会	《中华人民共和国信托法》	为风险投资行业的法律法规体系建设奠定了基础，风险投资行业发展的制度基础逐步完善
2002 年	全国人民代表大会	《中华人民共和国中小企业促进法》	为风险投资行业的法律法规体系建设奠定了基础，风险投资行业发展的制度基础逐步完善
2004 年 8 月 28 日	全国人民代表大会	《中华人民共和国公司法》第二次修订	为风险投资行业的法律法规体系建设奠定了基础，风险投资行业发展的制度基础逐步完善
2005 年 10 月 27 日	全国人民代表大会	《中华人民共和国公司法》第三次修订	为风险投资行业的法律法规体系建设奠定了基础，风险投资行业发展的制度基础逐步完善
2004 年 8 月 28 日	全国人民代表大会	《中华人民共和国证券法》第一次修订	为风险投资行业的法律法规体系建设奠定了基础，风险投资行业发展的制度基础逐步完善
2005 年 10 月 27 日	全国人民代表大会	《中华人民共和国证券法》第二次修订	为风险投资行业的法律法规体系建设奠定了基础，风险投资行业发展的制度基础逐步完善
2005 年 11 月 15 日	国家发改委等部门	《创业投资企业管理暂行办法》	为风险投资行业的法律法规体系建设奠定了基础，风险投资行业发展的制度基础逐步完善

续表

日期	相关机构	事件	主要内容及作用
2007 年 7 月 6 日	财政部、科技部	《科技型中小企业创业投资引导基金管理暂行办法》	为风险投资行业的法律法规体系建设奠定了基础，风险投资行业发展的制度基础逐步完善
2002 年 10 月 31 日	商务部	《外商投资创业投资企业管理规定》	为鼓励外国投资者到中国从事创业投资提供了国家层面的制度优惠和保障
2003 年 6 月 4 日	国家税务总局	《国家税务总局关于外商投资创业投资公司缴纳企业所得税有关税收问题的通知》	为鼓励外国投资者到中国从事创业投资提供了国家层面的制度优惠和保障
2004 年 11 月 17 日	商务部	《关于外商投资举办投资性公司的规定》	为鼓励外国投资者到中国从事创业投资提供了国家层面的制度优惠和保障
2004 年	国务院	《关于推进资本市场改革开放和稳定发展的若干意见》	其中包括对风险投资、中小企业板等内容的全面论述，并制定了发展的战略布局
2004 年 7 月 16 日	国务院	《国务院关于投资体制改革的决定》	中国资本市场改革继续深化
2004 年 5 月 17 日	国务院、证监会	深圳证券交易所设立中小板	我国资本市场的多层次化和多元化发展，为风险投资提供了更顺畅地退出渠道和更完善的制度保障
2005 ~ 2006 年	国务院、证监会	股权分置改革	我国资本市场的多层次化和多元化发展，为风险投资提供了更顺畅地退出渠道和更完善的制度保障

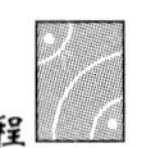

续表

日期	相关机构	事件	主要内容及作用
2009年10月	国务院、证监会	创业板正式上市	我国资本市场的多层次化和多元化发展，为风险投资提供了更顺畅地退出渠道和更完善的制度保障
2013年1月18日	证监会	《全国中小企业股份转让系统有限责任公司管理暂行办法》	进一步完善多层次资本市场建设
2013年12月28日	全国人民代表大会	《中华人民共和国公司法》修订	风险投资行业发展的制度基础进一步完善
2014年7月11日	证监会	《私募投资基金监督管理暂行办法》	风险投资行业特有的法律规范体系得到进一步建立和完善，风险投资行业发展的制度基础进一步完善
2015年	证监会	《私募投资基金募集行为管理办法（试行）（征求意见稿）》	风险投资行业特有的法律规范体系得到进一步建立和完善，风险投资行业发展的制度基础进一步完善
2016年4月15日	证监会	《私募投资基金募集行为管理办法》	风险投资行业特有的法律规范体系得到进一步建立和完善，风险投资行业发展的制度基础进一步完善
2016年9月20日	国务院	《关于促进创业投资持续健康发展的若干意见》	风险投资行业特有的法律规范体系得到进一步建立和完善，风险投资行业发展的制度基础进一步完善

附录 C　全球并购市场发展历程

第一次并购浪潮：1895～1904 年，以横向整合（horizontal consolidation）为主要特征。

18 世纪的工业革命带领世界进入机器时代，19 世纪的第二次工业革命进一步带领世界进入电气化时代。19 世纪下半叶，科学技术的巨大进步，极大地推动了社会生产力的发展，单独依靠企业内部积累的增长方式已经无法满足生产发展的需要。先进的技术设备和社会化大生产的要求，为行业的大规模并购创造了条件，国民经济的许多重要行业通过资本集中的并购活动组成了规模巨大的垄断公司。第一次并购浪潮以横向并购为主，主要为了实现行业内的横向整合，形成规模经济，集中资本进行规模化生产，因此，第一次并购浪潮主要发生在当时经济发展较为充分的美国、英国和德国等老牌资本主义国家，并且主要集中在重工业与基础工业等国民经济重要部门，最终形成了垄断的市场结构。

好的一点是，此次并购浪潮使美国大部分工业具备了现代结构。美国经济研究局拉尔夫·纳尔逊教授的研究发现，第一次并购浪潮中最重要的行业包括钢铁、食品加工、化工、交通设备、石化、金属制造产品、机械、煤矿。在工业革命发源地——英国，并购活动也大幅增长，1880～1981 年，有 665 家中小型企业通过兼并组成了 74 家大型企业，垄断着主要的工业部门。在德国，虽然其工业革命完成较晚，但企业并购的发展速度非常快。1875 年，德国出现第一个卡特尔，通过大规模的并购活动，1911 年就迅速增长到 550～600 个，这些行业巨头们控制了德国国民经济的主要部门。在这股并购浪潮中，大企业在各行各业的市场份额迅速提高，形成了比较大规模的垄断。

第二次并购浪潮：20 世纪 20 年代，以纵向整合（vertical integration）为主要特征。

第二次并购浪潮：发生在第一次世界大战之后的经济复苏与繁荣时期，受到战后经济繁荣和基础设施建设迅速发展的影响。第二次并购浪潮始于1922年的经济复苏，终于1929年的经济大萧条。这一次并购浪潮以上下游的纵向整合为主。一方面，在第一次并购浪潮中形成的大型企业想要追求进一步的垄断地位，实现在更大的工业部门中的寡头垄断；另一方面，中型企业开始崛起，为了与既有的垄断企业抗衡，它们必须以并购的方式迅速壮大。

第二次并购浪潮：85%的并购活动属于纵向并购，最典型的案例是美国通用汽车的并购案例。1919～1930年，近12000家公司被并购。通过这些并购，主要工业国家普遍形成了主要经济部门的市场被一家或几家寡头垄断的局面。涉及的行业主要有公共事业、银行业、采矿业、石油化工和食品业。值得注意的是：首先，投资银行开始在并购活动中起主导作用；其次，许多并购活动是通过融资实现的，债务融资为投资者提供了获利机会，但也是一把双刃剑；最后，美国公司的金字塔控股结构开始涌现。

第三次并购浪潮：20世纪60年代，以多元化并购（diversified merger）为主要特征。

第二次世界大战后，各国经济经过十多年的复苏，在60年代迎来了经济发展的黄金时期，主要发达国家都进行了大规模的固定资产投资。此外，第三次科技革命带来计算机技术等众多新的科技成就的广泛应用，社会生产力实现了突飞猛进的发展。固定汇率制度、关税总协定下的关税减让安排以及低水平的石油价格等因素，都是促进此次并购浪潮兴起的历史必然条件。在这一经济发展的黄金时期，企业的发展战略不再局限于某一个或几个相关行业，而是将目光投射到非相关行业，从而分散市场风险。因此，混合并购和多元化并购成为本次并购浪潮的主要特征。据美国联邦贸易委员会统计，1965～1975年，混合并购交易数量占当时并购交易总数的80%。当然，决定这一时期并购活动特征的因素众多，比如美国当时处于反垄断最严厉的时期，这在很大程度上限制了企业进行横向并购和纵向并购的意愿和能力。这一时期，通过混合并购和多元化发展，美国出现了一批综合性的企业。

第四次并购浪潮：20世纪80年代，以杠杆并购（leveraged buy-out，LBO）为主要特征。

20世纪80年代的第四次并购浪潮起因于美国政府为了走出70年代经济衰退、企业竞争力式微而进行的一系列变革，里根政府实施解除管制政策成为这次并购浪潮的起点。里根经济学导致普遍的企业估值偏低现象，为市场提供了并购需求。同时美国利率市场化后对高收益资产的需求增加，垃圾债的市场需求水涨船高，用垃圾债券进行杠杆收购成为这次并购浪潮的重要特征。第三次并购浪潮中形成的许多大企业出现经营不善、效益下降等“大公司病”，在第四次并购浪潮中也在寻求重组和融资。

第四次并购浪潮的显著特点主要有：以债券融资的杠杆并购为主，且并购范围广泛，并购交易量巨大、规模空前；并购对象扩展到海外公司，开始出现跨国并购案例；大型公司也开始成为并购目标，甚至出现了小企业并购大企业的现象；恶意收购、“门口的野蛮人”现象大量出现，并购手法复杂多变；投资银行开始在并购活动中发挥重要作用。

第五次并购浪潮：20世纪90年代至21世纪初，以全球并购为主要特征。

第五次并购浪潮始于1992年波斯湾战争结束后的美国经济复苏，20世纪90年代以来，经济全球化和一体化成为时代主题。在此背景下，跨国并购成为对外直接投资的主要方式。因此，这一时期首次出现了真正意义上的全球性的战略并购案例。最典型的案例是埃克森美孚的并购案例和AOL与时代华纳的并购案例。这一阶段的早期，跨国并购活动主要集中在发达国家，后期蔓延至发展中国家。

20世纪90年代的并购热潮区别于80年代第四次并购热潮的一点在于，并购对价方式出现多元化的灵活策略。股份转换的并购模式为大型并购的发生提供了可能性。因此，金额巨大的并购案例层出不穷，而且很多案例都是行业龙头之间的强强联合。巨额并购的背后，是对固有的行业结构和竞争格局的重新“洗牌”，对市场势力进行再分配的过程。例如，在汽车行业，先后出现了戴姆勒-奔驰并购克莱斯勒、福特并购沃尔沃、雷诺收购日产、通用并购菲亚特等重大事件，最终全球汽车行业的市场集中度迅速提高。

虽然在21世纪初互联网泡沫破裂之后，现金并购和杠杆收购的方式又开始高涨，但杠杆收购的操作手法相对更加保守，收购资金主要来源也不再是垃圾债券，而是大规模的并购投资基金。

第五次并购浪潮是一种战略驱动型并购活动，更多的是着眼于企业未来的战略布局，而不再像以往的并购活动那样，主要基于眼前的经营风险或财务压力。科技的进步和产业管制的解除为并购市场带来了新一波的并购需求。这一时期，也成为科技企业并购的高潮期。此次并购浪潮主要集中在电信、金融、医药、汽车、传媒及互联网行业，最值得关注的是，新兴行业与传统行业的结合成为此次并购热潮的历史必然结果。新兴产业的发展以传统产业为依托，传统产业积极寻求战略转型，同样需要开拓新兴产业的市场。

第六次并购浪潮：2013 年至今，以战略并购和跨国并购为主要特征。

2008 年金融危机后，全球经济活动陷入低潮。直到2014 年左右，乐观情绪重新回归市场。同时，这段时间，中国的海外并购出现井喷式增长，成为本次并购浪潮的主要推动力量之一。也有观点认为，此次并购浪潮是第五次并购浪潮的延续，但无论如何划分，不可否认的是，近几年的并购活动呈现出与第五次并购热潮相类似的特征，跨国（横向）并购和战略并购的案例频繁发生，全球并购活动向着战略型并购和跨国并购的方向深度发展。

2014 年 4 月 7 ~ 11 日德国汉诺威工业博览会向全世界推出了“工业 4.0”概念。在第三次工业革命方兴未艾，“信息时代”开创的全球化格局重新确立的时候，第四次工业革命已经悄然来临。第四次工业革命带来了科技的新一代创新，人工智能、清洁能源、量子信息技术、虚拟现实等成为新时代科技的最前沿，但时代的进步又不仅仅局限于科技创新，更重要的是解决历次工业革命遗留的人与自然的矛盾冲突，着力解决全球能源与资源危机、生态环境危机和气候变化危机。

附录 D　中国并购市场发展历程

中国的企业并购活动的萌芽是中国经济进入工业化进程之后的必然结果。虽然中国的工业化历程尚未完全实现，企业并购活动也仅有三十年的发展历程，但中国并购市场在三十年的发展历程中几乎完整经历了美国等发达国家五次并购发展周期的"浓缩版"。自 1984 年出现现代企业制度下的并购活动萌芽至今，中国公司并购市场与风险投资行业相类似的一点是，在最初的起步阶段，都离不开政府力量的强力扶持。回顾中国的公司并购发展历程，将其大致划分为以下三个阶段。

第一阶段，1984 年至 20 世纪 80 年代末，这一阶段是中国企业并购活动的起步阶段。

普遍观点认为，中国第一次的现代企业制度下的并购活动以 1984 年出现的"保定模式"和"武汉模式"为标志。20 世纪 80 年代初，政府开始着力解决亏损企业的经济效益问题和财政压力，随着政府和企业之间的所有权与经营权的分离，政府职能与企业职能的划分逐渐受到重视，企业产权界定成为改革的必然要求，企业产权转让和并购活动成为当时解决企业亏损的首选良策。虽然在最初 1984～1987 年的几年里，企业产权转让和并购活动仅在少数城市和少数企业进行试点，但尝试效果非常好，随后在 1987 年至 80 年代末的几年里，从少数城市试点推广至全国范围，并购的动机也由最初的消除亏损企业，发展到以企业主动性的经济结构调整为目标。并购形式由最初的承担债务和出资购买资产等形式发展到出现参股式和控股式并购等多样化的并购形式。并购的地域范围由最初的同一区域和同一行业的内部并购，发展到出现跨区域和跨行业的并购活动。

1989 年 2 月 19 日，国家体改委、国家计委、财政部和国有资产管理局联合发布的《关于企业兼并的暂行办法》，是中国第一部有关企业并购的行政法规。这一法规的颁布，也成为中国公司并购历史上的一个标志性事件，

自此，中国逐渐形成了全国性的企业产权交易市场和逐渐规范化的公司并购活动。

第二阶段，1992 年至 20 世纪 90 年代末，这一阶段是中国企业并购活动规范化发展的关键阶段，逐渐由政府主导向市场化发展过渡。

这一时期的快速发展主要有以下几个方面的重要影响因素：其一，市场经济体制的确立。自 1992 年，中国确立市场经济改革方向开始，中国的产权交易和产权市场的发展逐渐向着市场化和规范化发展，并且成为企业改革的重要领域。1993 年中共十四届三中全会通过《中共中央关于建立社会主义市场经济体制若干问题的决定》，其中指出，“明晰产权关系，让产权流动和重组”。1995 年 7 月 11 日，中国正式提出申请加入世界贸易组织。在随后的几年里，中国为中国经济与世界经济的接轨，完全实现市场化改革，做出了众多努力。随着整体经济发展进程向着市场化方向逐步深入，企业并购活动也逐渐形成了市场化的发展基础。其二，中国资本市场的建立和发展。1990 年 11 月 26 日，上海证券交易所正式创立。同年 12 月 1 日，深圳证券交易所开始营业。中小板的设立也已经在筹划之中。我国的资本市场建设逐渐步入正轨。其三，市场法制环境等宏观环境和制度的规范化及逐步完善。1993 年 12 月 29 日第八届全国人大常委会第五次会议通过《中华人民共和国公司法》，并于 1999 年 12 月 25 日进行了第一次修订，1997 年 8 月 7 日，财政部颁布了《企业兼并有关会计处理问题暂行规定》，1999 年发布《中华人民共和国证券法》，中国的企业并购活动在处理细节上逐步规范化。

这一时期，上市公司并购活动开始成为中国企业并购市场中的重要部分。1993 年，深宝安并购上海延中实业，是中国第一起上市公司并购案例，也成为二级市场并购的典型案例。随着资本市场的初步建立和中国经济的快速发展，上市公司逐渐成为经济活动中的重要角色，上市公司的并购活动也逐渐增多，成为经济活动中至关重要的组成部分。随着国有企业改革的完善以及民营企业的迅速发展，这一时期的企业并购活动不再局限于国有企业和公有制企业，而是发展至各种所有制形式的企业普遍参与的阶段，并且，外国资本开始进入中国资本市场，外资并购也得到了一定程度的发展。同时，这一时期的企业并购活动表现出多元化的特征。企业并购动机不再是政府主导的被动型，而是企业自身发展需要的主动型。并购活动的范围和规模更甚于80年代的起步阶段，并且呈现出更加多样化的并购方式。例如，宝延事件的二级市场举牌方式。这一时期的并购支付方式也出现多种方式。例如，除现金支付之外，出现了定向增发、反向吸收合并、MBO以及混合支付方式等多种创新支付方式。更重要的一点是，中介机构，如投资银行等，开始在企业并购活动中发挥重要作用。所有这些特征说明，在20世纪90年代这一发展阶段，中国的企业并购活动逐渐形成了规范化、多元化的发展模式，产权交易市场由兴起发展到初步成熟的阶段。

第三阶段，自2000年至今，这一阶段是中国企业并购活动实现国际化发展的新时期。

2001年12月11日中国正式加入世界贸易组织，自此，中国经济全面市场化的时代真正到来，中国也真正进入了以市场化和国际化为基础的公司并购阶段，同时，相应的法律法规体系也在随着经济和时代的发展而逐步完善。

进入21世纪之后，经济全球化成为新时代的主题。由此掀起的第五次并购浪潮也以全球并购为主要特征。这一时期首次出现了真正意义上的全球性的战略并购案例。最典型的案例是埃克森美孚的并购案例和AOL与时代华纳的并购案例。这一阶段的早期，跨国并购活动主要集中在发达国家，后期蔓延至发展中国家。这一时期是中国企业并购市场全面对接国际并购市场的新阶段。随着中国企业并购市场的日渐成熟，市场整体渐趋理性，基于公司发展战略的并购活动逐渐增多。同时，随着民营经济的崛起，民营企业成为资本市场中的重要角色。此外，随着中国的强势崛起，中国企业的海外并购活动动作频频。例如，联想并购IBM的PC部门、TCL并购德国老牌施耐德电气以及中海油、中国电信、上汽集团等的海外并购案例，在全国乃至世界范围内引起较为广泛的关注。

2003年中国证券监督管理委员会（简称证监会）发布《关于要约收购涉及的被收购公司股票上市交易条件有关问题的通知》，2004年证监会发布《关于规范上市公司实际控制权转移行为有关问题的通知》，对于上市公司相关并购活动给予了更加严谨规范的指导。全国人大常委会于2004年8月28日和2005年10月27日两次修订《中华人民共和国公司法》，于2005年10月27日修订《中华人民共和国证券法》，2006年2月，财政部出台《企业会计准则》，证监会于2006年7月修订并发布了新的《上市公司收购

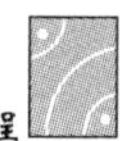

管理办法》，2010 年 8 月 28 日，国务院发布了《关于促进企业兼并重组的意见》，2011 年 11 月 28 日，国家工商行政管理总局发布《关于做好公司合并分立登记支持企业兼并重组的意见》，2013 年 6 月 29 日再次修订《中华人民共和国证券法》，2013 年 12 月 28 日再次修订《中华人民共和国公司法》2014 年 3 月 7 日，国务院发布《国务院关于进一步优化企业兼并重组市场环境的意见》，2014 年 6 月 3 日，最高人民法院发布《最高人民法院关于人民法院为企业兼并重组提供司法保障的指导意见》，企业并购相关法律体系随着经济和时代的发展而逐步完善，必将对我国企业并购活动和产权交易市场的发展产生深远影响。

中国企业并购活动的萌芽是中国经济进入工业化进程之后的必然结果，但有着自身独特的历史背景和发展要求。虽然中国并购市场的发展历程与美国等发达国家有所不同，但也几乎经历了企业并购从萌芽到成熟的全过程。在 21 世纪新时代的发展阶段，中国的企业并购已然实现了与国际并购市场的全面接轨，中国企业的视野也早已不再局限于“围城”之内，未来的发展趋势如何，让我们拭目以待。表 D－1 为我国企业并购市场发展大事记。

表 1　　我国企业并购市场发展大事记

日期	相关机构	事件	主要内容及作用
1984 年		“保定模式”“武汉模式”	中国第一次的现代企业制度下的并购活动
1989 年 2 月 19 日	国家体改委、国家计委、财政部、国有资产管理局	《关于企业兼并的暂行办法》	中国第一部有关企业并购的行政法规，自此，中国逐渐形成了全国性的企业产权交易市场和逐渐规范化的公司并购活动
1993 年	中共十四届三中全会	《中共中央关于建立社会主义市场经济体制若干问题的决定》	指出，“明晰产权关系，让产权流动和重组”

续表

日期	相关机构	事件	主要内容及作用
1990年11月26日	国务院、中国人民银行总行	上海证券交易所正式创立	中国资本市场的建立和发展迈出关键一步
1990年12月1日	国务院、中国人民银行总行	深圳证券交易所开始营业	中国资本市场的建立和发展迈出关键一步
1993年4月22日	国务院	《股票发行与交易管理暂行办法》	明确了上市公司进行兼并收购的相关法律规定
1993年		深宝安并购上海延中实业	中国第一起上市公司并购案例，也成为二级市场并购的典型案例
1993年12月29日	全国人民代表大会	《中华人民共和国公司法》	企业并购市场发展的制度基础初步建立
1997年8月7日	财政部	《企业兼并有关会计处理问题暂行规定》	企业并购市场发展的制度基础初步建立
1999年12月25日	全国人民代表大会	《中华人民共和国公司法》第一次修订	企业并购市场发展的制度基础初步建立
1998年12月29日	全国人民代表大会	《中华人民共和国证券法》	企业并购市场发展的制度基础初步建立
2001年12月11日	世界贸易组织	中国正式加入世界贸易组织	中国经济全面市场化的时代真正到来，中国也真正进入了以市场化和国际化为基础的公司并购阶段
2003年	证监会	《关于要约收购涉及的被收购公司股票上市交易条件有关问题的通知》	企业并购市场发展的制度基础逐步完善

续表

日期	相关机构	事件	主要内容及作用
2004 年	证监会	《关于规范上市公司实际控制权转移行为有关问题的通知》	企业并购市场发展的制度基础逐步完善
2004 年 8 月 28 日	全国人民代表大会	《中华人民共和国公司法》第二次修订	企业并购市场发展的制度基础逐步完善
2005 年 10 月 27 日	全国人民代表大会	《中华人民共和国公司法》第三次修订	企业并购市场发展的制度基础逐步完善
2004 年 8 月 28 日	全国人民代表大会	《中华人民共和国证券法》第一次修订	企业并购市场发展的制度基础逐步完善
2005 年 10 月 27 日	全国人民代表大会	《中华人民共和国证券法》第二次修订	企业并购市场发展的制度基础逐步完善
2006 年 2 月	财政部	《企业会计准则》	企业并购市场发展的制度基础逐步完善
2006 年 5 月 17 日	证监会	《上市公司收购管理办法》	企业并购市场发展的制度基础逐步完善
2005 ~ 2006 年	国务院、证监会	股权分置改革	我国资本市场的多层次化和多元化发展，企业并购市场发展的制度基础逐步完善
2010 年 8 月 28 日	国务院	《关于促进企业兼并重组的意见》	企业并购市场发展的制度基础逐步完善
2011 年 11 月 28 日	国家工商行政管理总局	《关于做好公司合并分立登记支持企业兼并重组的意见》	企业并购市场发展的制度基础逐步完善

续表

日期	相关机构	事件	主要内容及作用
2013年6月29日	全国人民代表大会	《中华人民共和国证券法》第三次修订	企业并购市场发展的制度基础逐步完善
2013年12月28日	全国人民代表大会	《中华人民共和国公司法》第四次修订	企业并购市场发展的制度基础逐步完善
2018年10月26日	全国人民代表大会	《中华人民共和国公司法》第五次修订	企业并购市场发展的制度基础逐步完善
2014年3月7日	国务院	《国务院关于进一步优化企业兼并重组市场环境的意见》	企业并购市场发展的制度基础逐步完善
2014年6月3日	最高人民法院	《最高人民法院关于人民法院为企业兼并重组提供司法保障的指导意见》	企业并购市场发展的制度基础逐步完善

参考文献

[1] 白俊红、王钺、蒋伏心、李婧：《研发要素流动、空间知识溢出与经济增长》，载《经济研究》2017年第7期，第111~125页。

[2] "促进跨国公司对华投资政策"课题组：《跨国公司在华并购投资：意义、趋势及应对战略》，载《管理世界》2001年第3期，第16~26、52页。

[3] [美] J. 弗雷德·威斯通、[韩] S. 郑光、[美] 苏珊·E. 侯格：《兼并、重组与公司控制》，唐旭等译，经济科学出版社1998年版。

[4] 蔡宁：《风险投资"逐名"动机与上市公司盈余管理》，载《会计研究》2015年第5期，第20~27页。

[5] 蔡宁、邓小路、程亦沁：《风险投资网络具有"传染"效应吗——基于上市公司超薪酬的研究》，载《南开管理评论》2017年第2期，第17~31页。

[6] 曹凤岐：《资本市场、中介机构与企业改组和并购》，载《金融研究》1996年第11期，第27~29页。

[7] 曾颖：《成熟期企业并购战略初探》，载《会计研究》1999年第9期，第36~44页。

[8] 陈刚：《高科技风险投资在国际上的发展及中国风险投资业的对策》，载《管理世界》2000年第6期，第184~185、189页。

[9] 陈工孟、俞欣、寇祥河：《风险投资参与对中资企业首次公开发行折价的影响——不同证券市场的比较》，载《经济研究》2011年第5期，第74~85页。

[10] 陈仕华、姜广省、卢昌崇：《董事联结、目标公司选择与并购绩效——基于并购双方之间信息不对称的研究视角》，载《管理世界》2013年第12期，第117~132、187~188页。

[11] 陈仕华、李维安：《并购溢价决策中的锚定效应研究》，载《经济研究》2016 年第 6 期，第 114～127 页。
[12] 陈仕华、卢昌崇：《企业间高管联结与并购溢价决策——基于组织间模仿理论的实证研究》，载《管理世界》2013 年第 5 期，第 144～156 页。
[13] 陈仕华、卢昌崇、姜广省、王雅茹：《国企高管政治晋升对企业并购行为的影响——基于企业成长压力理论的实证研究》，载《管理世界》2015 年第 9 期，第 125～136 页。
[14] 陈思、何文龙、张然：《风险投资与企业创新：影响和潜在机制》，载《管理世界》2017 年第 1 期，第 158～169 页。
[15] 陈信元、叶鹏飞、陈冬华：《机会主义资产重组与刚性管制》，载《经济研究》2003 年第 5 期，第 13～22、91 页。
[16] 陈信元、原红旗：《上市公司资产重组财务会计问题研究》，载《会计研究》1998 年第 10 期，第 1～10 页。
[17] 陈信元、张田余：《资产重组的市场反应——1997 年沪市资产重组实证分析》，载《经济研究》1999 年第 9 期，第 47～55 页。
[18] 陈玉罡、蔡海彬、刘子健、程瑜：《外资并购促进了科技创新吗?》，载《会计研究》2015 年第 9 期，第 68～73、97 页。
[19] 陈玉罡、李善民：《并购中主并公司的可预测性——基于交易成本视角的研究》，载《经济研究》2007 年第 4 期，第 90～100 页。
[20] 陈泽艺、李常青、魏志华：《媒体负面报道影响并购成败吗——来自上市公司重大资产重组的经验证据》，载《南开管理评论》2017 年第 1 期，第 96～107 页。
[21] 成思危：《积极稳妥地推进我国的风险投资事业》，载《管理世界》1999 年第 1 期，第 2～7 页。
[22] 成思危、中国风险投资研究院：《中国风险投资年鉴 2009》，民主与建设出版社 2009 年版。
[23] 党兴华、董建卫、吴红超：《风险投资机构的网络位置与成功退出：来自中国风险投资业的经验证据》，载《南开管理评论》2011 年第 2 期，第 82～91、101 页。
[24] 董小君：《企业并购：产业结构调整的经济体制》，载《中国工业经

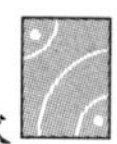

济》1996 年第 10 期，第 39 ~ 41 页。

[25] 樊纲、王小鲁、朱恒鹏：《中国市场化指数——各地区市场化相对进程 2009 年报告》，经济科学出版社 2011 年版。

[26] 樊行健、李锋：《风险投资体系的双重代理与财务目标趋同效应》，载《会计研究》2002 年第 2 期，第 45 ~ 48 页。

[27] 范从来、袁静：《成长性、成熟性和衰退性产业上市公司并购绩效的实证分析》，载《中国工业经济》2002 年第 8 期，第 65 ~ 72 页。

[28] 方军雄：《政府干预、所有权性质与企业并购》，载《管理世界》2008 年第 9 期，第 118 ~ 123、148、188 页。

[29] 费方域：《什么是公司治理?》，载《上海经济研究》1996 年第 5 期，第 37 ~ 40 页。

[30] 费一文：《中国证券市场股权收购绩效实证分析》，载《中国软科学》2003 年第 4 期，第 36 ~ 41 页。

[31] 冯根福、吴林江：《我国上市公司并购绩效的实证研究》，载《经济研究》2001 年第 1 期，第 54 ~ 61、68 页。

[32] 冯照桢、温军、刘庆岩：《风险投资与技术创新的非线性关系研究——基于省级数据的 PSTR 分析》，载《产业经济研究》2016 年第 2 期，第 32 ~ 42 页。

[33] 付辉、周方召：《退出不确定性与风险资本辛迪加联合投资——基于中国 IPO 暂停的准自然实验》，载《财经研究》2018 年第 10 期，第 82 ~ 97 页。

[34] 葛结根：《并购支付方式与并购绩效的实证研究——以沪深上市公司为收购目标的经验证据》，载《会计研究》2015 年第 9 期，第 74 ~ 80、97 页。

[35] 国家发展和改革委员会财政金融司、中国投资协会股权和创业投资专业委员会：《中国创业投资行业发展报告 2016》，企业管理出版社 2016 年 12 月第 1 版。

[36] 韩世坤、陈继勇：《中国企业跨国并购的智力支持和组织创新》，载《管理世界》2002 年第 1 期，第 146 ~ 147 页。

[37] 洪锡熙、沈艺峰：《公司收购与目标公司股东收益的实证分析》，载《金融研究》2001 年第 3 期，第 26 ~ 33 页。

[38] 胡峰、余晓东：《跨国并购和新设投资的比较——一个经济学分析框架》，载《财经研究》2003 年第 2 期，第 48 ~ 55 页。

[39] 胡国柳、胡珺、李少华：《政府控制、政府层级与企业并购绩效》，载《预测》2015 年第 1 期，第 54 ~ 59 页。

[40] 胡玲：《中外企业并购的支付方式比较》，载《中国工业经济》1998 年第 12 期，第 61 ~ 62 页。

[41] 胡志颖、蔡卫星、丁圆圆、韩金金：《风险投资减持过程中的机会主义——基于盈余管理视角的研究》，载《中国会计评论》2013 年第 3 期，第 317 ~ 340 页。

[42] 胡志颖、周璐、刘亚莉：《风险投资、联合差异和创业板 IPO 公司会计信息质量》，载《会计研究》2012 年第 7 期，第 48 ~ 56 页。

[43] 黄福广、彭涛、邵艳：《地理距离如何影响风险资本对新企业的投资》，载《南开管理评论》2014 年第 6 期，第 83 ~ 95 页。

[44] 黄俊、李挺、李娟：《新闻媒体的监督功能：基于上市公司并购事件的分析》，载《中国会计评论》2015 年第 4 期，第 431 ~ 452 页。

[45] 黄晓、陈金丹、于斌斌：《环境不确定性与本地投资偏好——基于中国本土 VC 样本的研究》，载《科学学与科学技术管理》2015 年第 9 期，第 126 ~ 137 页。

[46] 江若尘、莫材友、徐庆：《政治关联维度、地区市场化程度与并购——来自上市民营企业的经验数据》，载《财经研究》2013 年第 12 期，第 126 ~ 139 页。

[47] 蒋冠宏：《我国企业跨国并购真的失败了吗？——基于企业效率的再讨论》，载《金融研究》2017 年第 4 期，第 46 ~ 60 页。

[48] 金雪军、潘丽春：《代理权竞争价值：案例研究》，载《管理世界》2003 年第 9 期，第 146 ~ 147、153 页。

[49] 康永博、王苏生、彭珂：《信息披露制度、利益相关者治理与公司风险投资（CVC）信息披露》，载《南开管理评论》2017 年第 6 期，第 64 ~ 72 页。

[50] 雷光勇、曹雅丽、刘茉：《风险资本、信息披露质量与审计师报告稳健性》，载《审计研究》2016 年第 5 期，第 44 ~ 52 页。

[51] 黎文飞、郭惠武、唐清泉：《产业集群、信息传递与并购价值创造》，

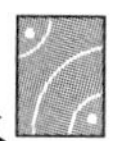

载《财经研究》2016 年第 1 期，第 123～133 页。

[52] 李波、梁樑：《联合投资中领投者与跟投者的绩效对比——基于中国风险投资辛迪加网络的实证研究》，载《管理世界》2017 年第 1 期，第 178～179 页。

[53] 李盾：《外资控股并购国有企业的状况、问题和前景》，载《管理世界》2005 年第 11 期，第 156～157 页。

[54] 李慧云、刘镝：《市场化进程、自愿性信息披露和权益资本成本》，载《会计研究》2016 年第 1 期，第 71～78 页。

[55] 李杰、李捷瑜、黄先海：《海外市场需求与跨国垂直并购——基于低端下游企业的视角》，载《经济研究》2011 年第 5 期，第 99～110 页。

[56] 李青原：《公司并购绩效与公司边界：交易费用的视角》，载《南开管理评论》2006 年第 1 期，第 38～44、65 页。

[57] 李蓉军：《加快我国风险投资主体的培育》，载《管理世界》2002 年第 10 期，第 137～138 页。

[58] 李善民、陈玉罡：《上市公司兼并与收购的财富效应》，载《经济研究》2002 年第 11 期，第 27～35、93 页。

[59] 李善民、黄灿、史欣向：《信息优势对企业并购的影响——基于社会网络的视角》，载《中国工业经济》2015 年第 11 期，第 141～155 页。

[60] 李善民、李珩：《中国上市公司资产重组绩效研究》，载《管理世界》2003 年第 11 期，第 126～134 页。

[61] 李善民、朱滔、陈玉罡、曾昭灶、王彩萍：《收购公司与目标公司配对组合绩效的实证分析》，载《经济研究》2004 年第 6 期，第 96～104 页。

[62] 李诗、吴超鹏：《中国企业跨国并购成败影响因素实证研究——基于政治和文化视角》，载《南开管理评论》2016 年第 3 期，第 18～30 页。

[63] 李世杰：《全国政协、民建中央联合举办“进一步推动风险投资事业发展研讨会”》，载《经济界》1999 年第 4 期，第 79 页。

[64] 李姝、柴明洋：《董事会决策权配置与并购效率研究——基于商誉减

值的事后证据》，载《中国会计评论》2017 年第 3 期，第 255 ~ 288 页。

[65] 李心丹、朱洪亮、张兵、罗浩：《基于 DEA 的上市公司并购效率研究》，载《经济研究》2003 年第 10 期，第 15 ~ 24、90 页。

[66] 李燕萍、孙红、张银：《高管报酬激励、战略并购重组与公司绩效——来自中国 A 股上市公司的实证》，载《管理世界》2008 年第 12 期，第 177 ~ 179 页。

[67] 李曜、宋贺：《风险投资支持的上市公司并购绩效及其影响机制研究》，载《会计研究》2017 年第 6 期，第 60 ~ 66、97 页。

[68] 李增泉、余谦、王晓坤：《掏空、支持与并购重组——来自我国上市公司的经验证据》，载《经济研究》2005 年第 1 期，第 95 ~ 105 页。

[69] 联合国贸易和发展会议（UNCTAD）：《2017 年世界投资报告：投资和数字经济》，2017 年 6 月。

[70] 廖理、曾亚敏、张俊生：《外资并购的信号传递效应分析——加剧竞争压力抑或提高并购概率》，载《金融研究》2009 年第 2 期，第 29 ~ 39 页。

[71] 刘春、李善民、孙亮：《独立董事具有咨询功能吗？——异地独董在异地并购中功能的经验研究》，载《管理世界》2015 年第 3 期，第 124 ~ 136、188 页。

[72] 刘娥平、钟君煜、施燕平：《风险投资的溢出效应》，载《财经研究》2018 年第 09 期，第 52 ~ 65 页。

[73] 刘健、刘春林：《不确定性下关联股东网络的并购经验与并购绩效研究》，载《南开管理评论》2016 年第 3 期，第 4 ~ 17 页。

[74] 刘莉亚、何彦林、杨金强：《生产率与企业并购：基于中国宏观层面的分析》，载《经济研究》2016 年第 3 期，第 123 ~ 136 页。

[75] 刘青、陶攀、洪俊杰：《中国海外并购的动因研究——基于广延边际与集约边际的视角》，载《经济研究》2017 年第 1 期，第 28 ~ 43 页。

[76] 刘笑萍、黄晓薇、郭红玉：《产业周期、并购类型与并购绩效的实证研究》，载《金融研究》2009 年第 3 期，第 135 ~ 153 页。

[77] 龙玉、赵海龙、张新德、李曜：《时空压缩下的风险投资——高铁通车与风险投资区域变化》，载《经济研究》2017 年第 4 期，第 195 ~ 208 页。

[78] 罗琦、罗洪鑫:《风险资本的“价值增值”功能分析——基于网络信息披露的视角》,载《南开管理评论》2018 年第 1 期,第 63 ~ 74 页。

[79] 吕炜:《论风险投资机制的技术创新原理》,载《经济研究》2002 年第 2 期,第 48 ~ 56 页。

[80] 马晓军、沈勍晔:《私人利益、代理关系和公司并购:一个投票权模型——兼作控制权折价的解释》,载《南开经济研究》2004 年第 3 期,第 86 ~ 91 页。

[81] 潘红波、夏新平、余明桂:《政府干预、政治关联与地方国有企业并购》,载《经济研究》2008 年第 4 期,第 41 ~ 52 页。

[82] 潘红波、余明桂:《支持之手、掠夺之手与异地并购》,载《经济研究》2011 年第 9 期,第 108 ~ 120 页。

[83] 普华永道:《2016 年中国地区企业并购市场回顾与 2017 年展望》,2017 年 1 月。

[84] 钱苹、张帏:《我国创业投资的回报率及其影响因素》,载《经济研究》2007 年第 5 期,第 78 ~ 90 页。

[85] [美] 乔希·勒纳、安·利蒙、费尔达·哈迪蒙:《风险投资、私募股权与创业融资》. 路跃兵、刘晋泽译. 清华大学出版社 2015 年 8 月第 1 版。

[86] 邱明:《关于提高并购成功率的思考》,载《管理世界》2002 年第 9 期,第 146 ~ 147 页。

[87] [美] 塞缪尔·亨廷顿. 文明的冲突与世界秩序的重建、周琪等译. 新华出版社 2010 年版。

[88] 邵建云:《中国企业购并市场的发展及政策建议(上)》,载《管理世界》1997 年第 4 期,第 83 ~ 92 页。

[89] 邵建云:《中国企业购并市场的发展及政策建议(下)》,载《管理世界》1997 年第 5 期,第 145 ~ 153 页。

[90] 沈丽萍:《风险投资对中小企业自主创新的影响——基于创业板的经验数据》,载《证券市场导报》2015 年第 1 期,第 59 ~ 64 页。

[91] 沈维涛、叶小杰、徐伟:《风险投资在企业 IPO 中存在择时行为吗——基于我国中小板和创业板的实证研究》,载《南开管理评论》2013 年第 2 期,第 133 ~ 142 页。

[92] 沈艺峰、吴世农:《我国证券市场过度反应了吗?》,载《经济研究》1999 年第 2 期,第 23~28 页。

[93] 沈云祥、顾新华:《西方厂商兼并动机的剖析》,载《中国工业经济》1995 年第 4 期,第 40~44 页。

[94] 宋小佳:《对外商直接投资并购国有企业问题的探讨——兼谈国有企业利用外资“嫁接”改造》,载《中国工业经济》1995 年第 7 期,第 72~75 页。

[95] 宋晓华、蒋雨晗、魏烁、龙芸、张栩蓓、史富莲:《公众公司、公司规模与并购绩效——基于中国上市公司数据的实证分析》,载《管理世界》2016 年第 11 期,第 182~183 页。

[96] 孙健、李恩义、朱建武:《MLP:风险投资基金的有效治理结构》,载《管理世界》2002 年第 1 期,第 135~136 页。

[97] 孙世攀、赵息、李胜楠:《股权控制、债务容量与支付方式——来自我国企业并购的证据》,载《会计研究》2013 年第 4 期,第 52~57、96 页。

[98] 孙淑伟、何贤杰、赵瑞光、牛建军:《中国企业海外并购溢价研究》,载《南开管理评论》2017 年第 3 期,第 77~89 页。

[99] 孙轶、武常岐:《企业并购中的风险控制:专业咨询机构的作用》,载《南开管理评论》2012 年第 4 期,第 4~14、65 页。

[100] 孙永祥、黄祖辉:《上市公司的股权结构与绩效》,载《经济研究》1999 年第 12 期,第 23~30 页。

[101] 唐建新、陈冬:《地区投资者保护、企业性质与异地并购的协同效应》,载《管理世界》2010 年第 8 期,第 102~116 页。

[102] 唐宗明、蒋位:《中国上市公司大股东侵害度实证分析》,载《经济研究》2002 年第 4 期,第 44~50、94 页。

[103] 投资界网站:《中国创投简史》,人民邮电出版社 2017 年 1 月第 1 版。

[104] 万良勇、胡璟:《网络位置、独立董事治理与公司并购——来自中国上市公司的经验证据》,载《南开管理评论》2014 年第 2 期,第 64~73 页。

[105] 万良勇、梁婵娟、饶静:《上市公司并购决策的行业同群效应研

究》，载《南开管理评论》2016 年第 3 期，第 40 ~ 50 页。

[106] 万良勇、郑小玲：《董事网络的结构洞特征与公司并购》，载《会计研究》2014 年第 5 期，第 67 ~ 72、95 页。

[107] 王凤荣、高飞：《政府干预、企业生命周期与并购绩效——基于我国地方国有上市公司的经验数据》，载《金融研究》2012 年第 12 期，第 137 ~ 150 页。

[108] 王海：《中国企业海外并购经济后果研究——基于联想并购 IBMPC 业务的案例分析》，载《管理世界》2007 年第 2 期，第 94 ~ 106、119、172 页。

[109] 王艳：《混合所有制并购与创新驱动发展——广东省地方国企“瀚蓝环境”2001 ~ 2015 年纵向案例研究》，载《管理世界》2016 年第 8 期，第 150 ~ 163 页。

[110] 王珏：《从 TCL 跨国并购视角看中国中小企业国际化战略》，载《管理世界》2006 年第 3 期，第 150 ~ 151 页。

[111] 王培林、靳云汇、贾昌杰：《从并购行为剖析中国上市公司代理成本问题》，载《金融研究》2007 年第 4 期，第 171 ~ 177 页。

[112] 王砚羽、谢伟、乔元波、李习保：《隐形的手：政治基因对企业并购控制倾向的影响——基于中国上市公司数据的实证分析》，载《管理世界》2014 年第 8 期，第 102 ~ 114、133 页。

[113] 温军、冯根福：《风险投资与企业创新：“增值”与“攫取”的权衡视角》，载《经济研究》2018 年第 2 期，第 185 ~ 199 页。

[114] 吴超鹏、吴世农、程静雅、王璐：《风险投资对上市公司投融资行为影响的实证研究》，载《经济研究》2012 年第 1 期，第 105 ~ 119 页。

[115] 吴超鹏、吴世农、郑方镳：《管理者行为与连续并购绩效的理论与实证研究》，载《管理世界》2008 年第 7 期，第 126 ~ 133、188 页。

[116] 吴超鹏、张媛：《风险投资对上市公司股利政策影响的实证研究》，载《金融研究》2017 年第 9 期，第 178 ~ 191 页。

[117] 吴翠凤、吴世农、刘威：《风险投资介入创业企业偏好及其方式研究——基于中国创业板上市公司的经验数据》，载《南开管理评论》2014 年第 5 期，第 151 ~ 160 页。

[118] 吴世农：《我国证券市场效率的分析》，载《经济研究》1996 年第 4 期，第 13～19 页。
[119] 吴先明、苏志文：《将跨国并购作为技术追赶的杠杆：动态能力视角》，载《管理世界》2014 年第 4 期，第 146～164 页。
[120] 吴先明、张雨：《海外并购提升了产业技术创新绩效吗——制度距离的双重调节作用》，载《南开管理评论》2019 年第 1 期，第 4～16 页。
[121] 武恒光、郑方松：《审计质量、社会信任和并购支付方式》，载《审计研究》2017 年第 3 期，第 82～89 页。
[122] 奚俊芳、于培友：《我国上市公司控制权转移绩效研究——基于经营业绩的分析》，载《南开管理评论》2006 年第 4 期，第 42～48 页。
[123] 肖明、李海涛：《管理层能力对企业并购的影响研究》，载《管理世界》2017 年第 6 期，第 184～185 页。
[124] 冼国明、明秀南：《海外并购与企业创新》，载《金融研究》2018 年第 8 期，第 155～171 页。
[125] 徐宪平：《风险投资模式的国际比较分析》，载《管理世界》2001 年第 2 期，第 63～68 页。
[126] 杨丹辉、渠慎宁：《私募基金参与跨国并购：核心动机、特定优势及其影响》，载《中国工业经济》2009 年第 3 期，第 120～129 页。
[127] 杨有红：《企业并购中会计若干问题探讨》，载《南开管理评论》1999 年第 3 期，第 12～15、21 页。
[128] 杨振华、任宝元：《建立企业并购基金的若干思考》，载《金融研究》1997 年第 5 期，第 52～55、60 页。
[129] 姚晓林：《CEO 股权激励与企业并购行为关系研究》，东北财经大学博士论文，2016 年。
[130] 姚铮、王笑雨、程越楷：《风险投资契约条款设置动因及其作用机理研究》，载《管理世界》2011 年第 2 期，第 127～141、188 页。
[131] 余光胜：《对当前外商直接投资中热点问题的分析》，载《中国工业经济》1996 年第 1 期，第 67～72 页。
[132] 于开乐、王铁民：《基于并购的开放式创新对企业自主创新的影响——南汽并购罗孚经验及一般启示》，载《管理世界》2008 年第

4 期，第 150～159，166 页。
[133] 余晓东、胡峰：《我国政府放松外资在华并购限制的经济学解释》，载《财经研究》2003 年第 8 期，第 34～40 页。
[134] 余琰、罗炜、李怡宗、朱琪：《国有风险投资的投资行为和投资成效》，载《经济研究》2014 年第 2 期，第 32～46 页。
[135] 翟进步、王玉涛、李丹：《上市公司并购融资方式选择与并购绩效："功能锁定"视角》，载《中国工业经济》2011 年第 12 期，第 100～110 页。
[136] 张兵、李晓明：《中国股票市场的渐进有效性研究》，载《经济研究》2003 年第 1 期，第 54～61、87、94 页。
[137] 张秋生、周琳：《企业并购协同效应的研究与发展》，载《会计研究》2003 年第 6 期，第 44～47 页。
[138] 张人骥、朱平芳、王怀芳：《上海证券市场过度反应的实证检验》，载《经济研究》1998 年第 5 期，第 58～64 页。
[139] 张天舒、陈信元、黄俊：《政治关联、风险资本投资与企业绩效》，载《南开管理评论》2015 年第 5 期，第 18～27 页。
[140] 张维迎：《所有制、治理结构及委托－代理关系——兼评崔之元和周其仁的一些观点》，载《经济研究》1996 年第 9 期，第 3～15 页。
[141] 张雯、张胜、李百兴：《政治关联、企业并购特征与并购绩效》，载《南开管理评论》2013 年第 2 期，第 64～74 页。
[142] 张新：《并购重组是否创造价值？——中国证券市场的理论与实证研究》，载《经济研究》2003 年第 6 期，第 20～29、93 页。
[143] 张学勇、廖理：《风险投资背景与公司 IPO：市场表现与内在机理》，载《经济研究》2011 年第 6 期，第 118～132 页。
[144] 张学勇、柳依依、罗丹、陈锐：《创新能力对上市公司并购业绩的影响》，载《金融研究》2017 年第 3 期，第 159～175 页。
[145] 张亚芸：《公司并购中少数股东权益的法律保护》，载《管理世界》2001 年第 4 期，第 214～215 页。
[146] 张亚芸、潘建亭：《对公司并购的反垄断规制——兼论我国的反垄断立法》，载《中国工业经济》1999 年第 10 期，第 59～62 页。
[147] 张宗新、季雷：《公司购并利益相关者的利益均衡吗？——基于公司

购并动因的风险溢价套利分析》，载《经济研究》2003 年第 6 期，第 30～37、94 页。

[148] 赵海龙、何贤杰、王孝钰、严媛芝：《海外并购能够改善中国企业公司治理吗》，载《南开管理评论》2016 年第 3 期，第 31～39 页。

[149] 赵静梅、傅立立、申宇：《风险投资与企业生产效率：助力还是阻力?》，载《金融研究》2015 年第 11 期，第 159～174 页。

[150] 赵息、张西栓：《内部控制、高管权力与并购绩效——来自中国证券市场的经验证据》，载《南开管理评论》2013 年第 2 期，第 75～81 页。

[151] 赵勇、朱武祥：《上市公司兼并收购可预测性》，载《经济研究》2000 年第 4 期，第 19～25、78 页。

[152] 赵宇龙：《会计盈余披露的信息含量——来自上海股市的经验证据》，载《经济研究》1998 年第 7 期，第 41～49 页。

[153] 中国科学技术发展战略研究院：《中国创业风险投资发展报告 2017》，经济管理出版社 2017 年 8 月第 1 版。

[154] 钟马、徐光华：《社会责任信息披露、财务信息质量与投资效率——基于“强制披露时代”中国上市公司的证据》，载《管理评论》2017 年第 2 期，第 234～244 页。

[155] 周其仁：《市场里的企业：一个人力资本与非人力资本的特别合约》，载《经济研究》1996 年第 6 期，第 71～80 页。

[156] 周绍妮、张秋生、胡立新：《机构投资者持股能提升国企并购绩效吗？——兼论中国机构投资者的异质性》，载《会计研究》2017 年第 6 期，第 67～74、97 页。

[157] 周小春、李善民：《并购价值创造的影响因素研究》，载《管理世界》2008 年第 5 期，第 134～143 页。

[158] 周晓苏、唐雪松：《控制权转移与企业业绩》，载《南开管理评论》2006 年第 4 期，第 84～90 页。

[159] 朱宝宪、王怡凯：《1998 年中国上市公司并购实践的效应分析》，载《经济研究》2002 年第 11 期，第 20～26、92 页。

[160] Agrawal, A. and T. Cooper, Accounting Scandals in IPO Firms: Do Underwriters and VCs Help? *Journal of Economics & Management Strate-*

gy, Vol. 19, No. 4, 2010, pp. 1117 – 1181.

[161] Alexandridis, G., K. P. Fuller, L. Terhaar, and N. G. Travlos, Deal Size, Acquisition Premia and Shareholder Gains. *Journal of Corporate Finance*, Vol. 20, April 2013, pp. 1 – 13.

[162] Ang, J. B. and J. B. Madsen, Risk Capital, Private Credit, and Innovative Production. *The Canadian Journal of Economics*, Vol. 45, 2012, pp. 1608 – 1639.

[163] Ansoff, H. I., A Model for Diversification. *Management Science*, Vol. 4, July 1958, pp. 392 – 414.

[164] Ansoff, H. I., Strategies for Diversification. *Harvard Business Review*, Vol. 33, September – October 1957, pp. 113 – 124.

[165] Arrow, K. J., Vertical Integration and Communication. *Bell Journal of Economics*, Vol. 6, Spring 1975, pp. 173 – 183.

[166] Asch, P., Conglomerate Mergers and Public Policy. *MSU Business Topics*, Vol. 15, Winter 1967, pp. 61 – 67.

[167] Asquith, P., Merger Bids, Uncertainty, and Stockholder Returns. *Journal of Financial Economics*, Vol. 11, April 1983, pp. 51 – 83.

[168] Asquith, P., R. F. Bruner, and D. W. Jr. Mullins, Merger Returns and the Form of Financing. Working paper, MIT 1721. 1/2319, 1987.

[169] Auerbach, A. J. and D. Reishus, Taxes and the Merger Decision: An Empirical Analysis. NBER Working Paper, No. 1855, 1986.

[170] Bargeron, L. L., F. P. Schlingemann, R. M. Stulz, and C. J. Zutter, Why do Private Acquirers Pay so Little Compared to Public Acquirers? *Journal of Financial Economics*, Vol. 89, September 2008, pp. 375 – 390.

[171] Barney, J., L. W. Busenitz, J. O. Fiet, and D. D. Moesel, The Structure of Venture Capital Governance: An Organizational Economic Analysis of Relations between Venture Capital Firms and New Ventures. *Academy of Management Annual Meeting Proceedings*, Vol. 1, August 1989, pp. 64 – 68.

[172] Barry, C., C. Muscarella, J. Peavy, and M. Vetsuypens, The Role of Venture Capital in the Creation of Public Companies: Evidence from the

Going Public Process. *Journal of Financial Economics*, Vol. 27, October 1990, pp. 447 – 471.

[173] Berg, N. , Strategic Planning in Conglomerate Companies. *Harvard Business Review*, Vol. 43, May – June 1965, pp. 79 – 92.

[174] Bicks, R. A. , Conglomerates and Diversification Under Section 7 of the Clayton Act. *Antitrust Bulletin*, Vol. 2, November – December 1956, pp. 175 – 186.

[175] Biglaiser, G. , Middlemen as Experts. *The Rand Journal of Economics*, Vol. 24, Summer 1993, pp. 212 – 223.

[176] Black, B. S. , Is This the First International Merger Wave? *M&A Lawyer*, July – August 2000, pp. 20 – 26.

[177] Blair, J. M. , The Conglomerate Merger in Economics and Law. *Georgetown Law Journal*, Vol. 46, Summer 1958, pp. 672 – 700.

[178] Bock, B. , Conglomerate Mergers, Joint Ventures, and Potential Competition. *The Conference Board Record*, Vol. 5, February 1968, pp. 2 – 6.

[179] Bock, B. , Antitrust Issues in Conglomerate Acquisitions: Tracking a Moving Target. *St. John's Law Review*, Spring 1970, Vol. 44, No. 5, 694 – 722.

[180] Bottazzi, L. , M. D. Rin, and T. Hellmann, Who Are the Active Investors? Evidence from Venture Capital. *Journal of Financial Economics*, Vol. 89, September 2008, pp. 488 – 512.

[181] Bradley, M. , A. Desai, and E. H. Kim, Synergistic Gains from Corporate Acquisitions and Their Division between the Stockholders of Target and Acquiring Firms. *Journal of Financial Economics*, Vol. 21, May 1988, pp. 3 – 40.

[182] Bradley, M. , A. Desai, and E. H. Kim, The Rationale behind Interfirm Tender Offers: Information or Synergy? *Journal of Financial Economics*, Vol. 11, April 1983, pp. 183 – 206.

[183] Bull, I. , *Management Performance and Leveraged Buyouts: An Empirical Analysis*. University of Illinois at Urbana – Champaign, IL, 1988.

[184] Cabinet Committee on Price Stability, *Studies by the Staff of the Cabinet*

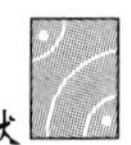

Committee on Price Stability. Washington, D. C.: U. S. Govt. Printing Office, 1969.

[185] Calipha, R., S. Tarba, and D. M. Brock, Mergers and Acquisitions: A Review of Phases, Motives, and Success Factors. *Advances in Mergers and Acquisitions*, Vol. 9, December 2010, pp. 1 – 24.

[186] Caves, R., Mergers, Takeovers and Economic Efficiency: Foresight vs. Hindsight. *International Journal of Industrial Organization*, Vol. 7, March 1989, pp. 151 – 174.

[187] Celikyurt, U., M. Sevilir, and A. Shivdasani, Venture Capitalists on Boards of Mature Public Firms. *Review of Financial Studies*, Vol. 27, January 2014, pp. 56 – 101.

[188] Chemmanur, T. J., E. Loutskina, and X. Tian, Corporate Venture Capital, Value Creation, and Innovation. *Review of Financial Studies*, Vol. 27., August 2014, pp. 2434 – 2473.

[189] Cui, L. and F. Jiang, State Ownership Effect on Firms' FDI Ownership Decisions under Institutional Pressure: A Study of Chinese Outward-investing Firms. *Journal of International Business Studies*, Vol. 43, April 2012, pp. 264 – 284.

[190] Day, R. E., Conglomerate Mergers and the Curse of Bigness. *North Carolina Law Review*, Vol. 42, February 1964, pp. 511 – 566.

[191] De Clercq, D. and H. J. Sapienza, The Creation of Relational Rents in Venture Capitalist – Entrepreneur Dyads. *Venture Capital: An International Journal of Entrepreneurial Finance*, Vol. 3, No. 2, 2001, pp. 107 – 127.

[192] Deng, P. and M. Yang, Cross-border Mergers and Acquisitions by Emerging Market Firms: A Comparative Investigation. *International Business Review*, Vol. 24, February 2015, pp. 157 – 172.

[193] Devos, E., P. R. Kadapakkam and S. Krishnamurthy, How Do Mergers Create Value? A Comparison of Taxes, Market Power, and Efficiency Improvements as Explanations for Synergies. *Review of Financial Studies*, Vol. 22, March 2009, pp. 1179 – 1211.

[194] Dimov, D. and D. Shepherd, Human Capital Theory and Venture Capital Firms: Exploring "Home Runs" and "Strike Outs" . *Journal of Business Venturing*, Vol. 20, January 2005, pp. 1 – 21.

[195] Dodd, P. , Merger Proposals, Management Discretion and Stockholder Wealth. *Journal of Financial Economics*, Vol. 8, June 1980, pp. 105 – 137.

[196] Dodd, P. and R. Ruback, Tender Offers and Stockholder Returns: An Empirical Analysis. *Journal of Financial Economics*, Vol. 5, December 1977, pp. 351 – 373.

[197] Duesenberry, J. S. , *Business Cycles and Economic Growth*. New York: McGraw – Hill, 1958.

[198] Fama, E. F. , Agency Problems and the Theory of the Firm. *Journal of Political Economy*, Vol. 88, April 1980, pp. 288 – 307.

[199] Fama, E. F. , Risk, Return and Equilibrium: Some Clarifying Comments. *The Journal of Finance*, Vol. 23, January 1968, pp. 29 – 40.

[200] Fama, E. F. and M. C. Jensen, Organizational Forms and Investment Decisions. *Journal of Financial and Economics*, Vol. 14, March 1985, pp. 101 – 119.

[201] Fama, E. F. and M. C. Jensen, Separation of Ownership and Control. *Journal of Law and Economics*, Vol. 26, June 1983, pp. 301 – 325.

[202] Federal Trade Commission Staff, *Economic Report on Corporate Mergers*. Washington, D. C U. S. Govt. Printing Office, 1969.

[203] Florida, R. L. and M. Kenney, Venture Capital-financed Innovation and Technological Change in the USA. *Research Policy*, Vol. 17, No. 3, 1988, pp. 119 – 137.

[204] Galbraith, J. R. , *Designing Complex Organizations*. MA: Addison – Wesley, 1973.

[205] Galbraith, J. R. , Organization design: An information processing view. *Interfaces*, Vol. 4, May 1974, pp. 28 – 36.

[206] Globerman, S. and D. Shapiro, Economic and Strategic Considerations Surrounding Chinese FDI in the United States. *Asia Pacific Journal of Management*, Vol. 26, March 2009, pp. 163 – 183.

[207] Gompers, P., Grandstanding in the Venture Capital Industry. *Journal of Financial Economics*, Vol. 42, September 1996, pp. 133 - 156.

[208] Gompers, P., A. Kovner, J. Lerner and D. Scharfstein, Venture Capital Investment Cycles: The Role of Experience and Specialization. *Journal of Financial Economics*, Vol. 81, December 2005, pp. 649 - 679.

[209] Gompers, P. and J. Lerner, Money Chasing Deals? The Impact of Fund Inflows on Private Equity Valuation. *Journal of Financial Economics*, Vol. 55, February 2000, pp. 281 - 325.

[210] González - Uribe, J., Exchanges of Innovation Resources inside Venture Capital Portfolios. Journal of Financial Economics, Vol. 135, 2020, pp. 144 - 168.

[211] Gort, M., An Economic Disturbance Theory of Mergers. *Quarterly Journal of Business*, Vol. 83, November 1969, pp. 624 - 642.

[212] Gort, M., *Diversification and Integration in American Industry.* Princeton, N. H.: National Bureau of Economic Research, 1962.

[213] Gort, M. and T. F. Hogarty, New Evidence on Mergers. *Journal of Law and Economics*, Vol. 13, April 1970, pp. 167 - 184.

[214] Gorton, G., M. Kahl, and R. J. Rosen, Eat or Be Eaten: A Theory of Mergers and Firm Size. *The Journal of Finance*, Vol. 64, June 2009, pp. 1291 - 1344.

[215] Guo, D. and K. Jiang, Venture Capital Investment and the Performance of Entrepreneurial Firms: Evidence from China. *Journal of Corporate Finance*, Vol. 22, September 2013, pp. 375 - 395.

[216] Han, B., D. Kong, and S. Liu, Do Analysts Gain an Informational Advantage by Visiting Listed Companies? *Contemporary Accounting Research*, Vol. 35, No. 4, 2018, pp. 1843 - 1867.

[217] Healy, P. M. and K. G. Palepu, Information Asymmetry, Corporate Disclosure, and the Capital Markets: A Review of the Empirical Disclosure Literature. *Journal of Accounting & Economics*, Vol. 31, No. 1 - 3, 2001, pp. 405 - 440.

[218] Healy, P. M. and K. G. Palepu, and R. S. Ruback, Does Corporate Per-

formance Improve after Mergers? *Journal of Financial Economics*, Vol. 31, April 1992, pp. 135 – 175.

[219] Hellmann, T. and M. Puri, Venture Capital and the Professionalization of Start-up Firms: Empirical Evidence. *The Journal of Finance*, Vol. 57, February 2002, pp. 169 – 197.

[220] Heneric, O., D. Engel and C. Champenois, What Kind of Biotechnology Start-ups Do Venture Capital Companies and Corporate Investors Prefer for Equity Investments? *Applied Economics*, Vol. 38, No. 5, 2006, pp. 505 – 518.

[221] Higgins, R. H., Business Finance Issues: Discussion. The Journal of Finance, Vol. 26, No. 2, May 1971, pp. 543 – 546.

[222] Hochberg, Y. V., A. Ljungqvist and Y. Lu, Whom You Know Matters: Venture Capital Networks and Investment Performance. *The Journal of Finance*, Vol. 62, February 2007, pp. 251 – 301.

[223] Hogarty, T. F., The Profitability of Corporate Mergers, *Journal of Business*, Vol. 43, July 1970, pp. 317 – 327.

[224] Hsu, D. H., What Do Entrepreneurs Pay for Venture Capital Affiliation? *The Journal of Finance*, Vol. 59, August 2004, pp. 1805 – 1844.

[225] Hsu, P. – H., P. Huang, M. Humphery – Jenner and P. Ronan, Cross – Border Mergers and Acquisitions for Innovation Opportunities. SSRN Working Paper, No. 2282430, 2013.

[226] Huang, Y. – Sh. and R. Walkling, Target Abnormal Returns Associated with Acquisition Announcements: Payment, Acquisition Form, and Managerial Resistance. *Journal of Financial Economics*, Vol. 19, December 1987, pp. 329 – 349.

[227] Humphery – Jenner, M., Z. Sautner and J. Suchard, Cross – Border Mergers and Acquisitions: The Role of Private Equity Firms. *Strategic Management Journal*, Vol. 38, No. 8, 2017, pp. 1688 – 1700.

[228] Jarrell, G. A., J. A. Brickley and J. M. Netter, The Market for Corporate Control: The Empirical Evidence Since 1980. *Journal of Economic Perspectives*, Vol. 2, Winter 1988, pp. 49 – 68.

[229] Jarrell, G. A. and A. B. Poulsen, The Returns to Acquiring Firms in Tender Offers: Evidence from Three Decades. *Financial Management*, Vol. 18, 1989, pp. 12 – 19.

[230] Jensen, M. C., Agency Costs of Free Cash Flow, Corporate Finance and Takeovers. *American Economic Review*, Vol. 76, May 1986, pp. 323 – 329.

[231] Jensen, M. C. and W. H. Meckling, Theory of the Firm: Managerial Behavior, Agency Costs and Ownership Structure. *Journal of Financial Economics*, Vol. 3, October 1976, pp. 305 – 360.

[232] Jensen, M. C. and R. S. Ruback, The Market for Corporate Control: The Scientific Evidence. *Journal of Financial Economics*, Vol. 11, April 1983, pp. 5 – 50.

[233] Kaplan, S. N. and A. Schoar, Private Equity Performance: Returns, Persistence, and Capital Flows. *The Journal of Finance*, Vol. 60, August 2005, pp. 1791 – 1823.

[234] Kaplan, S., Campeau's Acquisition of Federated: Value Destroyed or Value Added? *Journal of Financial Economics*, Vol. 25, December 1989, pp. 191 – 212.

[235] Kaplan, S., The Effects of Management Buyouts on Operating Performance and Value. *Journal of Financial Economics*, Vol. 24, September 1989, pp. 217 – 254.

[236] Kaplan, S. and M. Weisbach, The Success of Acquisitions: Evidence from Divestitures. *The Journal of Finance*, Vol. 47, March 1992, pp. 107 – 138.

[237] Kelly, E. M., *The Profitability of Growth Through Mergers*. The Pennsylvania State University, 1967.

[238] Kortum, S. and J. Lerner, Assessing the Contribution of Venture Capital to Innovation. *The Rand Journal of Economics*, Vol. 31, 2000, pp. 674 – 692.

[239] Lang, L., R. Stulz and R. A. Walkling, Managerial Performance, Tobin's Q and the Gains from Successful Tender Offers. *Journal of Finan-*

cial Economics, Vol. 24, September 1989, pp. 137 – 154.

[240] Lerner, J., Venture Capitalists and the Oversight of Private Firms. *The Journal of Finance*, Vol. 50, March 1995, pp. 301 – 318.

[241] Lewellen, W. G., A Pure Financial Rationale for the Conglomerate Merger. *The Journal of Finance*, Vol. 26, May 1971, pp. 521 – 537.

[242] Lewellen, W. G. and B. Huntsman, Managerial Pay and Corporate Performance. *American Economic Review*, Vol. 60, September 1970, pp. 710 – 720.

[243] Li, J., P. Li, and B. Wang, The Liability of Opaqueness: State Ownership and the Likelihood of Deal Completion in International Acquisitions by Chinese Firms. *Strategic Management Journal*, Vol. 40, 2019, pp. 303 – 327.

[244] Li, J., J. Xia and Z. Lin, Cross-border Acquisitions by State-owned Firms: How Do Legitimacy Concerns Affect the Completion and Duration of Their Acquisitions? *Strategic Management Journal*, Vol. 38, No. 9, 2017, pp. 1915 – 1934.

[245] Lintner, J., Security Prices, Risk, and Maximal Gains from Diversification. *The Journal of Finance*, Vol. 20, December 1965, pp. 586 – 591.

[246] Lorie, J. H. and P. Halpern, Conglomerates: The Rhetoric and the Evidence. *Journal of Law and Economics*, Vol. 13, April 1970, pp. 149 – 166.

[247] Manne, H. G., Mergers and the Market for Corporate Control. *Journal of Political Economy*, Vol. 73., April 1965, pp. 110 – 120.

[248] Markham, J. W., *Conglomerate Enterprise and Public Policy*. Boston, MA: Harvard Graduate School of Business Administration, 1973.

[249] Markowitz, H., *Portfolio Selection*. New York: Wiley, 1959.

[250] Megginson, W. L. and K. A. Weiss, Venture Capitalist Certification in Initial Public Offerings. *The Journal of Finance*, Vol. 46, July 1991, pp. 879 – 903.

[251] Mueller, D. C., A Theory of Conglomerate Mergers. *Quarterly Journal of Economics*, Vol. 83, November 1969, pp. 643 – 659.

[252] Myers, S. C. and N. Majluf, Corporate Financing and Investment Decisions When Firms Have Information That Investors Do Not Have. *Journal of Financial Economics*, Vol. 13, June 1984, pp. 187 – 221.

[253] Narver, J. C., Some Observations on the Impact of Antitrust Merger Policy on Marketing. *Journal of Marketing*, Vol. 33, January 1969, pp. 24 – 31.

[254] Narver, J. C., *Conglomerate Mergers and Market Competition*. Berkeley and Los Angeles: University of California Press, 1967.

[255] Neus, W. and U. Walz, Exit Timing of Venture Capitalists in the Course of an Initial Public Offering. *Journal of Financial Intermediation*, Vol. 14, April 2005, pp. 253 – 277.

[256] Nielsen, J. F. and R. W. Melicher, A Financial Analysis of Acquisition and Merger Premiums. *Journal of Financial and Quantitative Analysis*, Vol. 8, March 1973, pp. 139 – 148.

[257] Patterson, J. M. and J. Patterson, Conglomerates: The Legal Issues. *Business Horizons*, Vol. 11, February 1968, pp. 39 – 48.

[258] Puri, M. and D. Robinson, Optimism and Economic Choice. *Journal of Financial Economics*, Vol. 86, October 2007, pp. 71 – 99.

[259] Reid, S. R., *Mergers, Managers and the Economy*. New York: McGraw – Hill, 1968.

[260] Richardson, A. J. and M. Welker, Social Disclosure, Financial Disclosure and the Cost of Equity Capital. *Accounting Organizations & Society*, Vol. 26, No. 7, 2001, pp. 597 – 616.

[261] Rin, M. D. and M. F. Penas, Venture Capital and Innovation Strategies. *Industrial and Corporate Change*, Vol. 26, No. 5, 2017, pp. 781 – 800.

[262] Roll, R., The Hubris Hypothesis of Corporate Takeovers. *Journal of Business*, Vol. 59, April 1986, pp. 197 – 261.

[263] Rossi, S. and P. F. Volpin, Cross-country Determinants of Mergers and Acquisitions. *Journal of Financial Economics*, Vol. 74, November 2004, pp. 277 – 304.

[264] Ruback, R., Do Target Shareholders Lose in Unsuccessful Control Con-

tests? In A. J. Auerbach (ed.), *Corporate Takeovers: Causes and Consequences, Chicago: University of Chicago Press*, 1988.

[265] Sapienza, H., When Do Venture Capitalists Add Value? *Journal of Business Venturing*, Vol. 7, January 1992, pp. 9 – 27.

[266] Sapienza, H. and A. Gupta, Impact of Agency Risks and Task Uncertainty on Venture Capitalist – CEO Interaction. *Academy of Management Journal*, Vol. 37, December 1994, pp. 1618 – 1632.

[267] Schwert, G. W., Hostility in Takeovers: In the Eyes of the Beholder? *The Journal of Finance*, Vol. 55, December 2000, pp. 2599 – 2640.

[268] Schwert, G. W., Markup Pricing in Mergers and Acquisitions. *Journal of Financial Economics*, Vol. 41, June 1996, pp. 153 – 192.

[269] Servaes, H., Tobin's Q and the Gains from Takeovers. *The Journal of Finance*, Vol. 46, March 1991, pp. 409 – 419.

[270] Shapiro, C., Premiums for High Quality Products as Returns to Reputations. *Quarterly Journal of Economics*, Vol. 98, November 1983, pp. 659 – 680.

[271] Sharpe, W. F., *Portfolio Theory and Capital Markets.* New York: McGraw – Hill, 1970.

[272] Slusky, A. R. and R. E. Caves, Synergy, Agency, and the Determinants of Premia Paid in Mergers. *Journal of Industrial Economics*, Vol. 39, March 1991, pp. 277 – 296.

[273] Smith, A., Corporate Ownership Structure and Performance: The Case of Management Buyouts. *Journal of Financial Economics*, Vol. 27, September 1990, pp. 143 – 164.

[274] Sørensen, M., How Smart is Smart Money: A Two-sided Matching Model of Venture. *The Journal of Finance*, Vol. 62, December 2007, pp. 2725 – 2762.

[275] Sorenson, O. and T. E. Stuart, Syndication Networks and the Spatial Distribution of Venture Capital Investments. *American Journal of Sociology*, Vol. 106, May 2001, pp. 1546 – 1588.

[276] Spence, A. M., Competitive and Optimal Responses to Signals: Analysis

of Efficiency and Distribution. *Journal of Economic Theory*, Vol. 7, March 1974, pp. 296 – 332.

[277] Spence, A. M., Job Market Signaling. *Quarterly Journal of Economics*, Vol. 87, August 1973, pp. 355 – 379.

[278] Stiebale, J., The Impact of Cross-border Mergers and Acquisitions on The Acquirers' R&D——Firm-level Evidence. *International Journal of Industrial Organization*, Vol. 31, No. 4, 2013, pp. 307 – 321.

[279] Stigler, G. J., Monopoly and Oligopoly by Merger. *American Economic Review*, Vol. 40, May 1950, pp. 23 – 34.

[280] Stone, J. M., Conglomerate Mergers: Their Implications for the Efficiency of Capital and the Theory of the Firm. Unpublished thesis, Harvard University, 1969.

[281] Sun, S. L., M. W. Peng, B. Ren, and D. Yan, A Comparative Ownership Advantage Framework for Cross-border M&As: The Rise of Chinese and Indian MNEs. *Journal of World Business*, Vol. 47, January 2012, pp. 4 – 16.

[282] Tobin, J., Liquidity Preference as Behavior Towards Risk. *Review of Economic Studies*, Vol. 67, February 1958, pp. 65 – 86.

[283] Travlos, N. G., Corporate Takeover Bids, Methods of Payment and Bidding Firms Stock Returns. *The Journal of Finance*, Vol. 42, September 1987, pp. 943 – 963.

[284] Turner, D., Conglomerate Mergers and Section 7 of the Clayton Act. *Harvard Business Review*, Vol. 78, May 1965, pp. 1313 – 1395.

[285] Udell, J. G., Social and Economic Consequences of the Merger Movement in Wisconsin. *Wisconsin Economy Studies*, No. 3, 1969.

[286] Verrecchia, R. E., Essays on Disclosure. *Journal of Accounting & Economics*, Vol. 32, No. 1 – 3, 2001, pp. 97 – 180.

[287] Wasserman, N., Founder – CEO Succession and the Paradox of Entrepreneurial Success. *Organization Science*, Vol. 14, March – April 2003, pp. 149 – 172.

[288] Weston, J. F., Diversification and Merger Trends. *Business Economics*,

Vol. 5, January 1970, pp. 50 – 57.

[289] Weston, J. F. , Mergers and Acquisitions in Business Planning. *Rivista Internazionale di Scienze Economiche e Commerciali*, Vol. 17, April 1970, pp. 309 – 320.

[290] Weston, J. F. and S. K. Mansinghka, Tests of the Efficiency Performance of Conglomerate Firms. *The Journal of Finance*, Vol. 26, September 1971, pp. 919 – 936.

[291] Weston, J. F. and S. Peltzman, Vertical Integration and Competitive Processes. in: *Public Policy toward Mergers*. Pacific Palisades, Los Angeles, 1969.

[292] Williamson, O. E. , *Corporate Control and Business Behavior*. Englewood Cliffe, NJ: Prentice – Hall, 1970.

[293] Zarutskie, R. , The Role of Top Management Team Human Capital in Venture Capital Markets: Evidence from First-time Funds. *Journal of Business Venturing*, Vol. 25, January 2010, pp. 155 – 172.

[294] Zhou, K. , R. Yan, and Y. Liu, Vertical Merger, R&D Collaboration and Innovation. *The European Journal of Finance*, Vol. 25, No. 1, 2019, pp. 1 – 20.

致　　谢

本书付梓之际，首先要感谢经济科学出版社的张立莉老师，在每一次的修改中都耐心地为我提供辅导和帮助，同时，也要感谢经济科学出版社的各位领导同事，在学术出版工作中所做出的卓越贡献。

成为一名人民教师是我从小学入学第一天开始就梦寐以求的理想，如今收获了人生中第一次的梦想成真，幸福之情无以言表，唯有深深地感恩一路走来给予我帮助和关怀的每一位亲友。感谢他们不离不弃地陪伴我一路向前，感谢他们时时刻刻叮嘱我不要太累，也要感谢他们始终相信我可以成为更好的自己。

秋日的萧索中，一个人静静地坐在书桌边写下最后这份致谢，想起朱自清先生《荷塘月色》中的那句话，“热闹是他们的，我什么也没有”。杯中的菊花茶飘散出优雅的香气，花瓣疏卷有致，一如此刻的心境，祥和中满溢着感恩。一路走来，有过困境，有过疑惑，但曾以为的难以逾越的绝境，终究是化险为夷；曾以为放不下的纠葛，终究也是事过境迁。“惟江上之清风，与山间之明月，耳得之而为声，目遇之而成色”，山间的清幽成为我此刻全部心绪的寄托。

感谢我挚爱的母亲和父亲，含辛茹苦二十多年，陪伴我走过成长的每一步。父爱如山，母爱如海，山之伟岸，海之宽广，是诉说不尽的亲恩。二十多年求学路，始终有母亲不离不弃的陪伴和支持。还记得小时候最崇拜的人就是母亲，作为一名小学教师，有过连续六年带的毕业班成绩位列学区第一的辉煌，培养的学生数不胜数，她永远是我心里最伟大的榜样。我永远记得她站在讲台上的意气风发，记得她为那些父母不在身边的孩子们落泪，记得她为了我的健康时刻操劳忙碌的身影，记得她对我的每一句教导、教会我的每一个道理。她不仅仅给了我生命，更是我一生理想和追求的所在。“长大后，我就成了你”，我愿此生如她一样耕耘在三尺讲台上，尽最大的努力去实现“桃李天下”的夙愿。

感谢我最敬重的舅舅，在人生的关键时刻倾力相助。无论是高考时支持我复读，还是读博时支持我申请硕博连读，人生每一个关键时点，都有舅舅最贴心的理解和支持。他让我深深地体会到，遇到一份“感同身受”的理解是多么的宝贵。感谢我最可爱的弟弟，在成长的路上与我相依相伴，彼此理解，相互扶持。从蹒跚学步到如今学有所成，看着他一步一步地成长，也是我自己成长的见证。

感恩上天总能在关键的时刻，赐予我贵人相助。尤其是在硕博连读的五年里，我的导师雷光勇教授不辞辛苦地指导我、帮助我，包容了我所有的无知与笨拙，悉心教导、倾囊相授，使我有机会从一个零基础的学生，逐步成长为一名高校教师。雷老师作为当代会计界的知名学者，始终坚持言传身教，以其渊博的学识、正直的品格、宽广的胸怀，为学生们树立了一生学习的榜样。在职业生涯起航之际，我最大的愿望就是能够继承导师的意志，成为一名合格的高校教师，实现我坚守了二十年，并将终生为之奋斗的夙愿。

感谢香港中文大学的张田余教授和谢晋教授，在交流学习的一年里，给予我最无私的帮助和指导，使我能够有机会见识到“山外之山”“人外之人”，有机会和香港的同学们一起学习进步，这段经历将会是我一生难忘的回忆。还要感谢香港中文大学（深圳）的王丛老师，美国佛罗里达大学的 Jennifer Wu Tucker 和华盛顿大学圣路易斯分校的 Xiumin Martin，以及对外经济贸易大学的陈德球老师、刘慧龙老师、祝继高老师、胡聪慧老师、崔鑫老师、刘雪娇老师、戴天婧老师，以及张新民老师、张建平老师、汤谷良老师、吴革老师、钱爱民老师、郑建明老师、王秀丽老师等，在漫长的求学过程中，老师们教会我太多太多。在他们身上有着共同的一点，那就是“为人师表”。

感谢众多的兄弟姐妹和亲朋好友，大家团结在一起，才能称之为“大家庭”。感谢师兄姜彭、王文忠、邱保印，师姐金鑫、王文、张英、刘茉，师弟齐云飞、朱郭一鸣，师妹章红霞、邵悦、王婉婉，时光荏苒中，有你们亲切的问候和陪伴；遇到困难时，有你们无私的帮助和指导。相处的时光总是有限，但我们早已将这时光延伸出一百年的长度。

还有我最可爱的同学们，白霄、刘猛、李德辉、郁智、张晨宇、王椿璞、黄耿、刘瀚龙等，在我学术入门的时候，不厌其烦地给予我帮助和指导，真正是“亦师亦友”的好伙伴，大家一起学习，一起玩耍的日子，总有太多难忘的回忆，留存在心底。也要感谢香港中文大学的同学薛婧、张春秋，香港大学的同学胡晴，中国人民大学的王祥，以及同我一起在香港中文大学交流学习的同学们，酒莉莉、王俊、郑雅萍、柏祥、王俊杰、刘思义、刘轩霖、龙毅、曹铁坤等，大家一起度过的时光，总是充满着欢笑和喜悦，点点滴滴的记忆，每每想起来都忍不住嘴角上扬。在青春最美好的岁月里，有你们的陪伴，那是我最幸福的记忆。

还要感谢我的母校，对外经济贸易大学。惠园承载着无数学子的梦想，在这里，我能够时刻感受到昂扬向上的力量，每一个人都在迎着朝阳奔跑的模样，真的很幸福。感谢我的本科母校，山东大学，“学无止境，气有浩然”一直深深地刻在我的脑海中，时刻激励着我以山大人的情怀“为天下储人才，为国家图富强”。

感谢北京工商大学以及商学院的各位领导和同事，在我职业生涯起航的一年里，给予了我无私的关怀和帮助，让我能够有机会真切感受到梦想成真的快乐和幸福。也要感谢我职业生涯中带过的每一位学生，你们专注的表情、认真的眼神、青春阳光的模样，是我的教师梦想最重要的一部分，唯愿此生为你们贡献每一份智慧和力量。

最后，当我回顾过往二十多年的岁月，却有点无从说起的时候，脑海中浮现的只有东坡先生的“也无风雨也无晴”。读书求学仅仅是漫长人生中，一段并不算长的路程，在这段路的终点，又是下一段旅程的起点，幸运的是，这个起点正是我多年梦想得以实现的开端。而此刻最值得欣慰的是，无论未来有什么，我都满怀期待。

曹雅丽

2019 年 10 月